2017年世界就业和社会展望

可持续发展企业与工作：正规企业与体面工作

国际劳工组织　编著

中国财经出版传媒集团
中国财政经济出版社

本书英文版由国际劳工局（日内瓦）出版，书名为：World Employment and Social Outlook 2017: Sustainable enterprises and jobs: Formal enterprises and decent work

© 2017 International Labour Organization

本书中文版由中国财政经济出版社获得授权翻译并出版，书名为《2017年世界就业和社会展望：可持续发展企业与工作：正规企业与体面工作》

© 2018年，中国财政经济出版社

国际劳工局出版物使用的名称符合联合国惯例，其内容不代表国际劳工局对任何国家的法律地位、区域或领土及其当局或边界划定发表意见。

署名文章、研究报告和其他文稿，文责由作者自负，出版发行并不构成国际劳工局认可其观点。

提及的企业和商业产品及生产的名称不意味其得到国际劳工局的认可，而未提及的企业和商业产品及生产也并非意味着不认可。

国际劳工局对中文翻译的准确性和完整性，以及翻译的不准确、错误和删减及由此造成的后果不承担任何责任。

图书在版编目（CIP）数据

2017年世界就业和社会展望：可持续发展企业与工作：正规企业与体面工作/国际劳工组织编著.—北京：中国财政经济出版社，2018.7

书名原文：World Employment and Social Outlook 2017: Sustainable enterprises and jobs: Formal enterprises and decent work

ISBN 978 - 7 - 5095 - 8277 - 0

Ⅰ.①2… Ⅱ.①国… Ⅲ.①劳动就业 - 研究报告 - 世界 - 2017 Ⅳ.①F249.1

中国版本图书馆CIP数据核字（2018）第112314号

责任编辑：吴　敏　　　　　责任校对：徐艳丽

中国财政经济出版社 出版

URL: http://www.cfeph.cn
E-mail: cfeph @ cfeph.cn

（版权所有　翻印必究）

社址：北京市海淀区阜成路甲28号　邮政编码：100142
营销中心电话：010 - 88191537
北京时捷印刷有限公司印刷　各地新华书店经销
880×1230毫米　16开　9.25印张　153 000字
2018年7月第1版　2018年7月北京第1次印刷
定价：48.00元
ISBN 978 - 7 - 5095 - 8277 - 0
图字：01 - 2018 - 0218
（图书出现印装问题，本社负责调换）
本社质量投诉电话：010 - 88190744
打击盗版举报热线：010 - 88191661　QQ：2242791300

序 言

《2017年世界就业和社会展望——可持续发展企业与工作：正规企业与体面工作》报告探究了可持续发展企业作为工作岗位创造引擎所发挥的重要作用，以及企业特征和战略如何影响劳动力市场的表现及企业绩效。本报告在分析过程中将国际社会和国际劳工组织推出的不同计划倡议也纳入考量。

本报告建立在"可持续发展企业"这一概念之上。这个概念是在2007年召开的第96届国际劳工大会所通过的大会结论报告《推广可持续发展企业》中提出的。该概念与一般的可持续发展方法一脉相承——该方法假定了一个可以整体、均衡和全面地看待发展的视角，同时，该概念还强调企业可以在推进长期社会目标的同时，满足对竞争力和盈利能力的需求。

自2007年大会召开以来，可持续发展企业做出的贡献受到了越来越普遍的认可，联合国《2030年可持续发展议程》谈及企业在生产性增长和公平增长方面所发挥的核心作用时也提到了可持续发展企业所发挥的作用。联合国《2030年可持续发展议程》明确提出，推动工作岗位创造、创业以及微型和中型企业的正规化和增长是实现体面工作和经济增长的核心（目标8）。

2013年，为了纪念2019年国际劳工组织成立100周年，国际劳工组织推出了七项计划倡议，其中一项是企业计划。该计划旨在通过识别诸多可以与企业展开合作的领域来推进实现国际劳工组织已确立的目标，从而实现该组织的最终目标。因此，国际劳工局一直在研究趋势和经验、开发网络、打造合作伙伴关系，以及向可持续发展企业提供建议和支持。但是，要深化我们对如何提高企业在促进体面工作和经济增长方面所做出的贡献的了解，还需要展开进一步工作。

今年的《世界就业和社会展望》报告旨在为国际争议提供证据，让国际社会知晓企业在促进体面工作和经济增长方面所做出的贡献。本报告发现，在当今快速变化的全球环境中，企业可能会经常从短期而不是长期的视角进行有关竞争力的战略决策。有关雇佣实践、培训以及贸易创新和参与贸易活动的决策可能对企业绩效和劳动力市场表现产生深刻影响——在一些情况下，可能会产生反作用。

基于最新获得的数据，本报告发现，如果企业通过提供在职培训、促进平等的工作机会和确保工作者受到保护的方式对员工的可持续性进行投资，以及投资于创新等其他重要的生产因素，并参与到海外市场当中，那么这样的企业将具有极大的竞争优势，同时还能创造体面的工作。

但企业无法独自实现这些目标。所有的社会合作伙伴都应该发挥其作用。政府在制定机制以培育可持续发展企业和包容性增长方面要发挥重要作用，而工作者及其相关组织在提倡合理政策和法规以及代表制度方面则是不可或缺的。

国际劳工组织将通过进一步的研究和对话，继续探讨这些问题。希望我们的努力有助于增加知识，以应对未来劳动领域的挑战，并促进政策的设计与实施，从而在国际劳工组织的第二个百年内推进可持续发展企业的发展和体面工作的创造。

盖·莱德
Guy Ryder
国际劳工组织总干事

致　谢

《2017 年世界就业和社会展望——可持续发展企业与工作：正规企业与体面工作》由国际劳工组织研究局全球事务部在其各自领导的指导下编纂而成。

本报告各章节的作者如下。第一章：Marva Corley–Coulibaly 和 Takaaki Kizu，并获得了 Elizabeth Echeverria Manrique 和 Salonie Hiriyur 的帮助；第二章：Takaaki Kizu 和 Zheng Wang，并获得了 Elizabeth Echeverria Manrique 的帮助；第三章：Christian Viegelahn 和 Zheng Wang，并获得了 Sophie Soete 和 Guillaume Delautre 的支持；第四章：Pelin Sekerler Richiardi 和 Ira Postolachi。Sangheon Lee 负责编写执行摘要。Ma Diyana Gem Arbo、Friederike Eberlein、Stefan Kühn、Judy Rafferty、Maria Martha Sarabia、Iulia Siedschlag 和 Emily Sims 提供了宝贵的研究资料和支持。作者还希望在此感谢联合国国际贸易中心为本报告提供的数据。

Marva Corley–Coulibaly 在研究局的现任和前任临时主任 Sangheon Lee 和 Moazam Mahmood 的指导下，对整篇报告进行了协调。

我们也希望在此对负责政策的副总干事 Deborah Greenfield 和国际劳工组织总干事特别顾问 James Howard 提供的重要指导和建议致以谢意。

此外，我们对参加 2016 年 12 月 1 日召开的报告讨论会的国际劳工组织研究评审小组的成员致以深深的谢意，尤其感谢 Iain Begg 教授、Jayati Ghosh 教授、Nouri Mzid 教授和 Gary Fields 教授。他们为本报告提供了深刻的洞察和建议。同时，我们也非常感激两位匿名外部审阅人所提供的意见和建议。

我们还希望对国际劳工组织的部门主任对本报告给予的珍贵反馈意见表示感谢，他们是：就业政策部的 Azita Berar Awad、统计部的 Rafael Diez de Medina、社会保障部的 Isabel Ortiz、工作条件和平等部的 Manuela Tomei，以及企业部的 Vic Van Vuuren。同时，我们也对促成本报告的编辑、编撰、出版和传播的人员表示谢意。此外，我们对国际劳工组织出版委员会秘书处所给予的宝贵支持也表示感谢。

特别感谢雇主活动局、工人活动局和企业部的同仁。在本报告的写作过程中，他们为我们提供了富有成效的咨询和反馈意见。

最后，我们对研究局的各位同仁以及其他为我们提供过有益评价、起草建议和数据输入的国际劳工组织的工作人员表示感谢，他们是：Antonia Asenjo、Christina Behrendt、Janine Berg、Sandra Berger、David Bescomb、Florence Bonnet、Jonas Bosch、Laura Brewer、Graeme Buckley、Paul Comyn、Sukti Dasgupta、Adam Elsheikhi、Ekkehard Ernst、Simel Esim、Marianne Furrer、Andre Gama、Drew Gardiner、Luis Gonzalez、Adam Greene、Richard Horne、Lawrence Jeffrey Johnson、Steven Kapsos、Tahmina Karimova、Waltteri Katajamaki、Kee Kim、Sonja Kovačević、Michelle Leighton、Nicolas Maitre、Philippe Marcadent、Jesse Martens、Rossana Merola、Santo Milasi、Guillermo Montt、Michael Mwasikakata、Irmgard Nübler、Niall O'Higgins、Shauna Olney、Yves Perardel、Markus Pilgrim、Uma Rani、Catherine Saget、Daniel Samaan、Guy Tchami、Steven Tobin、Sanchir Tugschimeg 和 James Windell。

目 录

执行摘要　1

引言　5

第一章　企业动态与就业增长　9
 引言　9
 第一节　按企业结构划分的全球就业情况和趋势　10
 第二节　企业与就业增长：工作岗位的创造与消失　22
 第三节　小结　27
 附录1.1　按地区和收入划分的国家组别　29
 附录1.2　按企业特征划分的就业数据集　31
 附录1.3　不同规模的企业的工作者的数量和比例　32
 附录1.4　企业层面的企业特征与就业增长之间的关系　34

第二章　劳动力弹性、资本结构和企业绩效　39
 引言　39
 第一节　劳动力弹性、生产率与就业　40
 第二节　资本结构、生产率与就业　54
 第三节　小结　61
 附录2.1　在企业层面，人力和财务管理实践与企业绩效之间的关系　62
 附录2.2　法规和体制与企业人力和财务资源管理实践之间的关系　63

第三章　贸易与生产组织：效率和劳动力市场表现　69
 引言　69
 第一节　贸易、生产组织和就业的趋势与模式　70
 第二节　出口企业和进口企业：企业层面的效率与劳动力市场表现　77
 第三节　全球供应链上的供应商：企业层面的效率和劳动力市场表现　89
 第四节　小结与启示　100
 附录3.1　低强度、中等强度和高强度出口企业和进口企业的员工数量及所占比重　102
 附录3.2　全球供应链的贸易状况、贸易强度和供应商：与效率和劳动力市场表现的关系　103
 附录3.3　出口年限：与效率和劳动力市场表现的关系　104

第四章　企业创新与劳动力市场表现　111
 引言　111
 第一节　创新与劳动力市场表现：总量层面的证据　112
 第二节　进行创新的企业类别与创新的决定性因素　116
 第三节　创新如何与企业生产率与就业产生关系：实证分析　122

第四节	小结	128
附录4.1	创新与生产率：CDM模型	130
附录4.2	劳动力市场表现回归	133

专栏

专栏1.1	数据口径与定义	11
专栏1.2	微型企业中的女性就业：来自11个低收入国家的例证	19
专栏2.1	劳动力监管改革及其与宏观经济环境之间的联系	41
专栏2.2	企业与劳动力弹性	43
专栏2.3	劳动力弹性的新形式？欧盟27国中的经济依赖型自雇工作者	47
专栏2.4	资金来源	54
专栏2.5	德国和韩国分别出台政策，以方便中小企业和初创企业获得股权资本	60
专栏3.1	跨境电子商务有利于贸易复兴吗？	72
专栏3.2	什么是低强度、中等强度和高强度出口企业和进口企业？	75
专栏3.3	如何识别全球供应链上的供应商企业	89
专栏3.4	作为全球供应链的协调者，发展中国家的跨国企业是否发挥越来越重要的作用？来自前100强企业的证据	92
专栏3.5	企业社会责任倡议的核心是什么？	93
专栏3.6	全球供应链和金融化：利润流向哪里？	96
专栏3.7	全球供应链中的女性	99
专栏4.1	数据和方法论	117

图

图1	塑造企业行为：内部因素和外部因素框架	6
图1.1	本报告涉及的企业类型和覆盖范围	11
图1.2	最近一年里微型企业对就业所做出的贡献（百分比）	13
图1.3	2016年及最近一年内中小企业和大型企业的就业总人数和企业数量的分布情况（百分比）	14
图1.4	2016年按地区和企业规模划分的总就业分布情况（百分比）	15
图1.5	2003—2016年全职雇员总数及所占比例	16
图1.6	不同地区从事长期全职工作的女性所占比例（百分比）	16
图1.7	最近一年里在不同规模的企业中从事长期全职工作的女性所占比例与人均收入（百分比）	17
图1.8	最近一年里在不同规模的企业中担任高管职位的女性所占比例（百分比）	18
图1.9	最近一年里在不同规模企业中从事长期全职工作的女性所占比例（百分比）	19
图1.10	最近一年里主要行业中各企业的全职雇员人数的中位值	20
图1.11	最近一年里部分发展中、新兴和发达经济体的不同规模的企业在制造业和服务业的总就业分布情况（百分比）	20
图1.12	就业增长溢价：2003—2014年中小企业与大企业、年轻和成熟企业与老牌企业在规模和运营年限方面的对比（百分点差异，长期全职雇员）	23
图1.13	扩张期或紧缩期企业的就业增长溢价：2003—2014年中小企业	

		与大企业、年轻和成熟企业与老牌企业在企业规模和运营年限方面的对比（百分点差异，长期全职雇员）	25
	图1.14	就业增长溢价：在2003—2008年和2009—2014年，中小企业与大企业、年轻和成熟企业与老牌企业在规模和运营年限方面的对比（百分点差异，长期全职雇员）	26
	图1.15	扩张期或紧缩期企业的就业增长溢价：2003—2014年中小企业与大企业、年轻和成熟企业与老牌企业在规模和运营年限方面的对比（百分点差异，长期全职雇员）	27
图2.1		部分国家在危机前和危机后的解雇监管水平	41
图2.2		部分国家在危机前和危机后对不同形式就业的监管水平	42
图2.3		2015年部分国家通过兼职和加班工作实现的数量弹性（占雇员总人数的百分比）	44
图2.4		在可获得数据的最近年份，按企业规模、运营年限和国别划分的数量和职能弹性（%）	46
图2.5		2010年和2015年，经济依赖型自雇工作者占总就业人口的比例（%）	47
图2.6		劳动力弹性与企业绩效之间的关系（百分比差异）	49
图2.7		纺织服装行业的劳动力弹性与企业绩效之间的关系（百分比差异）	49
图2.8		2000—2012年，按国家组别划分的116个国家签订固定期限合同的员工有权获得与长期雇员同等对待的相关劳动力监管	50
图2.9		在可获得数据的最近年份，把劳动力监管视为主要约束的企业的占比（%）	51
图2.10		保障签订固定期限合同的员工获得与长期雇员同等待遇的权利与人力资源管理战略之间的关系（百分点变化）	52
图2.11		按企业规模、运营年限和国家组别划分的资本结构（%）	55
图2.12		在上一财年期间不申请银行贷款的主要原因，按企业规模、运营年限和国家组别划分（%）	56
图2.13		融资决策与企业绩效之间的关系（百分比差异）	58
图2.14		债权人权利保护与银行贷款占营运资金的比例之间的关系（百分点变化）	59
图2.15		机构与银行贷款占营运资金的比例之间的关系（百分点差异）	59
图3.1		1990—2016年全球贸易趋势	71
图3.2		通过电子邮件和自己的网站与客户和供应商进行交流的企业所占份额（%）	73
图3.3		互联网的使用和访问	73
图3.4		2013—2016年至少有5名员工的正规的出口企业中工作岗位的数量和份额	74
图3.5		2013—2016年高强度出口企业和进口企业的就业份额（%）	75
图3.6		最近一年间出口企业/进口企业占企业总数的份额，按出口/进口强度和经济行业划分（%）	76
图3.7		贸易企业与非贸易企业在企业生产率方面的百分比差异，按收入水平划分	79
图3.8		企业开展出口业务的年限增长10%时产生的生产率效应估算	80
图3.9		具有一般特点的企业的生产率变化，按贸易强度划分	82
图3.10		出口、进口和工资	83

图 3.11	出口、进口与长期全职雇员	85
图 3.12	出口、进口和女性员工的占比	87
图 3.13	出口、进口和临时工的占比	88
图 3.14	图解全球供应链供应商企业的定义	90
图 3.15	2004—2015 年全球和发展中国家前 100 大非金融跨国企业的员工人数和销售额	92
图 3.16	有关企业社会责任倡议的承诺和实施水平,平均得分	93
图 3.17	结社自由方面表现最佳的企业在不同维度上的平均得分	94
图 3.18	全球供应链供应商企业和其他出口企业在企业层面的生产率方面的百分比差异	95
图 3.19	全球供应链供应商企业与其他出口企业在企业层面上的工资百分比差异	97
图 3.20	全球供应链供应商企业与其他出口企业在企业层面的就业百分比差异以及女性员工占比的百分点差异	98
图 3.21	长期雇员和临时雇员中的女性占比,按行业和全球供应链供应商状况划分(%)	99
图 3.22	全球供应链供应商企业和其他出口企业之间有关临时工占比的百分点差异	100
图 4.1	2009—2014 年按国家划分的创新与生产率的均值	114
图 4.2	2009—2014 年按国家划分的创新与就业的均值	115
图 4.3	基于经合组织/欧盟统计局的方法论框架定义创新	116
图 4.4	最近一年间部分国家组别的创新发生率(%)	118
图 4.5	国际贸易指标对企业创新的边际效应(百分点变化)	121
图 4.6	相较于不进行创新的企业,不同类型的创新对劳动生产率的影响(百分比变化)	123
图 4.7	2012—2015 年,就业与企业创新(百分比)	124
图 4.8	按创新类型划分的创新、教育和培训(百分比差异,相对于非创新型企业)	126
图 4.9	按创新划分的企业创新和临时就业(百分比差异,相对于非创新型企业)	127
图 4.10	按创新类型划分的创新与女性就业(百分比差异,相对于非创新企业)	127
图 4A.1	CDM 框架和变量列表	131

表

表 1.1	最近一年里不同地区的企业规模和总就业的偏离份额分析	21
表 3.1	132 个国家最近一年内的企业人口的特点(按交易状态划分)	75
表 4.1	企业创新的决定性因素及其效应(百分点变化)	119

执行摘要

在全球经济中，企业和就业动态的环境不断演变……

自 2008 年以来，全球和各地区的企业环境不断演变。贸易和经济增速放缓对全球供应链的影响，以及由此引发的对工作数量和质量的担忧都成为各国议程中的重中之重。其他的重要趋势——特别是技术变革和创新——正以一种全新且不同的方式塑造劳工世界，使后危机时代的环境日趋复杂。在这种背景下，《2017 年世界就业和社会展望：可持续发展企业与工作：正规企业与体面工作》报告探究了这些情况对企业作为工作岗位创造引擎的影响，以及企业的应对之法。值得一提的是，本报告分析了这些情况对企业绩效和就业动态的影响，思考如何通过支持企业及其运营环境的政策来帮助创造更多更好的工作，从而实现具有包容性和可持续性的增长。

目前全球失业人口超过 2.01 亿人，比 2016 年增加了 340 万人。全球失业率达到 5.8%，这个数字预计不会很快下降。尽管在过去的几十年内的确取得了一些进展，但是新兴和发展中国家近 7.8 亿名工作者（相当于 1/3 的工作者）仍然处于极度贫困或中等贫困状态。全球超过 14 亿名工作者处于弱势就业的状态，其中许多人来自新兴和发展中国家。弱势就业人口的数量每年以 1100 万人的速度增加。这种情况带来了严峻的挑战，因为这些工作者不太可能找到有稳定收入和社会保障的工作。因此，体面工作对当今的世界而言仍是一个严峻的挑战。

私营部门的正规企业在创造体面工作方面发挥了关键作用。这一点与联合国《2030 年可持续发展议程》中提出的目标不谋而合。后者明确提出，推动工作岗位创造、创业以及微型和中小型企业的正规化和增长是实现"体面工作和经济增长"（目标 8）的核心。

2016 年，全球受雇于私营部门的工作者达到 28 亿人，占全球总就业人口的 87%。该数字涵盖非正规和正规行业。尽管非正规行业雇用了大量的工作者，特别是在新兴和发展中经济体，但正规行业的企业的雇员人数占全球私营部门总有薪就业人口的一半以上。

此外，尽管相对于中小企业，大企业是正规私营部门的主要就业来源，但在过去几年间，中小企业对总就业的贡献持续增长。最新的按照企业规模划分的就业估算显示，在 132 个可获得估算数据的国家内，正规行业中的中小企业的员工人数几乎翻了一番，而中小企业在总就业中的占比也从 31% 增至 35%。但是，不同地区和不同收入水平的国家呈现出巨大差异。比如，在发展中经济体，中小企业在总就业中的占比为 52%，而在新兴经济体和发达经济体，这个比例分别为 34% 和 41%。就就业增长而言，中小企业和年轻企业的活力往往更为强劲。

……自危机爆发以来，新兴和发展中经济体的许多企业仍面临发展不足的困境，特别是中小企业……

在 2009 年全球金融危机爆发之前，中小企业的平均就业岗位的增速——仅考虑长期全职工作岗位——远远高于大企业，分别为 4.7 个百分点和 3.3 个百分点。然而，在近几年，中小企业的长期全职就业岗位的增速已经停滞。与之相似，自危机爆发以来，年轻企业的长期全职就业岗位的动态也越发疲软。在前危机时期，年轻企业的平均就业增速比老牌企业高 6.9 个百分点，但在后危机时期，差距下滑至 5.5 个百分点。这种变化反映了业务环境的整体状况，大企业的工作岗位创造水平仍然低迷，而新成立的企业或年轻企业正在以前所未有的速度加快削减工作岗位。

企业层面的就业动态也随着发展水平的不同而不同。事实上，相较于大企业，中小企业创造工作岗位的能力随人均收入的提高而提高。在发展中经济体，中小企业的工作岗位创造速度与大企业不相上下，但是在新兴和发展中经济体，中小企业的工作岗位增速高于大企业（虽然在新兴经济体内，相对于大企业的溢价远远低于发达经济体）。这可能反映了这样一个事实：发展中经济体的许多中小企业以及新兴经济体相对较少的中小企业是出于必要才建立的，它们的重心是生存，而未必是扩张。

……但是，隐藏在企业近期出现的这些就业变化背后的是一系列结构性问题，这些问题限制了企业的增长。

企业所处的运营环境对企业的增长有重要影响，除了近期的周期性发展以外。本报告显示，一系列国家因素都在影响企业的增长，比如劳动力市场制度、历史组织模式、贸易与全球供应链的开放、市场规模和融资可得性，并且在一些案例中，还能解释为何非正规经济一直存在，而这会对企业、工作者和社会造成广泛的负面影响。

大量企业及其员工目前都处在非正规经济中。鉴于此，本报告在分析的过程中考虑了非正规经济的广泛影响，如企业实现增长的能力，以及创造财富和工作机会的能力，这些都会影响工作者获得社会保障的能力。

与此同时，在当今不断变化的营商环境中，个别企业必须就如何应对需求波动做出决策。有关雇佣实践、培训以及创新的决策会对企业绩效和劳动力市场表现产生深刻影响——有时甚至是负面影响。

首先，贸易能够帮助企业成长并创造就业机会，这将对企业和工作者的分布产生重大影响……

国际贸易通过向企业提供提高竞争力、向海外出口以及通过进口获得最佳生产投入品的机会，能够刺激就业增长。然而，由于经济、社会和政治原因，全球贸易目前正陷入停滞阶段，这对就业增长有着严重的影响。2016 年，在所分析的 132 个国家，估计有 37% 的工作者（相当于 1.67 亿名工作者）在进口贸易企业就职，这个比例低于经济金融危机之前的水平。由于贸易停滞，贸易相关的雇佣情况也陷入停顿。

然而，贸易对生产率、工作数量和质量的影响在不同的企业内各不相同，这表明贸易所得不一定以包容的方式实现共享。本报告发现，进出口贸易企业的生产率高于非贸易公司，而且它们支付的工资更高。但是，进出口的生产率溢价比工资溢价分别高出 13 个百分点和 5 个百分点。与之相似，公司之间也存在很大差异。比如，向全球供应链提供投入品的出口企业的生产率水平高于其他出口商。然而，工资溢价仍低于生产率溢价。有意思的是，如果出口企业以最终产品组装企业的身份加入全球供应链，那么它们的临时工比例一般会更高。这些研究结果证实，解决分布方面的问题对让贸易和全球供应链服务所有人这项事业具有重要意义。

此外，将全球供应链延伸至缺乏制度来监管和实施劳动力标准的国家，会对工作场所的合规性带来挑战。鉴于此，许多跨国企业纷纷主动出台各种措施来加强监管，以使其供应链符合劳工标准。这些跨国企业在协调全球供应链方面发挥着重要作用。尽管这是一个具有正面意义的重要一环，但本报告的分析显示，企业对获得结社自由所做出的努力仍是一大挑战。

……其次，营商环境，特别是金融和劳动力市场的监管渠道，会影响企业的人力资源和财务战略……

企业需要通过劳动力弹性来提高生产效率并应对不断变化的市场需求，而获得这种弹性的方式不胜枚举，并且会对企业和工作者产生不同的效果。本报告发现，选择内部职能弹性（如员工培训）的企业可以在不降低工作质量的前提下维持总体的竞争力。企业还可以通过外部数量弹性（如通过大量雇用临时工）来获得弹性，但是从本质上来讲，这种弹性带来的好处是短期的，并且会对企业和员工造成长期的负面影响。事实上，在一些情况下，这会造成生产率长期负向增长，从而把企业推向低工资、低生产率的恶性循环之中。本报告的分析显示，如果劳工法规得到恰当地设计和实施，那么将能鼓励企业寻求内部弹性。尤其是，确保签订固定期限合同的雇员获得与长期雇员同等的待遇，可能会让企业减少聘用临时工，转而增加对员工的培训，特别是对长期雇员的培训，这将给雇员和企业都带来更好的结果。

就提高生产率和降低单位劳动力成本而言，通过正规的外部融资获得足够的资金来支持运营和投资，对工作者的工资和竞争力都会带来强劲的积极影响。然而，获得资金一直是企业面临的一大约束，特别是发展中经济体的企业。其中的一部分挑战是，许多企业因为成本太高而不向银行申请贷款。本报告发现，当金融市场得到改善时，更多中小企业和年轻企业会向银行申请贷款，作为自己的营运资金。这表明，通过增强问责制、提高信息的透明度，并支持依法治国来改善制度环境，会让资金拮据的企业在获得外部正规资金并以此作为自己的营运资金方面发挥重要作用；而对企业而言，借助这笔资金，它们可以进行投资、开展扩张活动，并雇用更多的员工。

重要的是，仍需加大力度来鼓励企业向正规化方向发展，比如采取措施完善制度并提高依法治国的水平。国际劳工组织 2015 年发布的《从非正规经济向正规经济转型建议书》（第 204 号）为工作者和企业提供了从非正规经济向正规经济转型方面的指导。

……再次，创新是企业转型的重要推动因素。

创新是企业提升竞争力的另一个重要来源，也是其实现可持续增长和发展的重要推动因素。然而，对于创新能否创造或破坏工作岗位以及创新如何影响工作者的工作质量这个问题，各方却各执一词——最近有关该问题的争论越来越激烈，因为新技术可能会颠覆生产资料。事实上，在最近几年，技术水平低的非创新型企业出现了大量的工作萎缩，这凸显了制造业的低技能工作者面临着严峻的失业风险。此外，近期技术变革的节奏和普及可能对高技能和低技能行业均带来影响，这进一步放大了上述这些关切。

就创新来源而言，本报告强调，虽然参与研发活动是成功创新的一个重要决定因素，但是其他来源也发挥了重要作用，比如公共资金、获取外部技术以及在职培训。整体而言，创新会带来更好的劳动力市场表现：创新型企业往往具有更高的生产率，能创造更多的工作机会，并雇用更多的技能工作者（即这些企业雇用更多受过良好教育的人并提供更多的培训机会），以及更多的女性工作者。然而，在一些情况下，创新导致出现更多的临时工，而且不同类别的创新（产品、流程、营销和组织）具有不同的效应。比如，开展产品和流程创新的企业更有可能雇用临时工，而开展营销和组织创新的企业往往会雇用更多的女性工作者。

因此，充分的教育、培训和社会保障政策对培育创新，以及有效帮助工作者（企业）做好准备，以适应不断变化的就业环境而言不可或缺。换言之，需要社会合作伙伴和其他利益相关者一起来反思影响未来的工作和技能类型。除此之外，这些研究结果强调了在社会保障方面，要对所有工作者一视同仁。另外，公共资金和公共资金赞助的研究对企业创新至关重要，这凸显了公共机构在促进创新方面所能发挥的作用。

展望未来，打造可持续发展企业是实现包容性增长的重中之重。

采用全面综合的方法可以解决当前营商环境中的系统性门槛这一问题，从而可以帮助企业加强自身组织，实现双赢，即让企业和工作者的情况双双得到改善。这个方法会带来可持续发展企业的增长，从而实现包容性增长并创造体面的工作。

引 言

从全球层面来看，经济前景正在逐步改善，但在许多地区，经济增速仍低于快速实现"可持续发展目标"所要求的水平。与此同时，失业率仍居高不下，并且工作质量的问题引发了人们的广泛关切。在这种情况下，认可企业是经济增长和工作岗位创造的引擎至关重要。这一点与《2030年可持续发展议程》提出的目标不谋而合。后者明确提出，推动工作岗位创造、创业以及微型和中小型企业的正规化和增长是实现"体面工作和经济增长"（目标八）的核心。然而，在这方面仍存在很多知识缺口。正因如此，企业是国际劳工组织制定的"未来工作百年倡议"中不可分割的一部分，以加深企业增长与体面的工作结果之间的联系等。

为此，今年的《世界就业和社会展望》报告探究了企业特征（如规模、运营年限、所属行业）与战略（内部战略、外部战略），以及其与企业绩效和劳动力市场表现之间的联系。从题目来看，本报告的重心是正规的私营部门企业及其如何应对不断变化的全球和国内情况。值得一提的是，本报告评估了旨在管理和组织人力和财务资源的内部战略——包括资本结构、创新、贸易和全球供应链——与企业层面的竞争力和劳动力市场表现之间的关系。

与之前性质相似的研究一样，本报告强调，企业无法独自推动经济增长、实现充分而高效的就业、创造体面的工作。取得这些成就需要政府和社会合作伙伴都承担相应的责任。政府的作用至关重要——特别是在通过有效社会对话制定机制方面——这些机构能够培育可持续发展企业和包容性增长。然而，本报告着重指出，体面、高效的工作从根本上依赖于企业，这些企业提倡平等的就业机会、保护工作者并维护其权利、投资于工作者以及其他重要的生产因素。

本报告对企业的定义来自于向2002年召开的第90届国际劳工大会提交的《体面劳动与非正规经济》报告。该报告提出，企业是"生产用于销售或易货交易的产品和服务的单元。就合法组织而言，企业可以是公司（包括准法人企业）、非营利机构、政府部门旗下的非公司企业，或私营非公司企业"。本报告的概念框架改编自针对可持续发展企业发展的综合方法以及建立鼓励性环境的17个支柱，两者分别来自于递交给2007年第96届国际劳工大会的《推广可持续发展企业》报告以及该大会通过的结论。该方法从全局视角看待微观、宏观和元层面的不同但相互连接的领域。第一个层面即微观层面，涵盖单个企业，包括企业的组织、企业"当前面临的环境"（如财务和人力资源管理、能源、交通和通信的使用）及企业与其他因素的关系，比如供应商和客户。工作场所的组织、相关利益者的支持网络，以及社交对话的某些方面都属于微观层面。宏观层面指的是政策（包括财政、行业、产业和贸易投资促进政策）和监管方面（如业务许可和注册、破产法和腐败、投资者与工作者保障），这两者联合发力，为企业塑造了竞争激烈又具有鼓励性质的环境。最后，元层面包含了广义的政治、社会、环境和社会对话条件，这些条件影响机构的质量和功能，其中包括政府（如稳定的政治环境、依法治国、民主和不平等水平）。

图 1

塑造企业行为：内部因素和外部因素框架

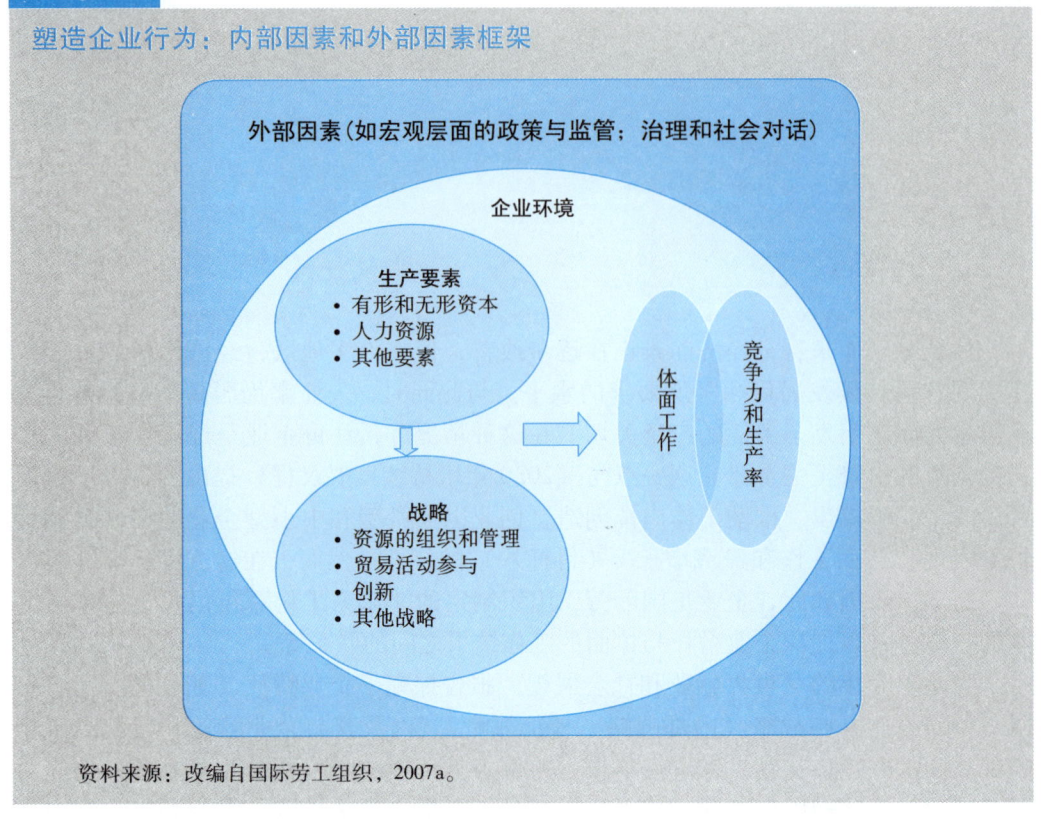

资料来源：改编自国际劳工组织，2007a。

本报告的概念框架基于上述方法的制定，并在图 1 中呈现。该概念框架综合了在塑造正规行业企业行为方面发挥作用的各种不同的因素，并将企业对实现包容性增长和创造体面工作至关重要这个理念纳入考量。同时，该概念框架也支持这样一个事实：企业并不是在真空的环境中运营。从微观层面来看，正规企业（即本报告的核心）是创造——也是维护——体面工作的主要引擎，同时还是提高生产率和竞争力的基本单元。但是，企业战略受现有的生产要素所影响，其中包括资本和人力资源。这些因素，再加上外部因素，影响着企业的战略，比如有关生产组织和市场准入选项的决策。在这些层面上，报告的重心包括宏观经济环境（如进行危机前和危机后分析）、机构和监管设置之间的关系（如劳动立法、充分的社会保障方案、政府在促进贸易与经济融合方面发挥的作用），以及技术和创新的渠道及应用。在元层面，概念框架将具体的治理要素纳入考量，其中包括社会对话、依法治国和腐败、机构质量以及政府效率。

本报告的各个章节从全局视角看待不同的微观、宏观和元层面的因素——尽管程度不同。第一章提供了正规企业的概览，根据企业特征（如规模、运营年限和所属行业等）对其进行了描述。具体来看，基于对 132 个发展中、新兴和发达经济体的正规私营部门的企业的分析，本报告通过识别在危机前和危机后创造和破坏工作的企业类型（按规模和运营年限划分），调查了这些特征如何影响企业动态和工作成果。后续几章探究了就业和增长的推动因素（这一点很关键），同时又回顾了塑造企业行为的因素，其中包括资源的组织和管理、贸易与创新，以及这些因素如何影响工作质量、竞争力和劳动力市场表现。

第二章指出，高效而公平地管理人力和财务资源是促进可持续企业的关键。基于企业层面的数据，该章探究了不同的企业管理实践与企业绩效、竞争力和工作质量的关系。鉴于企业的管理决策受更大范围的营商环境影响，该章还分析了外部因素之间的关系，比如法规与制度，以及企业的管理实践。第三章记录了近期国际贸易的停滞及其对贸易和非贸易企业间工作岗位的分布所产生的影响。在金融和经济危机期间，出口企业的员工占比下滑；目前，在可获得数据的132个国家，该比例为37%（相对于1.67亿名工作者）。在这个背景下，该章接着研究了贸易和全球供应链与企业效率和劳动力市场表现之间的关系。最后，第四章旨在基于企业层面的数据来审视创新、生产率和就业情况（不同方面）的关系，为当前的争议提供支持。为此，该章根据劳动生产率、工作岗位创造和部分劳动力市场的表现——比如劳动合同类型（临时/长期）、技能（教育、在职培训）和女性就业——审视了创新型企业和非创新型企业之间的差异。此外，除了研发的作用之外，该章还探索了一系列提高企业创新可能性的因素（包括内部因素和外部因素）。

第一章 企业动态与就业增长

引　言

私营企业①是全球就业市场的主体：2016 年，有 28 亿人在私营部门就业，占就业总人数的 87%，而剩余的 13% 则供职于非市场服务行业。② 尽管各国私营企业在就业总人数中的占比各不相同，但是发达的私营部门却为增长、就业机会的创造和减贫提供了基础。联合国《2030 年可持续发展议程》与"可持续发展目标"对该看法表示了广泛认可，明确指出创业以及微型和中小型企业的正规化和增长在实现体面工作与经济增长的目标中所发挥的作用。

在这个背景下，诸如企业层面的特征等一系列因素都影响并决定了私营部门企业对实现体面工作这个目标所做出的贡献。其中一些特征在决定就业的数量和质量方面发挥了特别重要的作用。非正规化，尤其非正规企业就是其中经常被分析和议论的一大特征，之前的报告也对此进行了分析和讨论（ILO，2014，2015a，2016a）。

另外一个特别重要的相关特征是企业规模。用工作岗位的数量和质量衡量的就业表现随着企业规模的变化而变化。例如，之前的研究已经表明，创业和中小企业在就业和经济增长方面发挥了尤其重要的作用（Beck，Demirgüç‑Kunt and Levine，2007；ILO，2007a and 2015b；de Kok，Deijl and Veldhuis‑Van Essen，2013）。而企业运营年限也被视为影响其就业表现的一大因素。

在这方面的一个重要的问题是，企业的特征与就业情况之间的关系是否随着时间的推移而改变，特别是经历了 2009 年全球金融危机之后。③ 由于经济危机经常会大规模地破坏就业，从而可能导致企业层面的就业动态发生变化，因此探究随着时间的流逝而发生的变化至关重要，而且更有趣的是，还要审视是否存在后危机效应。

鉴于此，本章调查了就业结果如何随企业的规模、运营年限、所属行业和时间的变化而变化。本报告深入分析了发展中、新兴和发达经济体的正规私营部门企业。④ 该分析覆盖了 150 个经济体，是迄今为止基于选定企业的特征而做出的有关就业和就业质量最全面的企业层面的分析。

本章发现，企业的规模和运营年限与就业的增长和类型相关。尤其是，相对于中小企业，大企业是正规私营部门主要的就业机会提供者。但是对某些群体，特别

---

① 私营企业指的是为了销售或易货贸易的目的进行物品或服务的生产的单元。就合法组织而言，私营企业可能是公司（包括准法人企业）、非公司机构或非盈利机构。
② 基于国际劳工组织趋势计量经济学模型计算得出。"非市场服务"指的是常见的公共部门（教育、健康和社会服务、公共行政管理和防务）。
③ 除非另有说明，以下用"危机"指代 2009 年全球金融危机。
④ 若想详细了解本报告所采用的地区、国家和收入组别列表，请参见附录 1.1。

是女性群体而言，在就业增长和就业重要来源以及企业所有权方面，中小企业和年轻企业比大企业更具活力。自危机以来，就某些工作岗位类型而言，年轻企业和中小企业所做的贡献有所削弱，部分原因是中小企业的工作岗位破坏率高于大型企业。最后，按地区划分（进而延伸至按国家划分）的特征比具体的部门构成对企业规模的影响更大。

这些发现揭示出，一个鼓励型的环境对企业的生存和增长至关重要。目前的确需要出台一系列政策来更好地推动中小企业和年轻企业获取资源，尤其是在后危机时代。这些结论也突出了为所有企业改善营商环境的必要性。

本章的结构如下：第一节从企业的规模和运营年限方面提供了各地区企业的概览，并试图比较和确定按国家和按行业划分的因素对各地区的企业规模所产生的不同影响。第二节分析了企业层面的就业动态，包括对工作岗位净增长（工作岗位的创造和破坏）的分析以及企业主要特征的分析。为了获得对企业随着时间的推移所发生的变化的洞察，本节比较了危机前和危机后的情况。第三节总结了主要的研究成果。就业和增长的驱动因素——以及影响企业行为的因素——将在后面几章进行更为具体的分析，其中包括资源的组织和管理、贸易与创新及其与工作质量、竞争力和劳动力市场表现之间的关系（第二、三、四章）。

第一节　按企业结构划分的全球就业情况和趋势

企业一词涵盖了各种类型的实体，包括正规和非正规行业中大量的企业以及不同类型的工作者。然而，本章首先从正规行业，特别是中小企业和大型企业中的就业分布入手（专栏1.1）。因此，第一节从企业的规模、运营年限和所属行业以及其对就业做出的贡献角度，为本报告奠定了基础。第二节主要叙述危机前和危机后的趋势。同时，在可能的情况下，也对非正规企业和微型企业进行了审视，但是由于数据的限制，分析的范围有限。

本报告界定了如下规模的企业类别：微型企业，员工人数不超过5名；小型企业，员工人数介于5—19名之间；中型企业，员工人数介于20—99名之间；大型企业，员工人数达到或超过100名。这样的定义符合世界银行对企业规模的界定（专栏1.1）。企业运营年限的类别在文献中已经得到了较好的界定，具体情况如下：年轻企业（0—5年）、成熟企业（6—10年）和老牌企业（超过10年）。

非正规经济吸收了全球一半的劳动力

私营企业的确是主要的就业来源——正如之前所述，占总就业的87%——这包括非正规企业提供的就业机会，对一些发展中和新兴经济体而言，这个数字可能会很大。国际劳工组织的估算所示，全球约有一半的劳动力从事非正规经济活动，其中大部分来自新兴和发展中国家。[①]

非正规经济是一个广义定义，指的是"从法律和实际层面而言，工作者和经济单元从事的并未被正规安排所覆盖或充分覆盖的所有经济活动"（ILO, 2014, p.4）。因此，非正规经济包括在非正规行业运营的企业，以及在非正规和正规行业的非正规工作。实际上，要想衡量非正规企业的数量并非易事。各国对非正规性的

---

① 基于ILO STAT的计算。

专栏 1.1

数据口径与定义

本报告涉及的企业类型：图 1.1 显示了本报告涉及的企业类型和范围。本报告主要关注正规私营部门，特别是中小企业和大型企业（深色区域）。本报告的分析不包括上市和农业企业（白色区域）。在可能情况下，本报告也包括非正规和微型企业（浅色区域）。

企业规模的定义：各国和各国际组织对企业规模的定义各不相同，其定义标准包括员工人数或销售和/或资产价值等，不一而足。最常见的规模标准是将小型企业定义为员工人数不到 10 名或 50 名的企业，中型企业则是员工人数不到 100 名或 250 名的企业。然而，有些研究则认为对于发展中经济体的中型企业，250 名员工这个门槛"太高"了。一般来说，在国家层面，降低大企业的规模门槛往往发生在发展中和新兴经济体，而非发达经济体。[1]在一项面向 132 个经济体的研究中，有 2/3 的国家对微型和中小企业的定义都与 250 名员工这个标准不同（Kushnir, Mirmulstein and Ramalho, 2010）。

除非另有说明，本报告将微型企业定义为员工人数不到 5 名的企业，小型企业为员工人数介于 5 至 19 名之间的企业，中型企业为员工人数介于 20 至 99 名中间的企业，大型企业为员工人数至少为 100 名的企业。这个定义与世界银行的"世界银行企业调查"中的定义不谋而合。

所有数据都属于机构层面的数据。机构可以是一个具有母公司的大型企业集团的一部分，因此机构的规模可以与母公司不同。本报告主要探讨的是机构规模，而非母公司的规模。这会使一些企业的规模被歪曲，特别是零售与批发行业的企业，这些企业往往通过创建多个相对较小的机构来实现扩张（Haltiwanger, Jarmin and Miranda, 2013）。然而，特别是在"世界银行企业调查"中涉及的企业中，多数机构都是独立企业。因此，机构与企业规模的错配较少，不会严重影响分析。[2]

企业运营年限的定义：在各种研究中，企业运营年限的定义更为标准一些（如 Ag a et al., 2015；Ayyagari, Demirgüç-Kunt and Maksimovic, 2014；Criscuolo, Gal and Menon, 2014；Haltiwanger, Jarmin and Miranda, 2013；Rijkers et al., 2014）。因此，企业被定义为年轻企业（0—5 年）、成熟企业（6—10 年）或老牌企业（11 年以上）。

图 1.1

本报告涉及的企业类型和覆盖范围

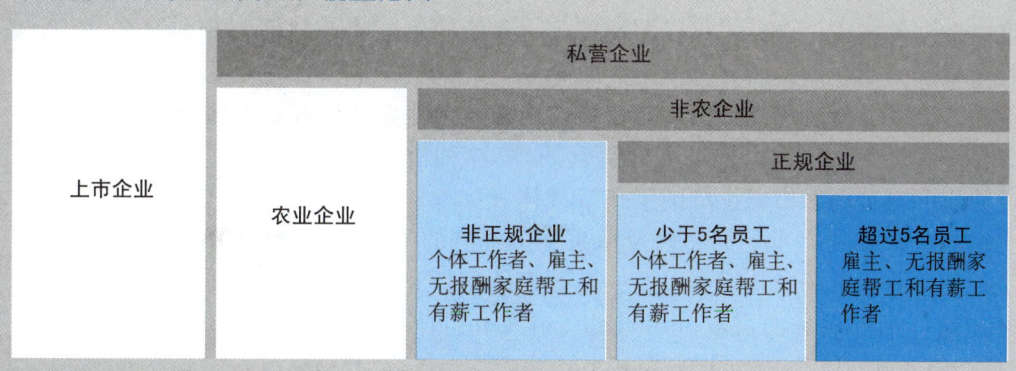

注：白色区域代表本报告未涉及的企业类型。浅色区域代表本报告涉及的企业类型，但由于数据有限，不是本报告的核心内容。深色区域代表本报告着重探讨的企业类型。

[1] 参见 http://www.enterprisesurveys.org；欧盟推荐 2003/361，http://ec.europa.eu/growth/smes/business-friendly-environmentsme-definition_en.。

[2] 比如，在有关零售和批发行业的数据集中，作为母公司大型企业集团一员的企业在企业总数中的占比达到 4.8%。

界定各不相同，其界定基础包括诸如注册状态、社会保障制度覆盖面以及劳动合同的类型等特征（ILO，2014，2015b）。此外，鉴于其本质，要想大范围获得大量有关非正规经济的可靠数据，从定义上来讲是一件非常困难的事情。

根据已有的信息，如果将所有企业都纳入考量，那么其中的很大一部分，特别是发展中经济体的大部分企业将被视为非正规企业。事实上，一项估算表明，全球78%的微型和中小型企业都是非正规企业，而剩余22%的企业则属于正规企业（其中，正规行业的中小型企业所占比例达到9%）（IFC，2010）。

微型企业在就业机会创造方面做出了巨大贡献

正规的微型企业对增长和就业做出的贡献也是本报告所考虑的一个重要部分。对非洲和亚洲的14个经济体所做的分析表明，在某些情况下，正规的微型企业对就业做出了重大贡献（图1.2，A）。在这14个经济体中，有6个经济体的微型企业在长期就业中所占比例介于13.8%和48.7%之间。例如，在刚果民主共和国，正规微型企业在就业中所占比例相对较高（48.7%），这可能是因为该国在从冲突走向和平的过程中采取了特有的小规模发展方式（Fox and Sohnesen，2016；Santos，2003）。此外，刚果民主共和国和布基纳法索（38.5%）都在向小规模人工采矿转移，以此作为主要的谋生手段。这种形式的就业可以比在大中型企业就职获得更多的收益，并已经成为非洲农业经济的永久特征（Hilson，2009）。在其他8个经济体中，正规的微型企业在正规就业中所占比例不到10%。[①]

在可获得信息的一部分发达经济体中，微型企业（此处指的是员工不到10名的企业）对就业水平做出了重大的贡献，尽管在不同国家这种贡献水平各不相同（图1.2，B）。在这个例子中，微型企业在多数经济体的总就业中所占的比例超过1/5，在意大利和希腊，该比例分别达到46%和59%。当然，我们同时也需要注意，由于图中的A图和B图对就业（长期全职就业相对于就业总人数）和企业规模（少于5名员工的企业相对于少于10名员工的企业）的定义不同，数据不能直接用来做比较。

合作社等其他商业模式提供了重要的就业机会，特别是对工作者中的弱势群体

另外一个所有权结构类型是对就业至关重要的合作社模式，但鉴于本报告所采用的企业调查数据的本质，该模式难以被捕捉到。除了像多数企业那样创造利润之外，合作社所采用的商业模式认为企业是在指导原则（如自愿和开放的会员制、民主的会员控制，以及会员参与经济活动、实行自制和具备独立性）和价值观（如诚实、社会责任和关怀他人）的框架下展开运营的。[②] 这种模式的合作社特别适合农业微型企业以及面对劳动力市场挑战的工作者群体（如女性、原住民、移民、自雇工作者、自由职业者和独立承包商，以及从事零工经济的工作者）。合作社为这类群体提供了他们急需的市场准入机会以及一定程度的保护和组织，让其能够长期不断地满足客户对产品和服务的需求（Birchall and Ketilson，2009；Simmons and Birchall，2008；Salvatori，2017；Smith，2014）。

[①] 肯尼亚是微型企业中正规就业所占比例低于10%的经济体之一，部分原因或许是大量非正规经济的存在。事实上，由于运营成本高企、收入不断降低以及难以获得许可，多数微型企业都以非正规的方式展开运营（82.7%）（World Bank，2016）。

[②] 其他合作社原则包括：教育、培训和信息；合作社之间的合作；以及对社区的关注（Birchall and Ketilson，2009）。同时也需要注意，合作社及其他类型的合作组织和企业（如社会企业）都是社会和团结经济的一部分（ILO，2016b）。

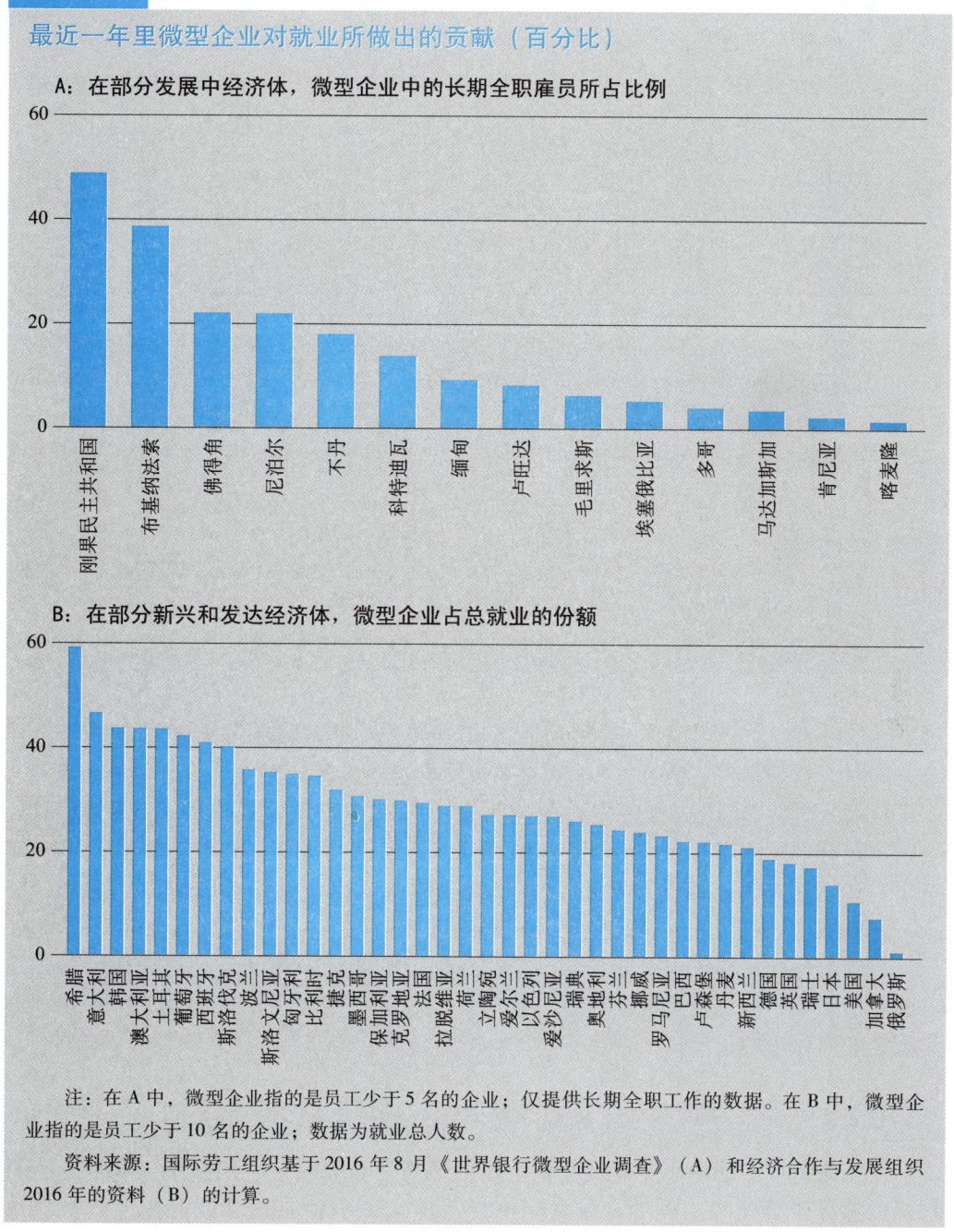

图 1.2 最近一年里微型企业对就业所做出的贡献(百分比)

注：在 A 中，微型企业指的是员工少于 5 名的企业；仅提供长期全职工作的数据。在 B 中，微型企业指的是员工少于 10 名的企业；数据为就业总人数。

资料来源：国际劳工组织基于 2016 年 8 月《世界银行微型企业调查》（A）和经济合作与发展组织 2016 年的资料（B）的计算。

2013—2014 年开展的全球合作社普查收集了 145 个国家的约 260 万家合作社的数据。这些合作社共有 10 亿会员和客户（UNDESA，2014）。

研究发现，约有 1260 万名雇员就职于 77 万家合作社（不包括近 100 万家中国农业合作社）。① 另外一份报告（Roelants, Hyungsik and Terrasi, 2014）将更多的工作者纳入考量，包括全职工作者和兼职工作者，并基于 74 个国家的官方数据（覆

---

① 近期的一些研究包括《2016 年世界合作社监测报告》。该报告收集了 63 个发达和发展中国家的 2370 家合作社的信息（International Cooperative Alliance and Euricse，2016）。该报告发现，超过半数的合作社的营业额超过 1 亿美元，这些合作社从事如下行业：农业和食品行业（26%）、保险（22%）、银行和金融服务（16%）、批发与零售（14%）、健康与社会关怀（7%）、工业（6%）以及其他服务（9%）和活动（1%）。

第一章　企业动态与就业增长

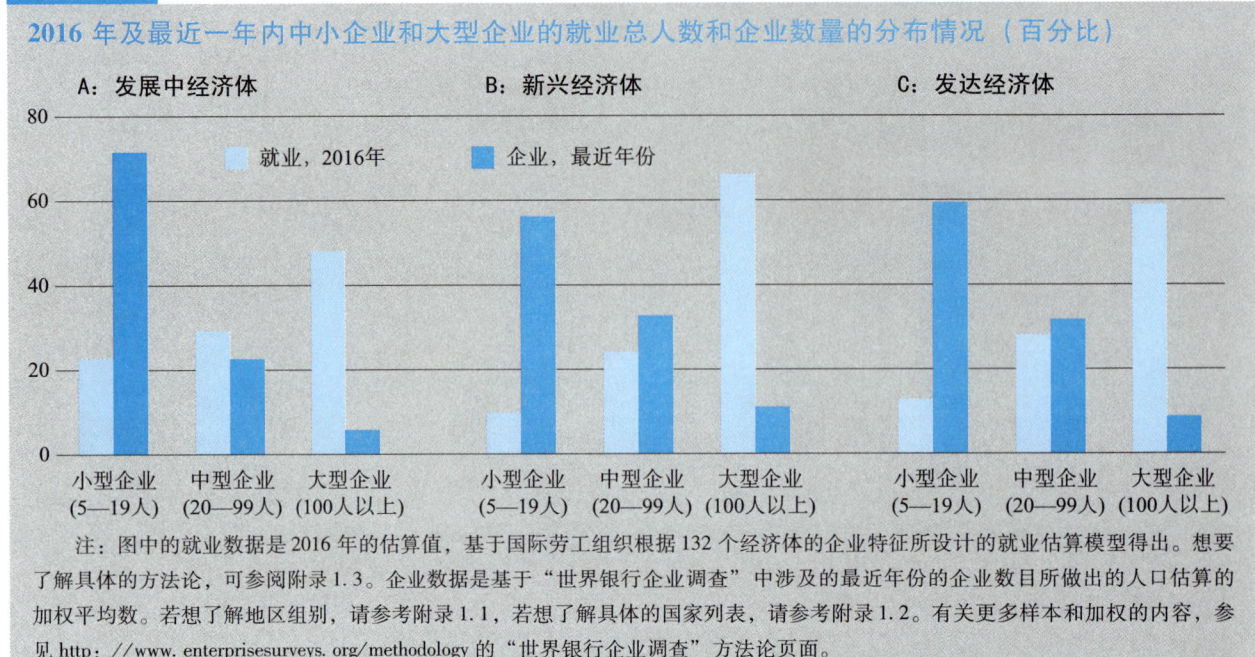

图 1.3

2016 年及最近一年内中小企业和大型企业的就业总人数和企业数量的分布情况（百分比）

注：图中的就业数据是 2016 年的估算值，基于国际劳工组织根据 132 个经济体的企业特征所设计的就业估算模型得出。想要了解具体的方法论，可参阅附录 1.3。企业数据是基于"世界银行企业调查"中涉及的最近年份的企业数目所做出的人口估算的加权平均数。若想了解地区组别，请参考附录 1.1，若想了解具体的国家列表，请参考附录 1.2。有关更多样本和加权的内容，参见 http：//www.enterprisesurveys.org/methodology 的"世界银行企业调查"方法论页面。

资料来源：国际劳工组织基于 2016 年 8 月的《世界银行企业调查》的估算和计算。

盖全球 75% 的人口）估测，目前共有 2640 万人作为雇员或工作者成员就职于合作社。同时，这份报告还估算，2.236 亿名生产者通过其生产系统与合作社相连。

目前，包括国际劳工组织①在内的大量组织都在收集大规模的可比统计数据。按国家划分的数据库有助于该项工作的展开，比如意大利的一个数据库（从 2010 年至今）包含了 8 万多家合作社的金融和就业数据（Euricse and Carpita, 2011；Euricse, 2015）。

尽管合作社、非正规企业和微型企业在确定企业层面的动态和就业机会的创造方面非常重要，但是由于数据有限，本章其他内容将侧重于正规行业的中小企业和大型企业所做出的贡献。

正规行业的小型、中型和大型企业的就业情况随地区的不同而不同

对正规行业中的中小企业及大型企业的最新估算表明，它们在地区和收入人群层面的差异十分明显。例如，在发展中经济体，中小企业在总就业中所占比例为 52%，而新兴经济体则为 34%，发达经济体为 41%（图 1.3）。② 因此，从收入水平来看，中小企业的平均就业情况在不同地区的分布构成了一个 U 形。这样的分布可能与结构化转型的过程有关，在发展初期，小型企业的数量非常庞大，而且它们对就业做出了巨大贡献；但随着经济体在组织生产方面变得越来越成熟，制造业企业工的规模也在不断扩张（Biggs and Oppenheim, 1986；Kuznets, 1973；Lewis, 1954）。③但是，在发展后期，随着需求和生产活动向更为现代化的服务业转型，企业规模也

---

① 见 ILO, 2016c。
② 正如专栏 1.1 所探讨的，对中小企业的构成有着不同的界定。因此，为了使分析成立，还需要根据对中小企业的规模的其他定义（即 20—249 名员工）来计算就业比例。根据该定义得出的结果也遵循了相似的模式。
③ 这主要发生在东亚经济体中，如印度尼西亚、日本、韩国和泰国。在这些经济体，企业的平均规模随制造业的发展而扩大（Poschke, 2014）。

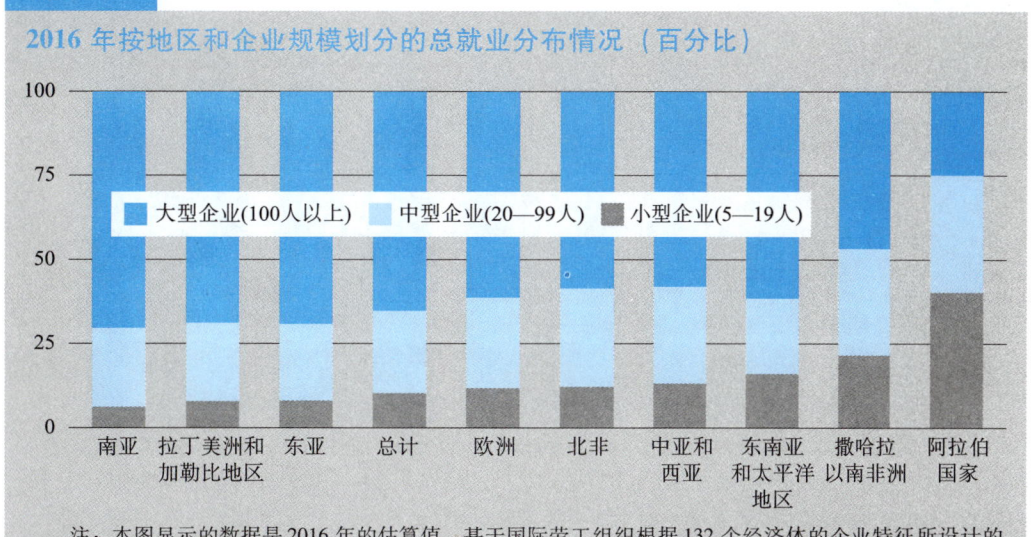

图 1.4

2016 年按地区和企业规模划分的总就业分布情况（百分比）

注：本图显示的数据是 2016 年的估算值，基于国际劳工组织根据 132 个经济体的企业特征所设计的就业估算模型得出。若想了解具体的方法论，请参考附录 1.3。若想了解地区组别，请参考附录 1.1，若想了解《世界银行企业调查》的具体国家列表，请参考附录 1.2。

资料来源：国际劳工组织基于 2016 年 8 月的《世界银行企业调查》的估算。

会越来越多元化，而服务型企业的规模往往都比较小（Loveman and Sengenberger, 1991）。① 然而，对不同国家的各类企业的分析表明，企业规模与人均收入的关系十分微妙。这说明经济发展水平之外的其他因素正影响着企业的规模——本节随后将对该问题进行分析。

在所有地区，随着企业规模的扩大，企业在企业员工总人数中的占比下降，在正规行业，中小企业至少占企业总数的 90%。

此外，不同规模的企业在正规就业中所占比例还会随着地区的不同而出现差异。在所有地区，中小企业的平均就业比率是 34.8%，但在阿拉伯国家（75.2%）、撒哈拉以南非洲（53.3%）、东南亚和太平洋地区（38.5%），该比例则明显较高（图 1.4）。② 在阿拉伯国家，造成出现这一比例的部分原因是：伊朗等遭受冲突困扰的地区的小规模就业以及数据库中不包含大型资源型经济体这个事实。在南亚、东亚、拉丁美洲和加勒比地区，中小企业所占比例相对较低。

中小企业在总就业中所占比例不断增加

谈及正规行业中的就业动态，也就是本报告关注的重点，很多研究都强调了中小企业在经济增长和创造就业机会方面所发挥的重要作用。Birch 的开创性研究发现，在美国，中小企业是重要的工作岗位创造者（Birch, 1979）。随后的研究也强调了中小企业对发展中、新兴和发达经济体的就业水平和增长做出的重大贡献（Ayyagari, Demirgüç – Kunt and Maksimovic, 2011; Aga et al., 2015; Criscuolo, Gal and Menon, 2014）。本报告基于 132 个经济体做出的估算表明，从 2003 年到 2016 年，正规行业里的中小企业的全职雇员总数所占比例从 31.2% 增至 34.8%，增幅为 3.6

---

① Ayyagari、Demirgüç – Kunt 和 Maksimovic（2014）还发现，中小企业的规模会随着国家的不同而不同。随着平均收入水平的提高，企业的规模将先出现下降，然后又会随着收入水平的提高而扩张。

② 29% 的这一平均比率排除了 100 名员工的企业（介于中小企业和大型企业之间的企业）。如果排除 250 名员工的企业，那么中小企业在所有地区的平均占比会升至 46%，同时北非（53%）、撒哈拉以南非洲（56%）和欧洲（60%）的比例也会升高。

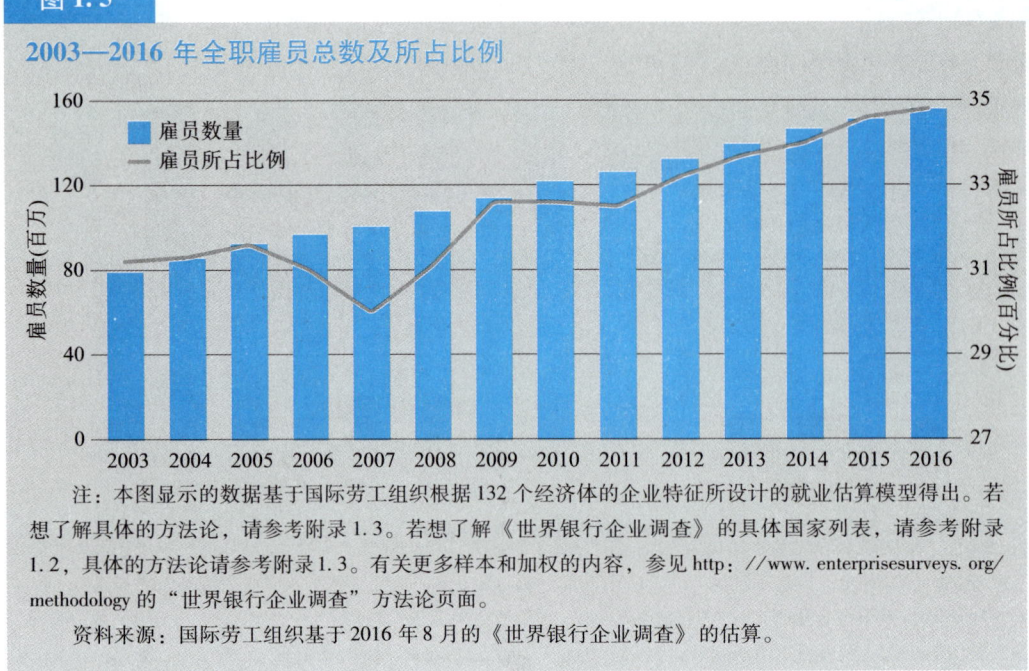

图 1.5

2003—2016 年全职雇员总数及所占比例

注：本图显示的数据基于国际劳工组织根据 132 个经济体的企业特征所设计的就业估算模型得出。若想了解具体的方法论，请参考附录 1.3。若想了解《世界银行企业调查》的具体国家列表，请参考附录 1.2，具体的方法论请参考附录 1.3。有关更多样本和加权的内容，参见 http://www.enterprisesurveys.org/methodology 的"世界银行企业调查"方法论页面。

资料来源：国际劳工组织基于 2016 年 8 月的《世界银行企业调查》的估算。

个百分点（图 1.5）。① 中小企业的全职雇员总数也在持续增加；事实上，从 2013 至 2016 年，人数几乎增加了一倍，从 7900 万增至 1.56 亿。

中小企业也是女性就业和企业所有权的重要来源之一

现有的证据表明，正规行业中的长期全职女性雇员更多地来自于中小企业，而非大型企业。平均而言，在不同地区的中小企业中，约 31% 的长期全职雇员是女性，而在大型企业，该比例为 27%（图 1.6）。在中小企业，女性比例超过平均水平的现象主要发生在欧洲（约 38%）、东亚（37%）、东南亚和太平洋地区（31%），以及拉丁美洲和加勒比地区（33%）。

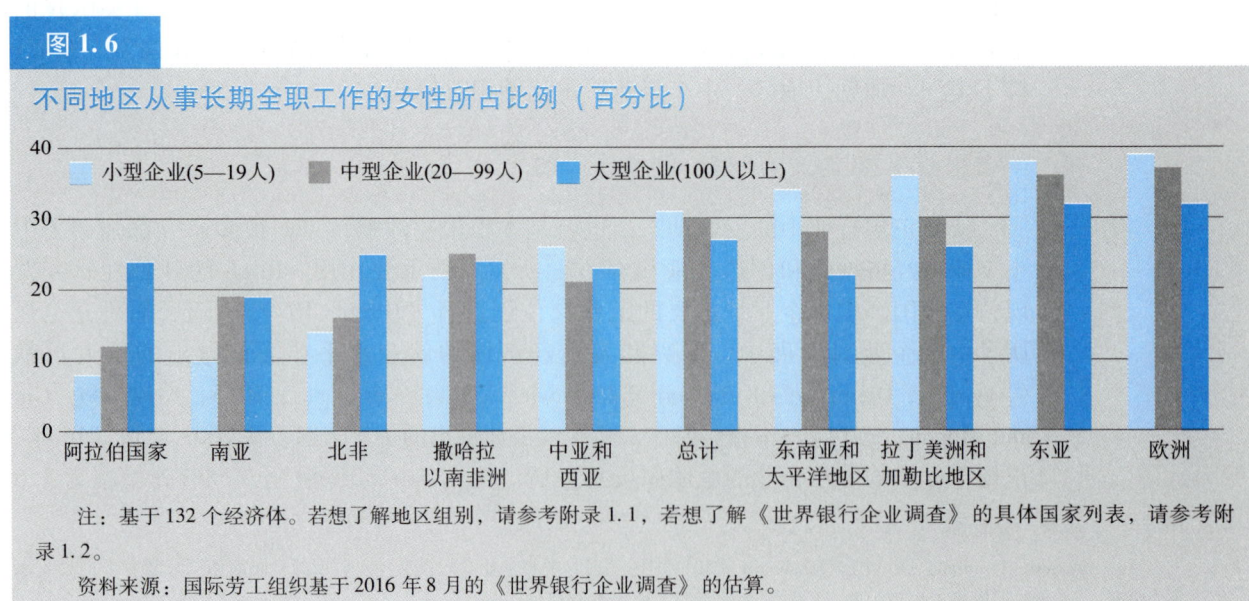

图 1.6

不同地区从事长期全职工作的女性所占比例（百分比）

注：基于 132 个经济体。若想了解地区组别，请参考附录 1.1，若想了解《世界银行企业调查》的具体国家列表，请参考附录 1.2。

资料来源：国际劳工组织基于 2016 年 8 月的《世界银行企业调查》的估算。

---

① 由于数据有限，该研究未包括员工人数少于 5 名的企业。

图 1.7

最近一年里在不同规模的企业中从事长期全职工作的女性所占比例与人均收入（百分比）

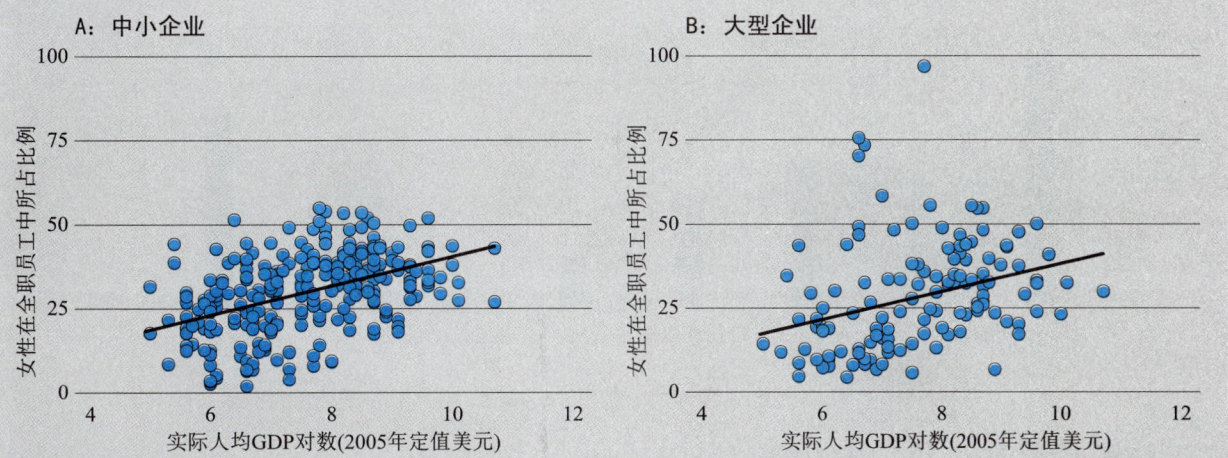

注：仅包含长期全职雇员的数据。基于 132 个经济体。若想了解地区组别，请参考附录 1.1，若想了解《世界银行企业调查》的具体国家列表，请参考附录 1.2。

资料来源：国际劳工组织基于 2016 年 8 月的《世界银行企业调查》的估算；世界银行《世界发展指标》。

在南亚、非洲以及阿拉伯国家，中小企业中的长期全职女性雇员的比例则要低很多，少于 1/4。在一些地区（如阿拉伯国家和北非），大型企业中女性员工的比例更高，从而抵消了上述比例。但是在后者，两个比例都低于所有地区的平均水平。

当然，各地区在女性长期全职就业方面的差异与各种变相的行业隔离和职业隔离有关。其中一个相关的因素是，女性从事兼职工作或在非正规行业企业就职的年限（其中多数是微型和中小企业——参考上文——也不包括在本报告内）。

同时也应注意，企业尤其是中小企业中女性的就业比例与各国的人均收入水平有着密切的联系（正相关）（图 1.7）。就此而言，女性就业对增长和发展具有重要意义，因为微型企业和中小企业常常是女性进入正规劳动力市场的敲门砖（专栏 1.2）。国际劳工组织近期的一份报告（ILO，2017）表明，如果到 2025 年女性和男性在劳动力市场参与率方面的差距缩小 1/4，那么全球经济将可能增加 5.8 万亿美元，相当于全球 GDP 的 3.9%。其中最大的受益者将是北非、南亚和阿拉伯国家，差距的缩小对这些国家的经济贡献率将分别达到 9.5%、9.2% 和 7.1%。

同时，除了南亚之外，相较于大型企业，女性更可能在微型和中小企业中担任高管职位（图 1.8）。在欧洲、拉丁美洲和加勒比地区以及撒哈拉以南非洲的小型和大型企业之间，这种差异尤其明显。特别是在微型企业，女性担任高管的比例之高，主要缘于高比例的女性创业者。在发展中经济体，拥有或就职于微型企业常常是希望进入劳动力市场的女性的唯一选择（Kabeer et al.，2010）。就此而言，通过微型和中小企业实现就业，有利于实现对女性赋予经济方面的权力以及弥合性别不平等这个更远大的目标（专栏 1.2）。

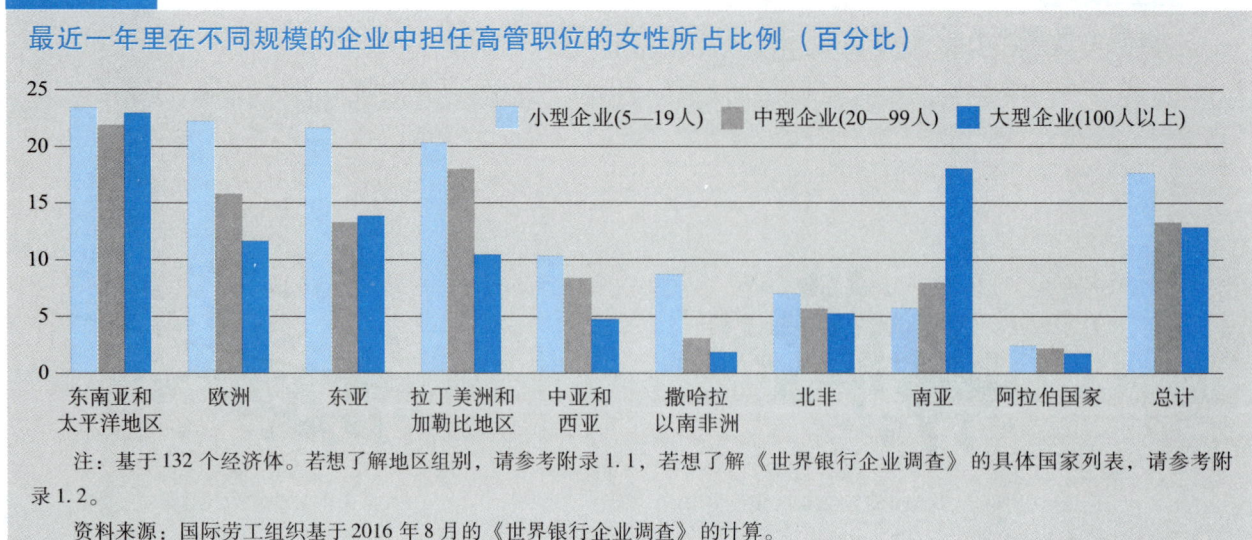

图 1.8

最近一年里在不同规模的企业中担任高管职位的女性所占比例（百分比）

注：基于132个经济体。若想了解地区组别，请参考附录1.1，若想了解《世界银行企业调查》的具体国家列表，请参考附录1.2。

资料来源：国际劳工组织基于2016年8月的《世界银行企业调查》的计算。

企业所属的行业是企业规模的重要决定因素，但国家特征更为重要

企业规模的差异归因于若干行业和国家因素，其中包括行业组成（这将对进入成本产生影响，如资本投资等固定成本）、市场规模和市场准入——包括贸易的开放性、所有权情况和机构（Bartelsman, Haltiwanger and Scarpetta, 2004; Criscuolo, Gal and Menon, 2014; Poschke, 2014），以及收入水平和发展阶段（Biggs and Oppenheim, 1986）。① 尤其是，结构化转型的过程决定了企业规模的分布，特别是制造业企业的规模分布（参见，如 Poschke, 2014; Loveman and Sengenberger, 1991）。最后的两个问题，即发展阶段和结构化转型，已经在本节开始时进行了探讨。

总体而言，本章所分析的多数企业（55.6%）都来自服务行业，来自制造业的比例为44.4%。然而，服务行业对中小企业和大企业的总正规就业情况的贡献率较小（35.4%）。造成这种贡献度失衡的部分原因可能是企业的平均规模，这在制造业和服务业中相差甚大。总而言之，制造业企业在初期的规模往往比服务业的企业规模要大（Criscuolo, Gal and Menon, 2014），而且这种规模差距会贯穿企业的整个生命周期。这一点可以从对全职雇员的数据分析中得到证实：平均而言，服务业企业的规模中位值（18名员工）低于制造业企业（30名员工）（图1.10）。此外，研究还发现非正规（一般规模较小）和微型企业（此次分析未涉及）在服务业中的占比较大。

这种因行业而异的企业规模的差距在不同地区也非常明显，尤其是在多数亚洲经济体中。在这些经济体，制造业企业的规模中位数远远超过全球的平均规模。在南亚、东南亚和太平洋地区以及东亚，规模中位数从38名到85名全职雇员不等，而服务业的全职雇员数为19名至30名。这些研究发现凸显出亚洲这个全球和地区制造业中心——其中包括东南亚和南亚的主要经济体——的突出特征（*The Economist*, 2015; Wooldridge, 2016; Yang, 2016）。

---

① 也有证据表明，大型企业中就业人数的增加并不归因于大型企业的数量，而是由于分布在企业规模顶层的企业的就业人数的增加，至少在发达经济体中情况是如此（参见，如 Elsby and Michaels, 2013）。

专栏 1.2

微型企业中的女性就业：来自 11 个低收入国家的例证

在可获得数据的 11 个国家中，有 8 个国家的女性在微型企业中的就业比例高于其他规模的企业（图 1.9）。在不丹和佛得角，该比例至少达到 60%，而在大型企业中，女性就业所占比例仅分别为 15% 和 35%。

微型企业中高比例的女性就业情况可以归因于如下一系列因素，其中多数与女性企业家精神相关。

- **基于需求的就业**：女性通常都是基于需求，而不是机会来创建微型企业。换言之，她们的目标是满足家庭需要或贴补家用。这一点可以从有关"附加的工人效应"的文献中得到证实（Lundberg, 1985）。该效应指出，当男性失业或其收入不足以支持家庭开销时，女性的劳动参与率会出现临时性的上升。由于需求是唯一的驱动因素，因此女性没有动力来发展或正规化自己的企业（ILO, 2014）。

- **获取资源**。女性通常是微型金融机构的主要目标，这有助于她们成立自己的企业。然而，她们的启动资金通常低于男性企业家。由于资金有限，她们的企业规模往往较小。有关埃塞俄比亚的一份研究表明，由女性领导的企业的平均资本为 2115 美元，而由男性领导的企业则平均达到 3161 美元（Bekele and Jacobs, 2008）。此外，由于获得信贷的渠道有限，导致微型企业的女性领导者难以发展自己的企业规模，如果她们想要发展自己的企业的话。

- **时间因素**。女性从事无报酬照顾工作的比例远远高于男性，这让她们处于"有钱无闲"的状态。在肯尼亚，许多女性企业家要照顾 6 个以上需要抚养的家人，而其伴侣则几乎或根本不提供任何帮助（ILO, 2008）。由于缺乏时间来投资自己的企业，女性常常运营规模较小的企业。

在发达经济体，女性企业家的比例也比较高：微型企业中的女性独资企业家的比例为 20%—40%，平均比例为 25%（ILO, 2015b）。此外，在企业成立之初的三年里，女性所拥有的企业在生存比例和就业机会的创造方面与男性所拥有的企业旗鼓相当；然而，女性企业家的平均营业额则远远低于男性企业家（同上）。

图 1.9

最近一年里在不同规模企业中从事长期全职工作的女性所占比例（百分比）

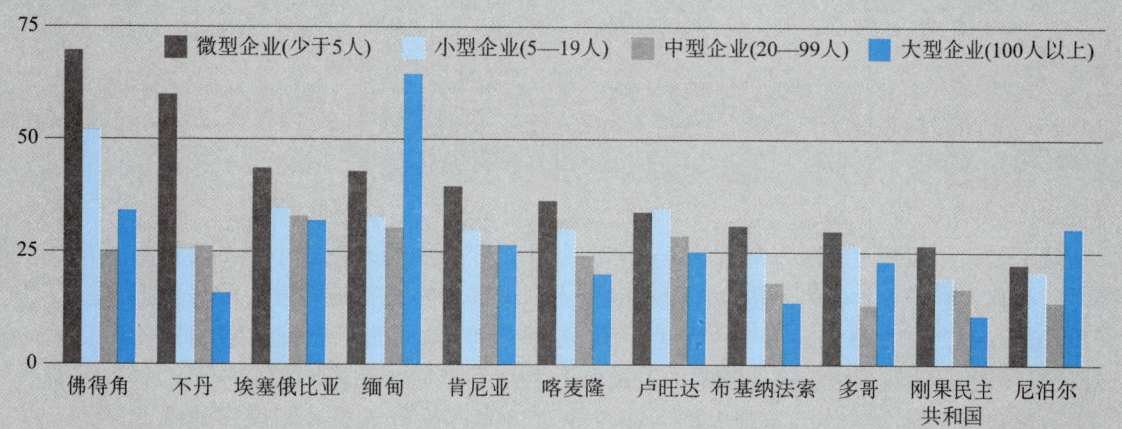

注：布基纳法索、佛得角、尼泊尔和多哥的数据为 2008 年的数据；埃塞俄比亚和卢旺达为 2010 年的数据；刚果民主共和国和肯尼亚为 2012 年的数据；缅甸为 2013 年的数据；不丹为 2014 年的数据。

资料来源：国际劳工组织基于 2016 年 8 月的《世界银行企业调查》的计算。

图 1.10

最近一年里主要行业中各企业的全职雇员人数的中位值

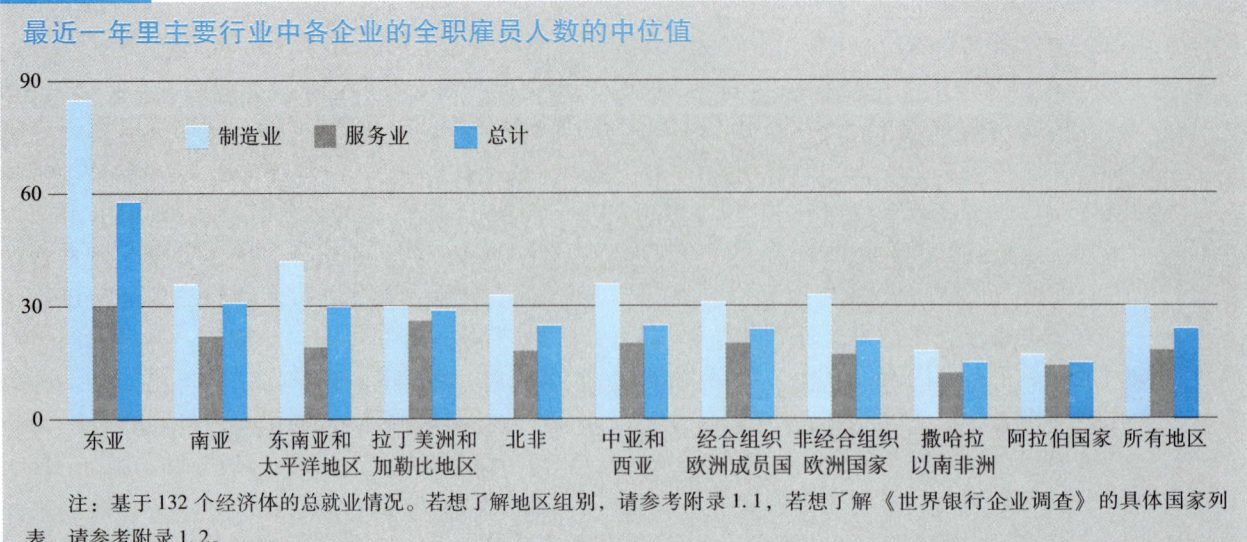

注：基于132个经济体的总就业情况。若想了解地区组别，请参考附录1.1，若想了解《世界银行企业调查》的具体国家列表，请参考附录1.2。

资料来源：国际劳工组织基于2016年8月的《世界银行企业调查》的计算。

图 1.11

最近一年里部分发展中、新兴和发达经济体的不同规模的企业在制造业和服务业的总就业分布情况（百分比）

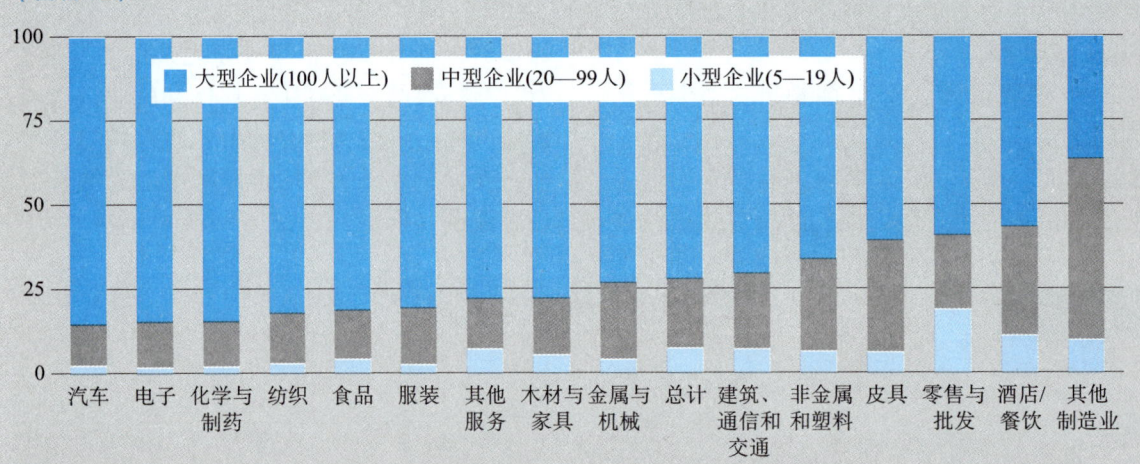

注：行业分类：国际标准工业分类法第三版2位数码。基于132个经济体。若想了解地区组别，请参考附录1.1，若想了解《世界银行企业调查》的具体国家列表，请参考附录1.2。

资料来源：国际劳工组织基于2016年8月的《世界银行企业调查》的计算。

在拉丁美洲和加勒比地区，制造业企业和服务业企业的规模差距较小，主要是因为该地区拥有大量服务业企业，并且规模相对较大。美洲开发银行最新发布的一份报告（Rubalcaba，2013）显示，从某种程度而言，这种趋势反映了加勒比地区经济体的发展情况，服务行业对当地的就业和附加值做出了很大贡献（达到附加值的74%）。

对数据进一步拆分，你会发现大型制造企业对具体行业中正规全职雇员的就业情况具有更为明显的重要意义。然而，我们也要注意到由于"世界银行企业调查"对企业进行了分层，上述层面的拆分可能不够全面，因此需要谨慎地解读这一结果。在电子、汽车、纺织、化学和制药以及食品和服装行业，80%以上的工作者都就职于大型企业（图1.11）。相比较而言，在皮具行业和其他制造行业，中小企业的就业情况占据较高比例。

这个数字也说明，相较于制造行业，服务业中的中小企业占有更高的比例。比如，在酒店和餐饮业，中小企业提供了40%以上的就业机会，而在零售批发行业中，小型企业对就业率的贡献最大（20%）。

为了更好地理解行业构成如何影响不同地区的平均企业规模这个问题，本书基于Bartelsman、Haltiwanger和Scarpetta（2004）的研究，采取了经调整的偏离份额分解法。此举旨在基于两个因素解释不同地区的企业规模的差异，即行业构成和业内差异。由于数据有限，本节重点分析了制造业。第一个因素，即不同地区制造业的构成，可以解释对企业规模具有影响的、因行业而异的要素，比如资本密集率、技术和其他具体特征。比如，在某个地区，如果一个行业通常拥有较大规模的企业，并且其所占比例较大，比如汽车制造业，那么该地区的企业规模将会高于平均水平。第二个因素，即不同地区制造业之间的差异，可以解释因地区而异的要素所造成的企业规模的差异，如机构因素、历史组织模式和市场规模。该分析旨在了解上述每个因素在造成本地平均企业规模与所有地区的平均企业规模（即总平均规模）之间的差异所产生的影响。①

四个亚洲地区中有三个地区的制造业企业的平均规模大于所有地区的总体平均规模（表1.1，第4栏）。在东亚，制造业企业的平均规模比总体平均规模大83%；而在东南亚和南亚，该比例分别为28%和9%。在所有上述地区，地区间的差异（第2栏）——而非行业组成（第1栏）——在决定企业规模方面发挥的作用更大。

表1.1

最近一年里不同地区的企业规模和总就业的偏离份额分析

次区域	行业构成（按行业划分）（1）	地区的企业平均规模（按地区划分）（2）	行业构成与企业规模之间的互动（3）	总计（4）
北非	-0.08	0.12	-0.01	0.03
撒哈拉以南非洲	-0.15	-0.31	0.00	-0.46
拉丁美洲和加勒比地区	-0.07	-0.07	0.01	-0.13
阿拉伯国家	-0.15	-0.37	0.01	-0.51
东亚	-0.06	0.77	0.12	0.83
东南亚	-0.05	0.37	-0.04	0.28
南亚	-0.03	0.17	-0.06	0.09
经合组织欧洲成员国	-0.16	-0.21	0.04	-0.33
非经合组织欧洲国家	-0.15	0.01	0.04	-0.10
中亚和西亚	-0.06	-0.05	0.01	-0.10

注：1-3栏代表总计（第4栏）的各组成部分。总计指的是地区平均与总体平均（所有地区）的偏离（百分比）。比如，北非的平均企业规模比总体平均规模高3%，这主要是因为北非的制造业企业规模平均比该地区同行业的其他制造业企业大12%。基于132个经济体。若想了解地区组别，请参考附录1.1，若想了解《世界银行企业调查》的具体国家列表，请参考附录1.2。

资料来源：国际劳工组织基于2016年8月的《世界银行企业调查》的计算。

---

① 鉴于数据集中收录了大量经济体，该方法旨在分析地区而非国家层面的规模差异。

在撒哈拉以南非洲、阿拉伯国家和欧洲（经合组织经济体），企业平均规模小于总体平均规模，分别占46%、51%和33%。在所有这些地区，行业间的差异再次成为主要决定因素，但行业构成也产生了重要影响。比如，在这三个地区组别中，行业构成比地区平均低15%左右，而在整个亚洲，该比例介于3%至6%之间。这说明，在小型企业中，地区因素和行业构成之间存在某种关联，但在大型企业中不存在这种关联。

总而言之，上述研究结果指明了对国家因素展开进一步分析的范围。这些因素在决定企业规模方面发挥了作用，继而也影响了就业的总体分布情况。

第二节 企业与就业增长：工作岗位的创造与消失

上一节主要探讨了就业水平，以通过一系列企业特征来加深对经济体中工作岗位分布的了解。本节旨在发现危机前和危机后创造和破坏就业的企业类型（按规模和运营年限划分），进而从一个更具活力的角度分析就业情况。这些分析具有至关重要的作用，可以促进大家更好地了解哪些企业特征可能与就业增长有关。

尽管理论表明企业的增长与规模没有联系，[①] 但实证研究的结果却不尽一致。有些研究表明，若将企业的运营年限纳入考量，企业的规模的确与就业增长没有关系（Haltiwanger, Jarmin and Miranda, 2013）；但其他研究却表明，即便不考虑企业运营年限，小型企业的增速仍高于较大型的企业（Aga et al., 2015；Ayyagari, Demirgüç-Kunt and Maksimovic, 2014）。

相对而言，有关企业运营年限与就业增长之间的关系的实证研究更容易被接受。其中一些研究表明，从就业情况而言，年轻企业的增速的确较快（Haltiwanger et al., 2016；Li and Rama, 2015）。这些高增长的年轻企业通常被称为"羚羊"。有鉴于此，旨在通过企业发展推动就业增长的政策将其视为增加就业的引擎。但是，当重大的经济冲击发生时，比如经济衰退，这些就业动态会变得更为复杂。这样的冲击可能会对企业层面的就业模式产生周期性（因而也是暂时性）的影响，但是如果这些冲击比较严重且持续时间较长，则可能会产生结构化（因而也是长期）的影响，这些影响会彻底改变与企业规模和企业运营年限相关的就业模式。

根据这些考量，本节审视了2003年至2008年（危机前）和2009年至2014年（危机后）企业层面的特征与就业增长之间的联系所发生的变化。同时，本节还比较了在扩张期和紧缩期企业之间的区别，以便确定产生的影响是否会随着企业特征而出现变化。

应该注意的是，由于数据有限，有关就业增长的分析仅限于从事长期全职工作的雇员。此外，数据集仅包含市场上现有企业的信息，不包括已经退出市场的企业的信息。因此，因企业退出而导致工作消失的情况不予考虑。[②] 尽管这些限制会阻碍我们理解市场经济中创造性破坏的过程，但是正如其他一些针对该主题的研究（Aga et al., 2015；Ayyagari, Demirgüç-Kunt and Maksimovic, 2014；Criscuolo, Gal and Menon, 2014），对企业活力的集约边际（即现有企业的规模扩大和缩小）的分

[①] 参考吉布拉定律（Gibrat, 1931）。

[②] 由于生存率较低，因企业退出而造成的工作消失的情况在年轻企业中特别普遍（Criscuolo, Gal and Menon, 2014；Haltiwanger, Jarmin and Miranda, 2013）。Calvino、Criscuolo 和 Menon (2016) 的研究显示，在19个经合组织成员国中，年轻企业在成立之初的头三年里的平均生存率刚刚超过60%，成立后五年内的生存率为50%，成立后七年内的生存率则刚超过40%。

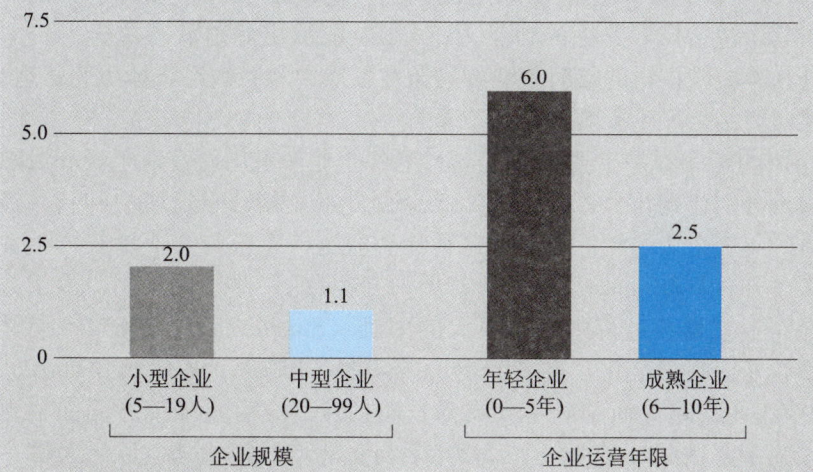

图 1.12

就业增长溢价：2003—2014 年中小企业与大企业、年轻和成熟企业与老牌企业在规模和运营年限方面的对比（百分点差异，长期全职雇员）

注：以上的柱形图显示了在调查前 3 年至前 1 年的两年间，企业规模和运营年限与长期全职就业的年平均增长之间联系的点估计值。企业规模和运营年限相对于大型企业（100 名员工以上）和老牌企业（历史超过 11 年）来衡量。企业规模指的是在调查前 3 年至前 1 年中的两年间长期全职雇员的平均人数，以避免出现平均数效应回归。企业运营年限指的是调查前 3 年企业的运营年限。这些点估计值在 90% 的置信度上具有统计显著性。本图涵盖 132 个经济体，若想了解地区组别，请参考附录 1.1，若想了解《世界银行企业调查》的具体国家列表，请参考附录 1.2。

资料来源：国际劳工组织基于 2016 年 8 月的《世界银行企业调查》的估算。

析自然能提供大量信息。①

特别是在高收入国家，就从事长期全职工作的员工而言，中小企业和年轻企业的就业情况比那些历史更长的大型企业增长更快

就就业增长而言，事实证明，在整个相关时期内，正规行业中的中小企业比大企业增长更快（与图 1.5 所示的证据一致）。更准确地说，在 2003 年至 2014 年的 11 年间，小型企业的增速比大型企业高出 2 个百分点，而中型企业增速则比大型企业高 1.1 个百分点（图 1.12）。

然而，按照收入群体划分且分类更为具体的分析显示，发展中经济体的中小企业的增速一点都不比大型企业快。② 该研究结果与其他研究一致。这些研究显示，发展中经济体的大量小型企业都是"因为需要才成立的"，并且其员工人数通常也就只有几个（Nichter and Goldmark，2009；Poschke，2013；Schoar，2010）。此外，

---

① Criscuolo、Gal 和 Menon（2014）对劳动力流动的粗放边际和集约边际进行了分析。

② Ayyagari、Demirgüç-Kunt 和 Maksimovic（2014）发现，在包括低收入经济体在内的不同收入组别中，中小企业的增速均超过大企业。然而，其中所采用的规模分类主要基于基础年度。正如 Davis、Haltiwanger 和 Schuh（1998）以及 Haltiwanger、Jarmin 和 Miranda（2013）的研究中所记载的，这个企业规模分类方法容易导致"向均数回归"效应。尤其是，根据后者的研究，基础年度分类法的使用容易导致就业增长向上朝小类别偏移。本报告的分析在最近一个财年和前三年之间的平均员工人数的基础上采用了规模类别，以规避"向均数回归"效应。

新兴和发达经济体的中小企业增速超过大型企业，而发达经济体的溢价更高。① 因此，这个证据似乎说明，规模较小的企业的就业增长溢价与发展水平有一定程度的关联。这可能是因为相较于较低收入水平的国家，发达经济体的经济环境更有利于中小企业的增长（ILO，2007b）。这些因素可能包括更好的宏观经济条件、基础设施和资源的获取，其中包括技术熟练的劳动力，② 以及能够更好地获得资金、资本和技术。除此之外，本文未探讨的临时就业的增长在发展中和新兴经济体更为普遍，因而可能会对上述研究结果产生影响（见第二章）。

图1.12也显示出年轻和成熟企业的增速超过老牌企业。平均而言，年轻和成熟企业的就业增长溢价分别达到6个百分点和2.5个百分点。相较于发展中和新兴经济体，发达经济体的年轻企业的溢价更高。这种让企业运营年限与企业增长产生关联的机制目前尚未可知（Haltiwanger et al.，2016）。现有的一些理论表明，由于缺乏经营体验，年轻企业在增长过程中面临更大的困难（Stinchcombe，1965），而其他研究则认为老牌企业面临"老化"和"衰退"等问题（Barron，West and Hannan，1994）。老牌企业在组织战略方面的确不太灵活，而且在适应商业环境方面面临更大的困难。因此，鉴于业界对如何让企业运营年限与企业增长模式建立联系及其中的原因莫衷一是，还需要展开更多的研究来帮助制定政策。

中小企业的就业溢价在很大程度上归因于处于"扩张期"的企业的快速增长

新获得的一些证据表明，规模较小的年轻企业在就业增长过程中面临更多的变化，并且随着总需求的变化，会出现正增长和负增长的情况（Haltiwanger，Jarmin and Miranda，2013；Decker et al.，2016）。另一个关于净就业正增长（"扩张期"）和净就业负增长（"紧缩期"）的分析表明，企业层面的就业模式各不相同。

该分析指出，扩张期企业的规模越小，正就业（长期全职工作）增速就越快，但紧缩期企业的规模越小，负就业增速就越快（图1.13）。相较于处于扩张期的大型企业，处于扩张期的中小企业的就业增速更快，分别高出5.9个百分点和2.7个百分点（图1.13，A）。而在紧缩期的企业中，中小企业的就业增速比大型企业慢，分别低2.9个百分点和2.1个百分点（图1.13，B）。

与之相似，较年轻的企业通常与增长期企业的高就业增长有关，但也与紧缩期企业的负就业增长有关。年轻和成熟企业的就业增速比老牌企业分别高6.6个百分点和1.7个百分点（图1.13，A），而紧缩期的年轻企业的就业增速则远低于老牌企业的增速，差距达1.9个百分点（图1.13，B）。

就此而言，企业的规模和运营年限对就业增长有不同的含义，这取决于企业所处的增长周期。此外，这也意味着较小规模的年轻企业的净就业溢价受扩张期企业的强势增长所推动（Deckeret al.，2016）。

---

① 比如，在发达经济体，小型企业的就业增长溢价比大型企业高5.9个百分点；在新兴经济体，该数字为1.5个百分点。相似地，在发达经济体，中等规模企业的就业增长溢价比大企业高4.2个百分点；在新兴经济体，这个数字为0.8个百分点（若想了解回归结果，请参考附录1.4）。

② 比如，Lucas（1978）发现，管理能力更强的企业家会选择运营规模更大的企业。

图 1.13

扩张期或紧缩期企业的就业增长溢价：2003—2014 年中小企业与大企业、年轻和成熟企业与老牌企业在企业规模和运营年限方面的对比（百分点差异，长期全职雇员）

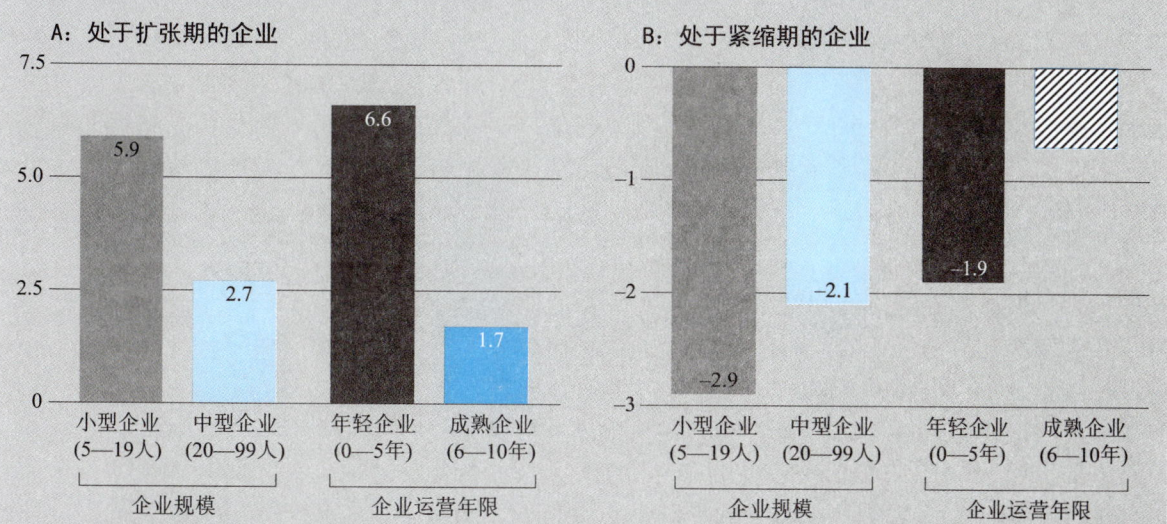

注：以上的柱形图显示了在调查前 3 年至前 1 年的两年间，企业规模和运营年限与长期全职就业的年平均增速之间联系的点估计值。企业规模和运营年限相对于大型企业（100 名员工以上）和老牌企业（历史超过 11 年）来衡量。企业规模指的是在调查前 3 年至前 1 年的两年间长期全职雇员的平均人数，以避免出现向均数回归的效应。企业运营年限指的是调查前 3 年企业的运营年限。这些点估计值用纯色表示，并以数字进行标记，其在 90% 的置信度上具有统计显著性。本图涵盖 132 个经济体，若想了解地区组别，请参考附录 1.1，若想了解《世界银行企业调查》的具体国家列表，请参考附录 1.2。

资料来源：国际劳工组织基于 2016 年 8 月的《世界银行企业调查》的估算。

自危机爆发以来，从长期全职雇员的角度来看，年轻企业的就业增长溢价大幅跳水

此次危机削减了所有企业的整体就业容量，并且对小型的年轻企业却造成了特别严重的破坏性后果。经济衰退造成的这种不成比例的影响对就业增长有着重要的含义。危机前和危机后的分析发现，近年来年轻的小型企业的就业增长溢价大幅跳水，甚至完全消失，至少从长期全职雇员的角度来看是如此。

从 2003 年至 2008 年，小型企和中型企业中长期全职雇员的增速比大型企业分别高 4.7 个百分点和 3.3 个百分点。然而，在 2009 年至 2014，这些中小企业的就业增速没有超过大型企业，就业增长溢价完全消失（图 1.14）。

从企业运营年限方面来看，我们也发现就业增长溢价出现了相似的下滑。从 2003 年至 2008 年，年轻和成熟企业的就业增速比老牌企业分别高 6.9 个百分点和 2.2 个百分点，而从 2009 年至 2014 年，溢价分别跌至 5.5 个百分点和 1.7 个百分点。鉴于企业会随着时间的推移而变老，就业结构自然地向老牌企业偏移，直至新一代的年轻企业的就业增速达到上一代年轻企业曾实现的就业增速。然而，该分析还指出，新一代年轻企业的工作（长期的全职职位）创造速度远远低于原先一代的年轻企业。

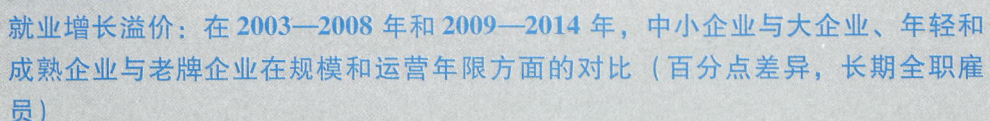

就业增长溢价：在 2003—2008 年和 2009—2014 年，中小企业与大企业、年轻和成熟企业与老牌企业在规模和运营年限方面的对比（百分点差异，长期全职雇员）

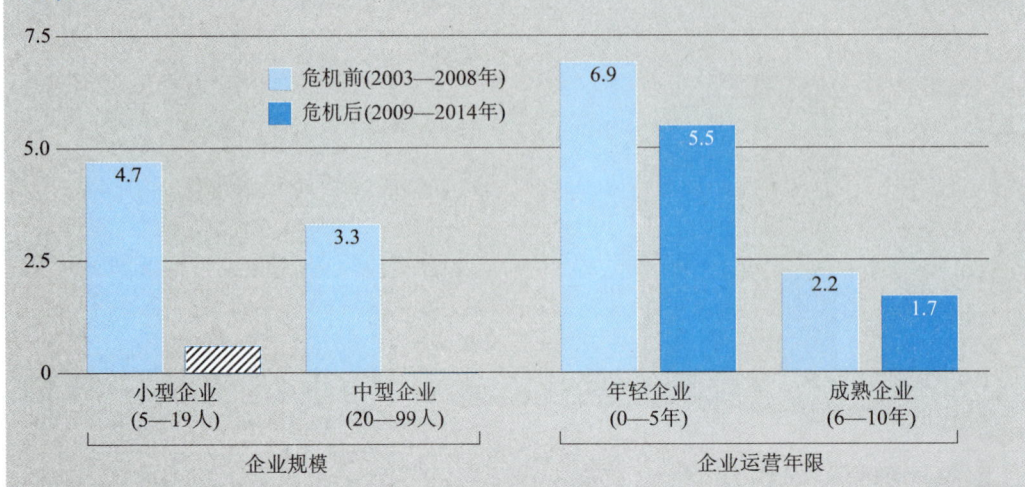

注：以上面的柱形图显示了在调查前 3 年和前 1 年的两年间，企业规模和运营年限与长期全职就业的年平均增速之间联系的点估计值。企业规模和运营年限相对于大型企业（100 名员工以上）和老牌企业（历史超过 11 年）来衡量。企业规模指的是在调查前 3 年至前 1 年的两年间长期全职雇员的平均人数，以避免出现平均数效应回归。企业运营年限指的是调查前 3 年企业的运营年限。这些点估计值采用纯色表示，并以数字进行标记，其在 90% 的置信度上具有统计显著性。本图涵盖 132 个经济体，若想了解地区组别，请参考附录 1.1，若想了解《世界银行企业调查》的具体国家列表，请参考附录 1.2。

资料来源：国际劳工组织基于 2016 年 8 月的《世界银行企业调查》的估算。

在业务不断紧缩的年轻的小型企业中，工作正在加速消失，而不是业务不断扩张的企业在减缓工作岗位的创造

将处于扩张期和处于紧缩期的企业分开，我们可以发现就业增长对经济周期效应的敏感程度。已经发现的就业增长溢价的下滑趋势主要受中小企业、成熟和年轻企业的工作加快消失所推动。在危机前和危机后，处于扩张期的企业的规模与就业增长之间的关系似乎保持了稳定（图 1.15，A）。因此，在危机前和危机后，对扩张期的企业而言，规模小和运营年限短意味着就业增速高于规模更大、运营年限更长的企业。

然而，当我们将目光转向紧缩期的企业时，我们会清晰地发现，近年来规模小和运营年限短意味着，相较于规模更大、运营年限更长的企业，前者的就业负增长速度更快。从 2003 年至 2008 年，中小企业的就业呈现负增长，从统计学上来看，其与大企业之间的差距并不是很大。但在 2009—2014 年，小型企业和中型企业的就业负增长速度远远高于大型企业，它们之间的差异分别达到 3.6 个百分点和 2.2 个百分点。在相同的阶段，年轻和成熟企业的就业负增长也纷纷加速，其紧缩的速度分别比老牌企业高 4.4 个百分点和 1.6 个百分点（图 1.15，B）。

近年来，尽管工作以更快的速度消失，但是年轻和成熟企业的就业增速仍在加快。这意味着，即便是在经济衰退时期，这些企业也是创造就业机会的重要引擎。

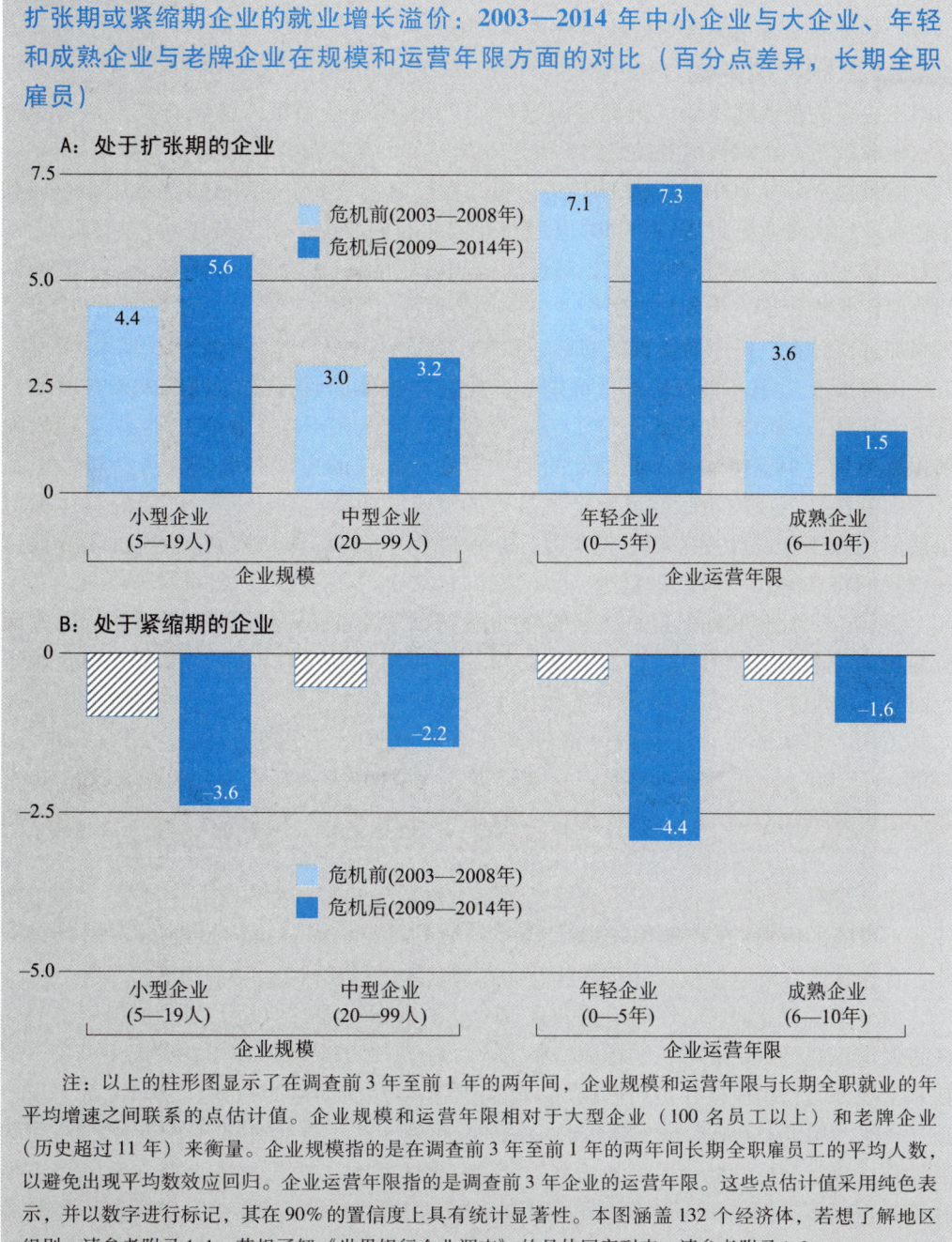

图 1.15

扩张期或紧缩期企业的就业增长溢价：2003—2014 年中小企业与大企业、年轻和成熟企业与老牌企业在规模和运营年限方面的对比（百分点差异，长期全职雇员）

注：以上的柱形图显示了在调查前 3 年至前 1 年的两年间，企业规模和运营年限与长期全职就业的年平均增速之间联系的点估计值。企业规模和运营年限相对于大型企业（100 名员工以上）和老牌企业（历史超过 11 年）来衡量。企业规模指的是在调查前 3 年至前 1 年的两年间长期全职雇员工的平均人数，以避免出现平均数效应回归。企业运营年限指的是调查前 3 年企业的运营年限。这些点估计值采用纯色表示，并以数字进行标记，其在 90% 的置信度上具有统计显著性。本图涵盖 132 个经济体，若想了解地区组别，请参考附录 1.1，若想了解《世界银行企业调查》的具体国家列表，请参考附录 1.2。

资料来源：国际劳工组织基于 2016 年 8 月的《世界银行企业调查》的估算。

第三节　小　结

促进正规行业的就业是减少体面劳动赤字的重要战略。本章简要介绍并评估了正规行业的企业内的工作岗位创造，及其在规模、运营年限和行业层面的动态，从而为企业分析奠定了基础。这些不仅是决定工作岗位数量和质量的重要特征（具体细节在后几章展开），同时在制定与促进创业、中小企业、初创企业及其与大企业之间的关系有关的具体政策方面也是重要的特征。

本章采用 150 多个发展中、新兴和发达经济体的企业层面的综合数据，对危机前和危机后的企业动态以及劳动力市场表现的水平和本质进行了调查。调查结果显示，企业的规模和运营年限都与就业的增长和就业特征有关。在正规行业，作为主要的就业来源，大企业的作用强于中小企业，但是不同地区的情况各不相同。影响企业规模的因素更多的是地区特征（继而是国家特征），而非行业特征。该调查结果对考虑机构、税收政策、宏观环境和监管结构在产业增长方面发挥的作用方面至关重要。

除此之外，从 2003 年以来的趋势来看，在长期全职工作的增长方面，中小企业和年轻企业比大企业更具活力，同时也为女性就业和创业提供了重要来源。然而，近期的趋势显示，年轻企业和中小企业对长期全职就业情况的贡献率在不断下降，其中的部分原因是相较于大企业和老牌企业，前两者的工作消失速度更快。这表明，应采取措施加强支持在危机中遭受重挫的年轻和中小企业，并提升这些企业的长期可持续性。

国际劳工组织一直以来都承认中小企业在实现体面且高效的工作成果方面发挥着重要作用，因而不断持续在这个方面提供指引。[①] 在不同的国家，企业受到的限制程度不同，但整体而言，鼓励性的环境对中小企业的发展和增长、可持续性以及对体面的工作成果的贡献度具有至关重要的意义。改善这种鼓励性环境的具体举措包括但不限于：设计规范和法规来促进并保障中小企业，同时向它们提供融资渠道——我们将在第二章对此进行进一步的探讨。

事实上，社会和团结经济一直被视为是帮助中小企业应对规模和业务范围方面所面临的挑战的一个方法。合作社等协作式企业对提高工作质量、代表中小企业发声而言至关重要。这对与零工经济和技术变革相关的且位于供应链上的新工作形式尤其适用。事实证明，在经济下滑期间，合作社展示了很强的韧性（Birchall and Ketilson，2009），并且通过维持——有时甚至是提高——产量和就业水平来应对金融冲击（Birchall，2013）。就此而言，2002 年推出的《合作社促进建议书》（第 193 号）指出，制定框架规范合作社至关重要，应通过合作价值观和原则来进行引导。如果合作社没有受到监管，它们可能缺乏法律人格，因此难以拥有或持有资产（如果这并非不可能的话），或者难以实现融资目的（Delgado, Dorion and Laliberte，2014）。因此，合作社监管可以促成从非正规就业向正规就业的转移（Henry，2012）。

就非正规就业而言，尽管有关非正规企业的数据有限，但是大型非正规经济的存在与促进正规行业企业增长的环境格格不入（ILO，2007b，2014）。在发展中国家，多数非正规和微型企业往往是产量较低、因需要和生存而创建的，并且它们无意实现增长（ILO，2015b；Porta and Shleifer，2008）。此外，非正规企业的工作者往往易受剥削，并且缺乏充足的社会保障和基本的劳工权利；而且，由于这些企业在影子经济中运营，它们不支付税收，也不为员工权利买单（ILO，2014）。这些因素增加了公民关怀成本，减少了收入，使其无法为刺激增长和发展所急需开展的计划提供资金，因而给政府带来了额外的负担（同上）。这些因素还造成了一个低效环境，正规企业必须在这个环境中运营、实现繁荣并创造体面的工作。国际劳工组织最近发布的国际劳动标准《2015 年关于从非正规经济向正规经济转型建议书》（第 204 号）针对其他领域提供了指导，这些领域对减少正规经济中体面工作的缺失而言至关重要。该建议书涵盖了多个方面，包括促进工作者和企业从非正规经济向正规经济转型，防止正规经济环境中工作岗位的非正规化，以及促进正规行业提供更多的体面工作。

[①] 参见，如《中小企业工作岗位创造建议》，1998 年（第 189 号）；国际劳工大会第 96 届会议通过的《促进可持续企业的结论报告》（2007）；《国际劳工组织关于工作中基本原则和权利宣言及其后续措施》（1998）；《全球就业日程》（2003）；《国际劳工组织关于争取公平全球化的社会正义宣言》（2008）。

附录1.1 按地区和收入划分的国家组别

非洲

北非
阿尔及利亚
埃及
利比亚
摩洛哥
苏丹
突尼斯
西撒哈拉

撒哈拉以南非洲
安哥拉
贝宁
博茨瓦纳
布基纳法索
布隆迪
佛得角
喀麦隆
中非共和国
乍得
科摩罗
刚果
刚果民主共和国
科特迪瓦
吉布提
赤道几内亚
厄立特里亚国
埃塞俄比亚
加蓬
冈比亚
加纳
几内亚
几内亚比绍
肯尼亚
莱索托
利比里亚
马达加斯加
马拉维
马里
毛里塔尼亚
毛里求斯
莫桑比克
纳米比亚
尼日尔
尼日利亚
卢旺达
圣多美和普林西比
塞内加尔
塞舌尔
塞拉利昂
索马里
南非
南苏丹
斯威士兰
坦桑尼亚
多哥
乌干达
赞比亚
津巴布韦

美洲

拉丁美洲和加勒比地区
安提瓜和巴布达
阿根廷
巴哈马
巴巴多斯
伯利兹
玻利维亚
巴西
智利
哥伦比亚
哥斯达黎加
古巴
多米尼克
多米尼加共和国
厄瓜多尔
萨尔瓦多
法属圭亚那
格林纳达
瓜德罗普
危地马拉
圭亚那
海地
洪都拉斯
牙买加
马提尼克
墨西哥
荷属安的列斯
尼加拉瓜
巴拿马
巴拉圭
秘鲁
波多黎各
圣基茨和尼维斯
圣卢西亚
圣文森特和格林纳丁斯
苏里南
特立尼达和多巴哥
美属维尔京群岛
乌拉圭
委内瑞拉

北美
加拿大
格陵兰
美国

阿拉伯国家
巴林
伊拉克
约旦
科威特
黎巴嫩
阿曼
卡塔尔
沙特阿拉伯
叙利亚
阿联酋
约旦河西岸及加沙地带
也门

亚洲和太平洋地区

东亚
中国
中国香港
日本
朝鲜
韩国
中国澳门
蒙古
中国台湾

东南亚和太平洋地区
澳大利亚
文莱
柬埔寨
库克群岛
斐济
法属波利尼西亚
关岛
印度尼西亚
基里巴斯
老挝
马来西亚
马绍尔群岛
密克罗尼西亚联邦
缅甸
瑙鲁
新喀里多尼亚
新西兰
帕劳
巴布亚新几内亚
菲律宾
萨摩亚
新加坡
所罗门群岛
泰国
东帝汶
汤加
图瓦卢
瓦努阿图
越南

南亚
阿富汗
孟加拉国
不丹
印度
伊朗
马尔代夫
尼泊尔
巴基斯坦
斯里兰卡

欧洲和中亚

北欧、南欧和西欧
阿尔巴尼亚
安道尔
奥地利
比利时
波黑
海峡群岛
克罗地亚
丹麦
爱沙尼亚
芬兰
法国
德国
希腊
冰岛
爱尔兰
意大利
拉脱维亚
列支敦士登
立陶宛
卢森堡
前南马其顿
马耳他
摩纳哥
黑山
荷兰
挪威
葡萄牙
圣马力诺
塞尔维亚
斯洛文尼亚
西班牙
瑞典
瑞士
英国

东欧
白俄罗斯
保加利亚
捷克
匈牙利
摩尔多瓦
波兰
罗马尼亚
俄罗斯
斯洛伐克
乌克兰

中亚和西亚
亚美尼亚
阿塞拜疆
塞浦路斯
格鲁吉亚
以色列
哈萨克斯坦
吉尔吉斯斯坦
塔吉克斯坦
土耳其
土库曼斯坦
乌兹别克斯坦

发达国家
高收入

安道尔
安提瓜和巴布达
阿根廷
澳大利亚
奥地利
巴哈马
巴林
巴巴多斯
比利时
文莱
加拿大
海峡群岛
智利
克罗地亚
塞浦路斯
捷克
丹麦
赤道几内亚
爱沙尼亚
芬兰
法国
法属圭亚那
法属波利尼西亚
德国
希腊
格陵兰
关岛
中国香港
匈牙利
冰岛
爱尔兰
以色列
意大利
日本
韩国
科威特
拉脱维亚
列支敦士登
立陶宛
卢森堡
中国澳门
马耳他
马提尼克
摩纳哥
荷兰
荷属安的列斯
新喀里多尼亚
新西兰
挪威
阿曼
波兰
葡萄牙
波多黎各
卡塔尔
俄罗斯
留尼旺
圣基茨和尼维斯
圣马力诺
沙特阿拉伯
塞舌尔
新加坡
斯洛文尼亚
西班牙
瑞典
瑞士
中国台湾
特立尼达和多巴哥
阿联酋
英国
美国
美属维尔京群岛
乌拉圭
委内瑞拉

新兴国家
中高收入

阿尔巴尼亚
阿尔及利亚
安哥拉
阿塞拜疆
白俄罗斯
伯利兹
波黑
博茨瓦纳
巴西
保加利亚
中国
哥伦比亚
库克群岛
哥斯达黎加
古巴
多米尼克
多米尼加共和国
厄瓜多尔
斐济
加蓬
格林纳达
瓜德罗普
伊朗
伊拉克
牙买加
约旦
哈萨克斯坦
黎巴嫩
利比亚
前南马其顿
马来西亚
马尔代夫
马绍尔群岛
毛里求斯
墨西哥
蒙古
黑山
纳米比亚
帕劳
巴拿马
巴拉圭
秘鲁
罗马尼亚
圣卢西亚
圣文森特和格林纳丁斯
塞尔维亚
南非
苏里南
泰国
汤加
土耳其
土库曼斯坦
图瓦卢

中低收入

亚美尼亚
孟加拉国
不丹
玻利维亚
喀麦隆
佛得角
刚果
科特迪瓦
吉布提
埃及
萨尔瓦多
格鲁吉亚
加纳
危地马拉
圭亚那
洪都拉斯
印度
印度尼西亚
肯尼亚
基里巴斯
吉尔吉斯斯坦
老挝
莱索托
毛里塔尼亚
密克罗尼西亚联邦
摩尔多瓦
摩洛哥
缅甸
瑞鲁
尼加拉瓜
尼日利亚
巴基斯坦
巴布亚新几内亚
菲律宾
萨摩亚
圣多美和普林西比
塞内加尔
所罗门群岛
斯里兰卡
苏丹
斯威士兰
叙利亚
塔吉克斯坦
东帝汶
乌克兰
乌兹别克斯坦
瓦努阿图
越南
约旦河西岸及加沙地带
西撒哈拉
也门
赞比亚

发展中国家
低收入

阿富汗
贝宁
布基纳法索
布隆迪
柬埔寨
中非共和国
乍得
科摩罗
刚果民主共和国
厄立特里亚
埃塞俄比亚
冈比亚
几内亚
几内亚比绍
海地
朝鲜
利比里亚
马达加斯加
马拉维
马里
莫桑比克
尼泊尔
尼日尔
卢旺达
塞拉利昂
索马里
南苏丹
坦桑尼亚
多哥
乌干达
津巴布韦

附录1.2 按企业特征划分的就业数据集

《世界银行企业调查》数据集涵盖了2006年至2016年按收入和地区划分的132个经济体。

地区组别	国家和领地数目	国家和领地	调查年份
北非	4	埃及、摩洛哥、苏丹、突尼斯	2013年和2014年
撒哈拉以南非洲	42	安哥拉、贝宁、博茨瓦纳、布基纳法索、布隆迪、佛得角、喀麦隆、中非共和国、乍得、刚果、刚果民主共和国、科特迪瓦、吉布提、厄立特里亚、埃塞俄比亚、加蓬、冈比亚、加纳、几内亚、几内亚比绍、肯尼亚、莱索托、利比里亚、马达加斯加、马拉维、马里、毛里塔尼亚、毛里求斯、莫桑比克、纳米比亚、尼日尔、尼日利亚、卢旺达、塞内加尔、塞拉利昂、南非、斯威士兰、坦桑尼亚、多哥、乌干达、赞比亚、津巴布韦	2006年、2007年、2009—2011年、2013—2015年
拉丁美洲和加勒比地区	27	阿根廷、巴哈马、巴巴多斯、伯利兹、玻利维亚、巴西、智利、哥伦比亚、哥斯达黎加、多米尼克、多米尼加共和国、厄瓜多尔、萨尔瓦多、格林纳达、危地马拉、圭亚那、洪都拉斯、牙买加、墨西哥、尼加拉瓜、巴拿马、巴拉圭、秘鲁、圣卢西亚、圣文森特和格林纳丁斯、苏里南、特立尼达和多巴哥、乌拉圭、玻利维亚	2006年、2009年、2010年
阿拉伯国家	5	伊拉克、约旦、黎巴嫩、约旦河西岸及加沙地带、也门	2010年、2011年、2013年
东亚	2	中国、蒙古	2009年、2012年、2013年
东南亚和太平洋地区	15	柬埔寨、斐济、印度尼西亚、老挝、马来西亚、缅甸、巴布亚新几内亚、菲律宾、萨摩亚、所罗门群岛、泰国、汤加、瓦努阿图、越南	2009年、2012—2016年
南亚	7	阿富汗、孟加拉国、不丹、印度、尼泊尔、巴基斯坦、斯里兰卡	2007年、2009年、2011年、2013—2015年
欧洲	21	阿尔巴尼亚、白俄罗斯、保加利亚、波黑、捷克、克罗地亚、爱沙尼亚、匈牙利、拉脱维亚、立陶宛、前南马其顿、摩尔多瓦、黑山、波兰、罗马尼亚、俄罗斯、塞尔维亚、斯洛伐克、斯洛文尼亚、瑞典、乌克兰	2007—2000年、2012—2010年
中亚和西亚	9	亚美尼亚、阿塞拜疆、格鲁吉亚、以色列、哈萨克斯坦、吉尔吉斯斯坦、塔吉克斯坦、土耳其、乌兹别克斯坦	2008年、2009年、2013年
总计	132		

附录 1.3　不同规模的企业的工作者的数量和比例

第一章对小中大型企业中工作者的数量和所占比例进行了估算。这些数据是基于国际劳工组织按照企业特征划分的就业估算模型得出的，本附录对此进行了简要描述。若想了解更多有关方法论的信息，请参考 Viegelahn 等人即将发布的内容。

该模型使用《世界银行企业调查》中的数据。这些数据基于在 132 个国家开展的 208 次调查，提供了企业层面的就业信息以及企业规模（若想查看这些国家列表，请参考附录 1.2）。这些国家在全球劳动力中的所占比例达 82%，在全球有薪就业中所占比例达 73%。每个调查都按照企业规模生成两个关于就业所占比例的年度数据点，其中包括长期全职就业与临时就业。这些数据点主要通过本章所介绍的分类方法，将调查中所报告的上一财年和三年前的就业数据与企业规模信息相结合而生成。因此，小型、中型和大型企业分别被定义为拥有 5—19 名员工、20—99 名员工和 100 名员工以上的企业。

上述分析所依赖的企业层面的调查主要是在 2006 年至 2016 年期间开展的。依据上个财年和三年前的信息，数据点主要针对在 2003 年至 2015 年，假设在所有国家，财年与公历年相当且都可以追溯。[①] 208 次调查共产生了 415 个数据点，[②] 相当于 2003 年至 2016 年 132 个样本国家的所有可能数据点的 22.5%，而 2003 年至 2016 年也是进行估算的时间段。

根据企业规模估算工作者所占的比例

首先，利用模型估算出在那些缺乏数据的国家和年份里的小型、中型和大型企业的工作者所占的比例。为估算缺失的数据点，建立了通过普通最小二乘法估算的 12 项回归规范，并以此作为因变量来说明相应的就业所占比例。因变量是转换的对数比，以确保针对不同规模的企业所估算的就业占比落在 0 至 1 区间，并且其相加之和等于 1。12 项回归规范带来了 24 个不同的模型，因为每个回归都是建立在全样本的基础之上，且针对不同的国家收入组别划分。

回归模型通过不同形式结合了下述变量，并将其作为回归中的解释变量，包括 GDP 增长，对内/对外直接投资占 GDP 的比例，进口/出口占 GDP 的比例，制造业在总附加值中所占比例，以及国家固定效应。GDP 增长来自国际货币基金组织的《世界经济展望》数据库，而其他变量则来自世界银行的《世界发展指标》数据库。在极少的例外情况下，除了只有几个数据点缺失之外，这些投入品数据之间实现了平衡。在解释变量数据缺失的地方，通过简单的线性插补技术输入数据或输入相应国家收入组别的平均值。

将交叉验证重复 100 次，就可以计算出全部 24 个模型的均方根误差平均值。在每一次重复中，20% 的数据点随机脱落，并通过基于全样本运行，并按国家收入组别划分的不同模型对其进行预测。这个过程分别选择具有最低均方根误差平均值的模型，并利用其来预测规模不同的企业的就业情况。从能够正确预测缺失数据点来看，这个模型是采用交叉验证法的最佳模型。

最终的就业所占比例的数据系列包含调查中存在的实际数据点和实际缺失的、但在模型中估算的数据点。最后，采用平滑处理机制来保持调查中的实际数据点，

---

① 比如，2008 年开展的调查可以生成 2005 年和 2007 年的数据点。
② 在保加利亚，由于有些年份的数据重复，三次调查仅生成了 5 个数据点，而非 6 个。

但调整估算的数据点，以避免数据系列中出现中断。因此，模型将原始的 415 个数据点扩展至每个占比中具有 1848 个数据点，这恰好与 2003 年至 2016 年间 132 个国家实现的均衡面板相呼应。

对制造业和市场服务业的小型、中型和大型正规企业的有薪就业的估算

《世界银行企业调查》中涵盖的就业情况与制造业和市场服务业正规企业的有薪就业的情况相互呼应，这些正规企业至少拥有 5 名员工（就业基数）。第一步所估算的企业规模层面上的就业所占比例被界定为相对于该就业基数的比率。

为了获得不同规模企业中工作者的人数，模型需要估算一个就业基数。模型在第二步中估算了制造业和市场服务业正规企业的有薪就业在总有薪就业中所占的比例。[1] 该比例将回归视为因变量，并根据国际劳工组织统计局提供的原始劳动力调查的结果进行计算。总体而言，共有 123 个数据点。因变量是转换的对数比，以确保所估算的就业占比落于 0 至 1 区间。

目前已经建立了第一个最小二乘法回归模型，该模型的解释变量包括 GDP 增长、人均 GDP（对数形式）、城镇化率、制造业和市场服务业的就业占总就业的比例（转换的对数比），以及非农行业正规企业的有薪就业所占的比例（转换的对数比）。

有关 GDP 增长的数据来自于国际货币基金组织的《世界经济展望》数据库。人均 GDP 数据来自世界银行的《世界发展指标》数据库，城镇化率则来自联合国统计司。所有国家和不同年份的数据都可以获得。GDP 增长解释了经济周期效应，而人均 GDP 和城镇化率则与经济体中无处不在的正规行业有关。制造业和市场服务业的就业占总就业的比例数据——不仅仅包括有薪就业数据——来自国际劳工组织的趋势计量经济学模型，并且均达到了均衡。

非农行业的正规企业中有薪就业所占比例的数据根据国际劳工组织统计司提供的原始劳动力调查以及国际劳工组织社会保障局的数据计算得出。非农行业不仅仅包括制造业和市场服务业。这些数据提供了 205 个数据点。

第一个模型将 123 个数据点扩展至有关制造业和市场服务业正规企业的有薪就业占总有薪就业比例的 205 个数据点。上述正规行业至少拥有 5 名员工。在最小二乘法回归模型中，这 205 个数据点是因变量。

第二个模型与第一个模型相似，但解释变量只包括 GDP 增长、人均 GDP（对数形式）、城镇化率，以及制造业和市场服务业就业占总就业的比例（转换的对数比）。由于所有这些解释变量的数据均比较均衡，第二个模型可以用来将 205 个数据点拓展至所需的 1848 个数据点。

将所占比例的估算值乘以国际劳工组织趋势计量经济学模型中的总有薪就业数据，可以获得有关工作者人数的就业基数的估算值，这个估算值相当于制造业和市场服务业的正规企业的有薪就业情况。就此得出的数字说明，2016 年在所分析的 132 个国家内，约有 4.49 亿名工作者供职于制造业和市场服务业的正规企业，相当于这些国家的就业总人数的 17%，有薪就业总人数的约 35%。

借助制造业和市场服务业正规企业的有薪就业数据，以及按企业规模和运营年限划分的就业比例数据，可以算出按照人数计算的不同规模企业的就业情况。然后，将 132 个国家的数字加以汇总，或按照国家收入组别将这些数字进行汇总。

---

[1] 所涵盖的就业基数包含正规行业的微型企业的就业情况，因此其估算的是《世界银行企业调查》所涵盖的就业基数的上限。虽然很多国家都没有正规微型企业的就业数据，但是来自一些国家的证据却表明，由于多数微型企业是非正规企业，相应的数据较少。

第一章　企业动态与就业增长

附录1.4 企业层面的企业特征与就业增长之间的关系

本章第二节基于《世界银行企业调查》，对企业规模、企业运营年限和企业层面的就业增长进行了实证分析。该调查覆盖了2006年至2015年间132个国家的10多万家企业。视不同的要求，该分析涉及2000家至30000家企业。

回归分析采用了普通最小二乘法模型，其形式为：

$$EMPG_{it} = \beta_0 + \beta_1 SIZE_i + \beta_2 AGE_{it-2} + \beta_3 FIRMCHARA_{it} + \beta_4 FIRMBEHAV_{it} + \mu_s + \lambda_{ct} + \nu_{it}$$

其中，$EMPG_{it}$代表在$t-2$至t这个阶段期内企业内部长期全职雇员的增速。

等式的右边列出了所包含的解释变量。$SIZE_i$代表企业规模i（小型、中型或大型）。在这三个规模类别中，较大的类别被设置为参考类别，因此，其他两类的系数捕捉住了相对于大类而言的中小型企业的规模与就业增速之间的关系。自Davis、Haltiwanger和Schuh（1998）以及Haltiwanger、Jarmin和Miranda（2013）的研究以来，企业规模的分类主要基于两个时间段内长期全职雇员人数的平均值。因此，该变量并不带有下标t。AGE_{it-2}代表截至$t-2$年企业i的运营年限（年轻企业、成熟企业或老牌企业）。在这三个运营年限类别中，老牌企业这个类别被设置为参考类别，因此，其他两类的系数捕捉住了相对于老牌企业而言的年轻和成熟企业与就业增长之间的关系。$FIRMCHARA_{it}$代表除了可能与就业增长相关的企业规模和运营年限之外的企业特征变量。这些变量包括劳动生产率对数、实际工资的对数以及所有权类型的虚拟变量，其中国内所有权是参考。劳动生产率对数控制了生产率高的企业的就业增速加快的可能性。工资对数则考量了劳动力套利效应，在这种效应下，工资水平较低时，企业反而能创造更多的工作机会。所有权的虚拟变量考量了外资所有权与低就业增速相关的可能性（Dachs and Peters, 2014）。$FIRMBEHAV_{it}$代表企业行为的变量，比如出口、进口以及应用外资许可的技术，获得外部信用以及临时工占总员工人数的比例。最后，μ_s代表行业固定效应，λ_{ct}是调查固定效应，而ν_{it}代表误差。带有以i为脚注的变量代表企业，t代表年份，s代表行业，c代表国家。

除了上述说明以外，还存在两个虚拟变量，以代表企业是否经历了净就业正增长还是负增长。这两个变量与企业规模和运营年限变量互动，捕捉在经历净就业正增长或负增长的企业内，企业规模和运营年限与就业增长之间的关系。鉴于这个要求，等式采用了下述形式：

$$EMPG_{it} = \beta_0 + \beta_1 SIZE_i + \beta_2 AGE_{it-2} + \beta_3 FIRMCHARA_{it} + \beta_4 FIRMBEHAV_{it} + \beta_5 EXPAND_{it} + \beta_6 CONTRACT_{it} + \beta_7 SIZE_{it} \times EXPAND_{it} + \beta_7 AGE_{it-2} \times EXPAND_{it} + \beta_8 SIZE_{it} \times CONTRACT_{it} + \beta_8 AGE_{it-2} \times CONTRACT_{it} + \mu_s + \lambda_{ct} + \nu_{it}$$

$EXPAND_{it}$是二值虚拟变量，以1代表就业正增长的企业，0代表就业零增长或负增长的企业。$CONTRACT_{it}$也是二值虚拟变量，1代表就业负增长的企业，0代表就业零增长和正增长的企业。

上述两个模型的估算覆盖了所有年份、早期（危机前：2003年至2008年）和近些年（危机后：2009年至2014年）三个阶段，由此可以发现不同时间段内系数的变化。运用针对早期和近些年的模型时，样本主要来自具有这两个时间段内就业增长数据的调查。

参考文献

Aga, G.A.; Francis, D.C.; Meza, R.; Luis, J. 2015. *SMEs, age, and jobs: A review of the literature, metrics, and evidence*, Policy Research Working Paper No. 7493 (Washington, DC, World Bank). Available at: http://documents.worldbank.org/curated/en/451231468000937192/SMEs-age-and-jobs-a-review-of-the-literature-metrics-and-evidence [12 Apr. 2017].

Ayyagari, M.; Demirgüç-Kunt, A.; Maksimovic, V. 2011. *Small vs. young firms across the world: Contribution to employment, job creation, and growth*, SSRN Scholarly Paper No. ID 1807732 (Rochester, NY, Social Science Research Network). Available at: https://papers.ssrn.com/abstract=1807732 [12 Apr. 2017].

—; —; —. 2014. "Who creates jobs in developing countries?", in *Small Business Economics*, Vol. 43, No. 1, pp. 75–99.

Barron, D.N.; West, E.; Hannan, M.T. 1994. "A time to grow and a time to die: Growth and mortality of credit unions in New York City, 1914-1990", in *American Journal of Sociology*, Vol. 100, No. 2, pp. 381–421.

Bartelsman, E.; Haltiwanger, J.; Scarpetta, S. 2004. *Microeconomic evidence of creative destruction in industrial and developing countries*, Policy Research Working Paper Series No. 3464 (Washington, DC, World Bank Group). Available at: https://ideas.repec.org/p/wbk/wbrwps/3464.html [25 Feb. 2017].

Beck, T.; Demirgüç-Kunt, A.; Levine, R. 2007. "Finance, inequality and the poor", in *Journal of Economic Growth*, Vol. 12, No. 1, pp. 27–49.

Bekele, E.; Jacobs, P. 2008. "Women entrepreneurship in micro, small and medium enterprises: The case of Ethiopia", in *Journal of International Women's Studies*, Vol. 10, No. 2, pp. 3–19.

Biggs, T.; Oppenheim, J. 1986. "What drives the size distribution of firms in developing countries?", in *Employment and Enterprise Policy Analysis Project*, Employment and Enterprise Policy Analysis Discussion Paper No. 6 (Washington, DC).

Birch, D.G.W. 1979. *The job generation process*, SSRN Scholarly Paper No. ID 1510007 (Rochester, NY, Social Science Research Network). Available at: https://papers.ssrn.com/abstract=1510007 [12 Apr. 2017].

Birchall, J. 2013. *Resilience in a downturn: The power of financial cooperatives* (Geneva, ILO).

—; Ketilson, L.H. 2009. *Resilience of the cooperative business model in times of crisis* (Geneva, ILO, Sustainable Enterprise Programme).

Calvino, F.; Criscuolo, C.; Menon, C. 2016. *No country for young firms?: Start-up dynamics and national policies*, No. 29 (Paris, OECD Publishing). Available at: https://ideas.repec.org/p/oec/stiaac/29-en.html [12 June 2017].

Criscuolo, C.; Gal, P.N.; Menon, C. 2014. *The dynamics of employment growth: New evidence from 18 countries*, OECD Science, Technology and Industry Policy Papers No. 14 (Paris, OECD Publishing). Available at: http://www.oecd-ilibrary.org/science-and-technology/the-dynamics-of-employment-growth_5jz417hj6hg6-en [12 June 2017].

Dachs, B.; Peters, B. 2014. "Innovation, employment growth, and foreign ownership of firms", in *Research Policy*, Vol. 43, No. 1, pp. 214–232.

Davis, S.J.; Haltiwanger, J.C.; Schuh, S. 1998. *Job creation and destruction*, Vol. 1 (Cambridge, MA, MIT Press). Available at: https://ideas.repec.org/b/mtp/titles/0262540932.html [12 June 2017].

Decker, R.A.; Haltiwanger, J.; Jarmin, R.S.; Miranda, J. 2016. "Declining business dynamism: What we know and the way forward", in *American Economic Review*, Vol. 106, No. 5, pp. 203–207.

De Kok, J.; Deijl, C.; Veldhuis-Van Essen, C. 2013. *Is small still beautiful? Literature review of recent empirical evidence on the contribution of SMEs to employment creation* (Eschborn, GIZ).

Delgado, N.; Dorion, C.; Laliberté, P. 2014. *Job preservation through worker cooperatives: an overview of international experiences and strategies* (Geneva, ILO).

Elsby, M.W.L.; Michaels, R. 2013. "Marginal jobs, heterogeneous firms, and unemployment flows", in *American Economic Journal: Macroeconomics*, Vol. 5, No. 1, pp. 1–48.

European Research Institute on Cooperative and Social Enterprises (Euricse). 2015. *La cooperazione italiana negli anni della crisi*, No. 2 Rapporto Euricse (Trento, Italy). Available at: http://www.euricse.eu/wp-content/uploads/2015/03/2-rapporto-italia.pdf [16 Aug. 2017].

—; Carpita, M. 2011. *La cooperazione in Italia* (Trento, Italy). Available at: http://www.euricse.eu/wp-content/uploads/2015/03/la-coop-in-italia-primo-rapporto.pdf [16 Aug. 2017].

Fox, L.; Sohnesen, T.P. 2016. *Household enterprises in sub-Saharan Africa: Why they matter for growth, jobs, and livelihoods.* Available at: https://papers.ssrn.com/sol3/papers.cfm?abstract_id=2138709 [12 Apr. 2017].

Gibrat, R. 1931. *Les inégalités économiques* (Paris, Sirey).

Haltiwanger, J.; Jarmin, R.S.; Kulick, R.B.; Miranda, J. 2016. *High growth young firms: Contribution to job, output and productivity growth*, SSRN Scholarly Paper No. ID 2866566 (Rochester, NY, Social Science Research Network). Available at: https://papers.ssrn.com/abstract=2866566 [12 June 2017].

—; —; Miranda, J. 2013. "Who creates jobs? Small versus large versus young", in *The Review of Economics and Statistics*, Vol. 95, No. 2, pp. 347–361.

Henry, H. 2012. *Guidelines for cooperative legislation* (Geneva, ILO). Available at: http://site.ebrary.com/id/10700466 [16 Aug. 2017].

Hilson, G. 2009. "Small-scale mining, poverty and economic development in sub-Saharan Africa: An overview", in *Resources Policy*, Vol. 34, No. 1–2, pp. 1–5.

International Co-operative Alliance; European Research Institute on Cooperative and Social Enterprises (Euricse). 2016. *The 2016 World Co-operative Monitor, Exploring the Co-operative Economy.* Available at: http://monitor.coop [16 Aug. 2017].

International Finance Corporation (IFC). 2010. *Scaling-up SME access to financial services in the developing world.* Available at: http://www.ifc.org/wps/wcm/connect/industry_ext_content/ifc_external_corporate_site/financial+institutions/resources/scaling-upsme+access+to+financial+services+in+the+developing+world [29 May 2017].

International Labour Office. 2007a. *Conclusions concerning the promotion of sustainable enterprises,* International Labour Conference, 96th Session, Geneva, 2007 (Geneva).

—. 2007b. *The promotion of sustainable enterprises,* Report VI, International Labour Conference, 96th Session, Geneva, 2007 (Geneva).

—. 2008. *Women entrepreneurs in Kenya and factors affecting women entrepreneurs in micro and small enterprises in Kenya: A preliminary report and a primary research report*, Job Creation and Enterprise Development Department, ILO Regional Office for Africa, Skills and Employability Department (Geneva).

—. *Transitioning from the informal to the formal economy.* 2014. International Labour Conference, 103rd Session, Geneva, 2014 (Geneva).

—. 2015a. *The changing nature of jobs* (Geneva).

—. 2015b. *Small and medium-sized enterprises and decent and productive employment creation,* Report IV, International Labour Conference, 104th Session, Geneva, 2015 (Geneva).

—. 2016a. *Transforming jobs to end poverty* (Geneva).

—. 2016b. "Cooperation in a changing world of work: Exploring the role of cooperatives in the future of work", in *Cooperatives and the World of Work No. 6* (Geneva). Available at: http://www.ilo.org/wcmsp5/groups/public/---ed_emp/---emp_ent/---coop/documents/publication/wcms_537002.pdf [13 Feb. 2017].

—. 2016c. *ILO Seminar on cooperative statistics: From global overview to case analysis, 30 November 2015*, No. 1 (Geneva). Available at: http://www.ilo.org/wcmsp5/groups/public/---ed_emp/---emp_ent/---coop/documents/publication/wcms_474482.pdf.

—. 2017. *World Employment and Social Outlook: Trends for women 2017* (Geneva).

Kabeer, N.; Cook, S.; Chopra, D.; Ainsworth, P. 2010. *Social protection in Asia: Research findings and policy lessons, Programme Synthesis Report* (Warwick, UK, Social Protection in Asia). Available at: http://www.socialprotectionasia.org/Conf-prgram-pdf/SPA_SynthReport_web.pdf.

Kushnir, K.; Mirmulstein, M.L.; Ramalho, R. 2010. *Micro, small and medium enterprises (MSMEs)* (World Bank, IFC). Available at: http://www.knbs.or.ke/index.php?option=com_phocadownload&view=category&id=137:micro-small-and-medium-enterprises-msmes&Itemid=599 [24 Aug. 2017].

Kuznets, S. 1973. "Modern economic growth: Findings and reflections", in *American Economic Review*, Vol. 63, No. 3, pp. 247–258.

Lewis, W.A. 1954. "Economic development with unlimited supplies of labour", in *The Manchester School*, Vol. 22, No. 2, pp. 139–191.

Li, Y.; Rama, M. 2015. "Firm dynamics, productivity growth, and job creation in developing countries: The role of micro- and small enterprises", in *The World Bank Research Observer*, Vol. 30, No. 1, pp. 3–38.

Loveman, G.; Sengenberger, W. 1991. "The re-emergence of small-scale production: An international comparison", in *Small Business Economics*, Vol. 3, No. 1, pp. 1–37.

Lucas, R.E. 1978. "On the size distribution of business firms", in *Bell Journal of Economics*, Vol. 9, No. 2, pp. 508–523.

Lundberg, S. 1985. "The added worker effect", in *Journal of Labor Economics*, Vol. 3, No. 1, Part 1, pp. 11–37.

Nichter, S.; Goldmark, L. 2009. "Small firm growth in developing countries", in *World Development*, Vol. 37, No. 9, pp. 1453–1464.

Organisation for Economic Co-operation and Development (OECD). 2016. *Entrepreneurship at a Glance 2016* (Paris). Available at: http://www.oecd-ilibrary.org/industry-and-services/entrepreneurship-at-a-glance-2016_entrepreneur_aag-2016-en (16 Aug. 2017).

Porta, R.L.; Shleifer, A. 2008. *The unofficial economy and economic development*, NBER Working Paper No. 14520 (Cambridge, MA, National Bureau of Economic Research). Available at: http://www.nber.org/papers/w14520 [12 Apr 2017].

Poschke, M. 2013. "'Entrepreneurs out of necessity': A snapshot", in *Applied Economics Letters*, Vol. 20, No. 7, pp. 658–663.

—. 2014. *The firm size distribution across countries and skill-biased change in entrepreneurial technology*, IZA Discussion Paper No. 7991 (Bonn, Institute for the Study of Labor (IZA)). Available at: https://ideas.repec.org/p/iza/izadps/dp7991.html [25 Feb. 2017].

Rijkers, B.; Arouri, H.; Freund, C.; Nucifora, A. 2014. "Which firms create the most jobs in developing countries? Evidence from Tunisia", in *Labour Economics*, Vol. 31, pp. 84–102.

Roelants, B.; Hyungsik, E.; Terrasi, E. 2014. *Cooperatives and employment: A global report*. Available at: http://www.cicopa.coop/IMG/pdf/cooperatives_and_employment_a_global_report_en__web_21-10_1pag.pdf.

Rubalcaba, L. 2013. *Innovation and the new service economy in Latin America and the Caribbean*, No. IDB-DP-291 (Washington, DC, Inter-American Development Bank).

Salvatori, G. 2017. *Cooperatives, social economy and the future of work* (Geneva, ILO).

Santos, N. 2003. *Financing small, medium and micro enterprises in post-conflict situations: Microfinance opportunities in the Democratic Republic of the Congo*, Discussion paper No. 28728 (Washington, DC, World Bank).

Schoar, A. 2010. "The divide between subsistence and transformational entrepreneurship", in *Innovation Policy and the Economy*, Vol. 10, No. 1, pp. 57–81.

Simmons, R.; Birchall, J. 2008. "The role of co-operatives in poverty reduction: Network perspectives", in *The Journal of Socio-Economics*, Vol. 37, No. 6, pp. 2131–2140.

Smith, S. 2014. *Promoting cooperatives: An information guide to ILO Recommendation No. 193* (Geneva).

Stinchcombe, A.L. 1965. *Efficiency wage models of unemployment* (Indianapolis, IN, Bobbs-Merrill).

The Economist. 2015. "Made in China?", 12 March. Available at: http://www.economist.com/news/leaders/21646204-asias-dominance-manufacturing-will-endure-will-make-development-harder-others-made [8 Mar. 2017].

United Nations Department of Economic and Social Affairs (UNDESA). 2014. *Measuring the size and scope of the cooperative economy: Results of the 2014 Global Census on Co-operatives* (Madison, WI, Dave Grace and Associates). Available at: http://www.un.org/esa/socdev/documents/2014/coopsegm/grace.pdf.

Viegelahn, C.; Kühn, S.; Kizu, T.; Wang, Z. Forthcoming. *Employment by firm characteristics in the developing world*, ILO Research Department Working Paper (Geneva, ILO).

Wooldridge, A. 2016. "The rise of the superstars", in *The Economist*, Vol. 420, No. 9007, pp. 1–16.

World Bank. 2016. *Informal enterprises in Kenya* (Washington, DC). Available at: https://openknowledge.worldbank.org/handle/10986/24973.

Yang, C. 2016. "Relocating labour-intensive manufacturing firms from China to Southeast Asia: A preliminary investigation", in *Bandung: Journal of the Global South*, Vol. 3, No. 1, p. 3.

第二章 劳动力弹性、资本结构和企业绩效

引　言

第一章简要介绍了就业动态如何随着企业规模和运营年限等不同的企业特征而发生变化。这些变化反映了企业在面对具体约束时做出的战略决策以管理重要资源，包括人力和财务资源。这些决策让企业可以通过充分提高从业人员的弹性，打造面向日常经营和新投资的最优资本结构，来应对不断变化的营商环境。这些决策通常会受到宏观层面的一系列因素的影响，这些因素不受个别企业的控制，包括宏观经济条件、监管框架、依法治国和机构规范等。

国际劳工组织认为，推广可持续发展企业涉及多项工作，不仅仅是简单地支持微观层面的干预，后者旨在帮助不同企业提高人力、财务和自然资源的管理效率，并增加其公平性，以激励创新、提高生产率，以及满足其他各种需求（ILO，2007）。同时，这也涉及增强依法治国和机构与治理系统，以建立鼓励性环境，让企业能发展并实现繁荣。① 此外，在培育可持续性的过程中，一个重要的因素是如何让企业和社会更更多地共享由此带来的好处。

为了实现这个目标，内部决策——尤其是就弹性而言，与人力和资本这些第一生产要素资源相关的内部决策——与外部营商环境之间的互动具有极其重要的意义。这种关系之所以至关重要，不仅仅是因为这会给直接涉及的企业和工作者带来直接影响，还因为这会对经济增长和社会发展带来更大范围内的影响（Reinecke and White，2004；ILO，2007，2015a；Dyring-Christensen, Hegazy and van Zyl，2016）。

然而，有关企业如何就劳动力弹性和资本结构做出决策，以及这种决策如何与其绩效挂钩的实证研究的证据仍较分散，或不一致。这种情况在发展中国家尤其严重（Roca-Puig et al.，2008；Ayyagari, Demirgüc-Kunt and Maksimovic，2010；Levine and Warusawitharana，2014）。如果某些类型的劳动力弹性战略及融资决策和提升与生产率和劳动力市场表现有关的绩效有关，那么重新展开当前的辩论至关重要，这些辩论的焦点是包括监管框架在内的一些特定的政策环境是否支持这些决策。本章采用一套经调整的多国数据库，探究企业针对其绩效做出的劳动力弹性战略和融资决策。②

当前有大量的主题与企业劳动力弹性和融资决策相关。为了使本章的探讨可以得到管理并具有意义，本章仅选取了一些管理战略作为此次分析的重点，这些管理战略与企业竞争力和工作质量相关。虽然这些战略只是沧海一粟，但选择它们的原因是：

---

① 正如本报告的引言所述，鼓励性的环境由 17 个主要方面构成，这些方面互相依赖并互相强化。
② 本次分析使用了一个独特的数据集，该数据集把《世界银行企业调查》中有关企业行为和绩效的部分、企业研究中心 Leximetric 数据库（Centre for Business Research Leximetric Database）中关于劳动力和财务监管的部分以及全球治理指标中有关治理的部分相关联。该数据集涵盖了 2003 年至 2016 年间来自不同收入组别的 132 个经济体的 10 万多家企业。

其可以触及本报告所探讨的范围较广且具有重要意义的劳动力弹性和融资决策类别。

第一节探究劳动力弹性战略，重点放在两种类型的实践上：（1）数量弹性：可利用数量弹性，在固定期限工作、临时工作、代理工作和弹性工作的时间安排等各种实践的基础上调整劳动量；（2）职能弹性：职能弹性的重点在于通过培训、多种技能、团队工作以及工作与生产网络重组，来提高劳动力的工作能力。第二节的重点是分析融资决策。该节探讨了内外部资金的使用。在各种外部融资类型中，本章侧重于介绍银行贷款与供应商信贷，这两个来源与正规和非正规融资恰好形成呼应。第三节提供了分析结果。

本章发现，无论是通过旨在获得营运资金的职能弹性战略还是金融决策，"人才投资"都是竞争力更强、工作质量更高的企业的一个重要特征。具体而言，通过向长期雇员提供正规培训，劳动力的职能弹性会带来更高的工资和生产率，并减少劳动力的单元成本；而通过临时就业改善的劳动力数量弹性则会带来更低的工资和生产率，但与单元劳动力成本无关。那些通过向银行贷款的方式获得营运资金（即日常运营资金）的企业可以更为集中地享受较高的生产率并提供更高的工资，而对内部资金依赖性更强的企业则会发现生产率和工资双双降低的情况。此外，当企业利用银行贷款进行新的投资时，我们并未发现银行贷款与工资之间存在正相关关系，这说明通过正规的外部渠道进行融资以展开新的投资的做法不会自动提升工作质量。

第一节 劳动力弹性、生产率与就业

全球化和技术变革催生了提高劳动力弹性的需求（Roca–Puiget al.，2008）。为了提高自身的生产率和竞争力，企业需要具备一定程度的弹性，以组织生产并应对不断变化的市场需求。不过，必须向工作者提供基本保障以保证其安全，同时还必须提高现有权利的有效程度（ILO，2009）。[①] 要想在满足劳动力弹性需求与保障工作者权利这两方面取得平衡并非易事，尤其是在近期宏观经济不确定的情况下（见专栏2.1）。

从广义而言，旨在提高工作者弹性的企业，其战略可以分为两种类型：数量与职能弹性（Atkinson，1984；Smith，1997）。[②] 数量弹性指的是企业调整工作者人数或工时来计算工作量的过程（Atkinson，1984；Volberda，1998；EC，2005）。这种类型的弹性尤其适用于（因参与价格竞争而）急于削减劳动力成本的企业，或由外部因素推动的其他短期战略的情况。因此，对某些行业或处于某个经济周期内的企业而言，数量弹性是一项重要的业务战略。在这些行业或经济周期内，价格所面临的通胀压力（如零售行业）或需求的大规模季节性波动（如农业、建筑业和旅游业）等因素至关重要。数量弹性可通过各种方法得以加强，比如任用签订固定期限合同的工作者、临时工或代理。由于这些实践要求企业与外部劳动力市场互动，因此通常被称为"外部数量弹性"（Kalleberg，2001；Preenenet al.，2017）。然而，企业也可以通过灵活安排现有人员的工作时间来调整劳动量，比如主动兼职、加班、周末工作和轮班工作。由于这些实践主要在企业内部展开，所以被称为"内部数量弹性"（Looise, van Riemsdijk and de Lange, 1998）。

---

① 换言之，"在理想情况下，劳动力作为生产要素，不应对企业构成障碍，而企业比以往任何时候都需要提高灵活性、多样性和适应力"（Méda，2016，p1）。作者同时还指出，"个人对工作的期望从未如此强烈"，比如对充实的工作的渴望。本章不讨论工作的价值。若想了解讨论的全部内容，请参考Méda（2016）。

② 有关此一般分类，还有进一步的解释。若想全面了解相关内容，请参见EC（2005）。

专栏 2.1

劳动力监管改革[1]及其与宏观经济环境之间的联系

在近期宏观经济形势不稳定和陷入危机时期，各国都在提倡放松劳动力市场的监管，并推出紧缩和调整措施，以增强企业的竞争优势并刺激经济增长。通过分析187个国家的紧缩政策，Ortiz 等人（2015）发现至少有89个国家（包括49个发展中国家）都在考虑实施劳动力改革。政府主要通过减少工作保障、促进非标准形式的就业，以及分散和削弱集体谈判与工会来增强劳动力弹性（Hermann，2014；UNHRC，2016）。[2] 各种研究均指出，在经济危机期间，欧元区实施了几项劳动法改革。国际劳工组织和国际劳工研究所（2012）发现，在所研究的17个欧元区国家中，至少有13个成员国实施了劳动力监管改革，这些改革主要涉及分散集体谈判和（集体或个人的）解雇保护（如缩短解雇通知时间、改变公平和不公平解雇的定义、减少遣散费、削弱或取消经不公平解雇后复职的权力等）。基于企业研究中心劳动力监管指数（Centre for Business Research Labour Regulations Index，简称 CBR–LRI 指数）制作的图2.1显示了危机前和危机后（2003—2008年和2009—2013年）部分国家有关解雇法规的平均水平（根据 CBR–LRI 指数的打分情况）。该图显示，一些欧盟经济体的得分出现下跌，尤其是那些被危机重挫的经济体。然而，其他经济体的得分不是保持不变，就是出现了微弱变化。因此，该政策并未得到普及。各国劳动力法规的变革各不相同，同时还随着体制（无论是大陆法还是普通法）和时间的变化而出现巨大差异（Adams et al.，2017）。[3]

图 2.1

部分国家在危机前和危机后的解雇监管水平

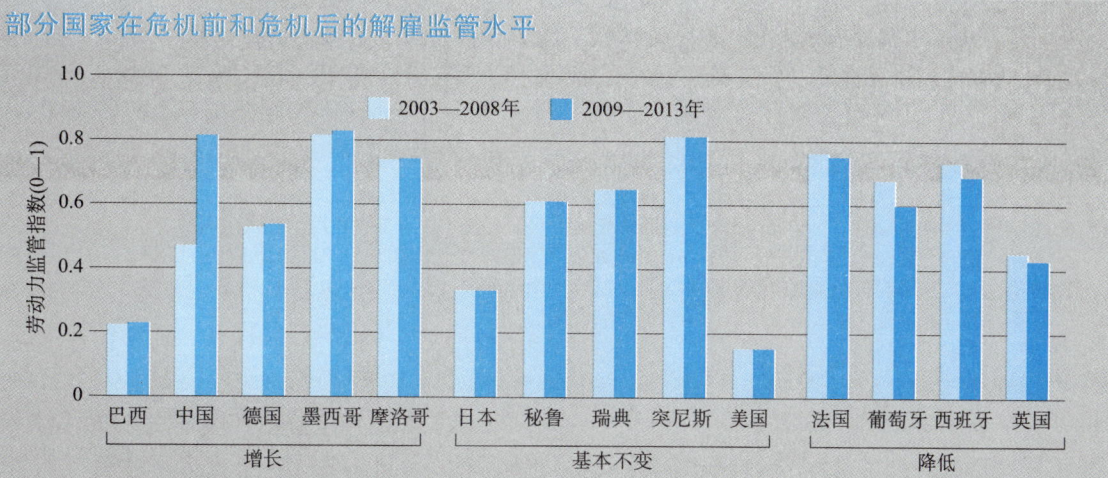

注：上述得分是根据 CBR–LRI 指数数据库对解雇保护类别的不同指标进行平均得出的。这些指标包括：（1）法律强制规定的通知时间（针对所有的解雇情况）；（2）法律强制规定的遣散费；（3）在一般的不当解雇情况中，最低的合格服务年限；（4）法律规定的针对解雇的程序限制；（5）法律规定的针对解雇的实体限制；（6）针对不当解雇的一般解救方法，即恢复原职；（7）解雇通知；（8）冗余人员挑选；（9）再次雇佣的优先顺序。

资料来源：国际劳工组织基于 CBR–LRI 指数的计算。

国际劳工组织近期的一项研究显示，采用非标准雇佣的趋势正日益明显（ILO，2016a）。这会带来一个问题，即劳动力监管如何适应这一情况。实际上，不仅欧洲和其他发达经济体在增强对从事兼职、签订固定期限合同和代理工作的工作者的保护，新兴和发展中经济体也在这么做，只是程度较轻而已（ILO，2015b；Adams et al.，2017）。包括其他变革在内，这些改革要求以与对待长期雇员的相同或相应比例的方式对待从事非标准形式工作的工作者，或者限制代理工作。以墨西哥为例，该国在2012年启动了

专栏 2.1（续）

颠覆性的改革，其中包括限制外包或设置外包条件等，而在此前，特别是从 20 世纪 70 年代以来，该国一直很少实施劳动力改革（Campuzano，2017）。[4] 图 2.2 显示了在危机之前和之后，对不同形式的工作的保障力度所发生的变化。

目前，有关劳动力市场监管对就业、生产率或经济增长的影响的问题仍备受争论（Betcherman，2014；Aleksynska and Eberlein，2016）。然而，人们有关支持大幅放松劳动力市场监管的观点已经发生了改变。例如，世界银行指出，就业监管不仅对防止工作者受到"主观或不公平"对待至关重要，而且可能还会通过促进工作者与雇主之间的合作来提高生产率（World Bank，2014）。从这方面来看，国际组织正逐步认可劳动力监管带来的益处，只要这些监管符合劳动力市场的具体情况（ILO，2016a）。

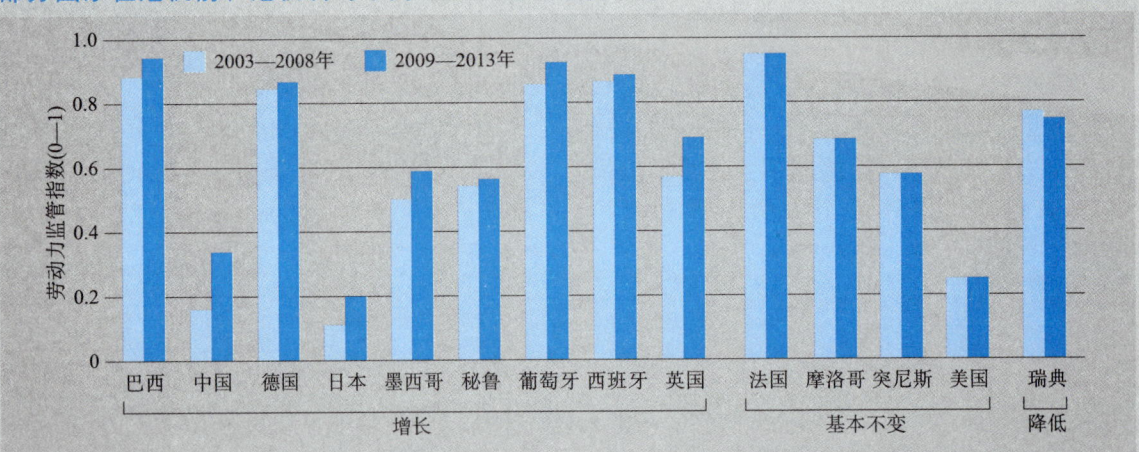

图 2.2

部分国家在危机前和危机后对不同形式就业的监管水平

注：上述得分是根据 CBR-LRI 指数数据库对解雇保护这个类别中的不同指标进行平均得出的。纳入考量的指标包括：（1）法律决定了工作者的法律地位，而非订立合同的当事人；（2）兼职员工有权获得与全职员工同等的待遇；（3）兼职员工拥有与全职员工相同或相应比例的解雇权；（4）固定期限合同只适用于有限时间的工作；（5）固定期限员工有权获得与长期雇员同等的待遇；（6）固定期限合同的最长有效时间；（7）禁止或严格控制代理工作；（8）代理工作者有权获得与长期雇员同等的待遇。

资料来源：国际劳工组织基于 CBR-LRI 指数的计算。

[1] 总体而言，劳动力市场监管涵盖多个方面，其中包括就业保护法、产业关系、职工代表法、最低工资、工时和就业形式监管等。虽然劳动力监管是达到体面工作的一种方式，但是许多企业却认为劳动力监管从不同程度上影响了它们的运营，而这种程度取决于经济的发展水平和企业的规模。[2] Anner 和 Caraway（2010）强调这样一个事实：为了获得这些机构的资金协助，至少有 1/3 的政府在其递交给国际货币基金组织的意向书（1998—2005 年）中承诺会加强劳动力监管的弹性。[3] 若想进一步了解趋势情况，请参见 ILO（2015b），第四章。[4] 通过改革，我们发现这类工作只适用于专门的活动，不能用于与企业员工开展的活动相同或相似的情况，并且不能包括企业开展的所有活动。

第二个大类是职能弹性，指的是企业调整工作者对生产过程中各个环节的知识、技能和适应力的过程（Atkinson，1984；Boyer，1987；Kalleberg，2001；EC，2005）。该类型的弹性特别适用于迫切需要进行创新、提高生产率（通常受参与质量竞争这个要求所驱动）并制定包括提高工作者技能、研发投入以及工作与生产过程组织在内的相关长期战略的企业（EC，2005）。为了增强职能弹性，企业常常需要参与各种实践，比如持续培训、同时开展各项工作、进行团队合作、让工作者参与工作岗位设计以及新技术的调整。由于这些实践主要在公司内部展开，所以职能弹性往往与内部弹性有很多重复之处（Kalleberg，2001；Roca-Puiget al.，2008；Preenenet al.，2017）。

然而，企业也可以通过将合同分包给专业供应商（EC，2005）或将服务合同承包给独立承包商，来让劳动者从事不同的工作（关于如何利用经济依赖型自雇工作者的探讨，请参见专栏2.3）。因此，一些研究人员将职能弹性进一步划分为"外部职能弹性"和"内部职能弹性"（Looise，van Riemsdijk and de Lange，1998）。

按照行业、经济周期以及劳动力技能天赋等其他条件的不同，企业纷纷试图在数量弹性和职能弹性之间取得平衡，并将它们的短期和长期竞争力纳入考量（ILO，2016b）。在多数管理决策中，这两个方面的战略都涉及成本与收益（见专栏2.2）。企业也许会评估工作者的知识、技能和适应力，以使其得以在一个生产过程中从事多项工作，但要想使之成为现实，需要增加培训投入，和/或对工作场所和供应商网络进行重组。相似地，数量弹性可能需要应对产品需求的波动，并为某些工作者提供机会，让其更好地平衡工作与生活。然而，过度依赖通过外部劳动力市场调整劳动力的做法（如雇用更多的临时工）可能会破坏员工的士气，和/或削弱对培训的投资，并最终造成企业劳动力的下降（同上）。此外，在某些情况下，过度使用数量弹性可能会剥夺工作者的基本保障并破坏其工作稳定性，同时限制其晋升机会。

专栏2.2

企业与劳动力弹性

许多研究人员都认为，一定程度的劳动力弹性对提高企业竞争力和增加就业机会不可或缺。该论点在全球化时代被进一步强化。这个时代的一大特征是随着市场竞争的日趋激烈，生产结构变得更具弹性且内部联系更为紧密。为了适应这个快速变化的环境，一些企业主张劳动力市场也需要进行调整。从这方面来看，不标准的雇佣形式正日趋普遍，比如临时工作、兼职工作、随时待命工作、多方雇佣以及模棱两可的雇佣关系（ILO，2016b）。这让人不得不质疑把标准的雇佣关系视为衡量企业和工作者确立合同关系的标准是否合理（ILO，2015b）。

针对提高劳动力市场弹性所提出的主要观点与提高市场效率相关。该观点假设，企业无法在周期性下跌的过程中裁员（或者出于固定成本的考虑而不愿意采取这种做法）影响了雇佣决策，进而使企业在周期性上升的过程中减缓了工作岗位的创造。同时，该假设也认为这种死板的做法影响了企业的生产率和绩效。然而，有许多实证研究都支持该观点，并提供了复杂的研究结果。*比如，Bernal-Verdugo、Furcerci和Guillaume（2012）的研究表明，从1985年至2008年，劳动力市场弹性的提高（特别是雇佣和裁员规定的放宽）对97个国家的失业率造成了负面影响。其他研究则把劳动力市场弹性的提高归功于后危机时代部分欧元经济体就业率的提高，比如西班牙和英国（OECD，2014a，2015）。然而，还有一些研究发现没有负面影响，或者没有影响（Glyn et al.，2003；Heckman and Pages，2004）。其他一些研究甚至提出，劳动力市场弹性战略和促进"创新日常化"和提高生产率无法兼容（Vergeer et al.，2015；Rubery，Keizer and Grimshaw，2016）。这些研究的作者都认识到收入保障和培训，以及员工敬业程度（忠诚度）和生产率产出的动机的重要性（同上）。

从供应侧来看，也有人认为，一些员工更喜欢弹性的工作安排，不过这取决于他们所处的具体环境。弹性的工作安排可以让员工有更多的机会来平衡工作与生活，对包括年轻人和年长者在内的有家庭义务的员工来说，情况更是如此（Chassin，2013）。此外，弹性工作还有助于劣势群体进入劳动力市场，并成为该群体实现长期就业的敲门砖（同上），从而改变就业人员的分布，弥合这些群体在劳动力参与和就业之间的差距。

专栏 2.2（续）

然而，事实证明，一些弹性的雇佣形式非但不能成为敲门砖，反而成为拦路虎。其中的部分原因是对技能和培训的投入不足，从而减少了升级为更好的雇佣形式的可能性（Rubery, Keizer and Grimshaw, 2016）。特别是在女性群体中，弹性工作会导致工资降低、职业发展受限等问题（Gregg and Gardiner, 2015；Grimshaw and Rubery, 2015；Rubery, Keizer and Grimshaw, 2016）。

由于企业采用了一些战略来适应经济冲击，其中包括其他形式的数量和职能弹性，比如管理和培训方案，因此工作保障法规未必会成为劳动力弹性的挡路石（Marshall and Van Adams, 1994）。这说明采用综合措施来创建鼓励性环境的重要性，这样的环境可以激励企业依赖成本竞争力之外的其他措施来参与竞争，比如创新和质量方面的措施。

* 若想了解总体情况，请参见 Valverde、Tregaskis 和 Brewster（2000），Ingason（2013）以及 Betcherman（2014）。

雇用兼职员工在发达经济体的企业中尤其常见

正如上文所述，企业加强自身数量劳动力弹性的一个方法是通过兼职或加班等形式调整员工的工作时间。这些安排反映了对数量弹性的需求，全球许多地区都做出了这样的安排。不同国家对兼职与加班的认可程度各不相同，但仍有一些共有模式可寻。首先，相对于新兴经济体，发达经济体的企业更可能雇用兼职员工。在发达经济体，每周工作时间少于 30 个小时的员工的平均比例为 21%，而新兴经济体的这个比例为 7.8%。其次，相较于发达经济体，新兴经济体的企业更可能安排员工加班。在新兴经济体，每周工作时间超过 48 个小时的员工的平均比例为 18.3%，而发达经济体的这个比例为 12.4%（见图 2.3）。

图 2.3

2015 年部分国家通过兼职和加班工作实现的数量弹性（占雇员总人数的百分比）

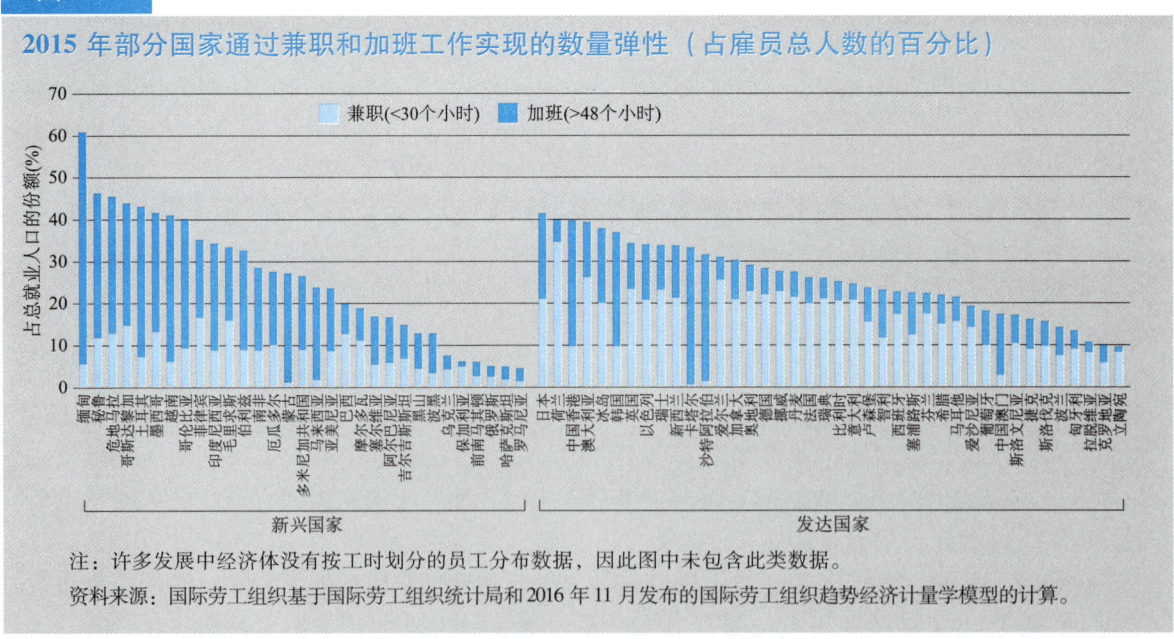

注：许多发展中经济体没有按工时划分的员工分布数据，因此图中未包含此类数据。
资料来源：国际劳工组织基于国际劳工组织统计局和 2016 年 11 月发布的国际劳工组织趋势经济计量学模型的计算。

通过临时就业实现数量弹性的做法在发展中经济体的企业中尤其盛行

除了工时之外，企业的员工人数是进行数量调整的关键领域。全球多地都采用了临时就业，但各国的做法大不相同。然而，大量模式都与经济发展水平和企业特征息息相关。首先，一国的收入水平与全职临时员工[①]在总全职员工中所占的比例呈负相关关系。在发展中经济体，超过1/5的全职员工（28.6%）签订的是全职临时工作合同，而在新兴和发展中经济体，这个比例很低，分别为8.9%和10.2%。其次，通过对企业特征的进一步研究，我们发现全职临时就业在发展中经济体的大企业中最为普遍（见图2.4）。[②] 在发展中经济体的大企业中，超过1/3的全职员工（36.0%）签订的是全职临时合同，远高于9.1%的大企业样本的平均比例。为了实现数量弹性，企业还雇用其他类别的工作者，比如"零时工"和经济依赖型自雇工作者。有意思的是，虽然经济依赖型自雇工作者不签订劳动合同，但他们的确具备雇员的一些特征。

在发展中经济体，为长期全职雇员提供正规培训的做法远未普及

在不同的经济体和企业，职能弹性相差甚远。数据显示，相较于新兴和发达经济体的企业，发展中经济体的企业为长期全职雇员提供正规培训的可能性大大减少。在发展中经济体，提供正规培训项目的平均比例为27%，而在新兴和发达经济体，这个比例分别为47%和42%。要想了解发展中经济体的低培训力度，需要结合这些经济体更为普遍地采用临时工这个事实来分析。一些研究发现，临时工比例较高的企业更不愿意培训自己的员工（Ruiz‑Santos，Ruiz‑Mercader and McDonald，2003）。然而，需要关注的是，在发展中经济体，规模较大的企业往往会大量雇用全职临时员工，并且更可能为长期全职雇员提供正规培训。这表明，企业可能采用不同的方法来实现劳动力弹性（职能弹性和数量弹性）。因此，那些大量采用全职临时员工的企业也可能是为长期全职雇员提供培训的企业（Osterman，2000；Bacon and Blyton，2001）。

数量弹性与职能弹性对企业绩效产生截然不同的影响

就竞争力和工作质量而言，劳动力数量和职能弹性对企业绩效的影响仍是一个开放性的实证问题。事实上，目前只有很少的实证研究在研究有关这两类弹性与发展中和新兴经济体的企业绩效之间的关系。因此，本节旨在通过探究企业绩效与和数量、职能劳动力弹性相关的部分实践之间的关系，来弥补该知识空白。具体而言，本节考察了全职临时员工（即数量弹性）和向长期全职雇员[③]提供培训（即职能弹性）与企业绩效之间的关系。为了从生产率和工作质量方面评估这些影响，我们全面分析了这两类不同的劳动力弹性战略与（1）通过实际工薪衡量的工作质量；（2）通过劳动生产率衡量的生产率；（3）通过名义单位劳动力成本衡量的整体竞争力之间的关系，而名义单位劳动力成本则由工资和生产率驱动。

正如本节开始时所回顾的，这些实践只是其他许多有关劳动力弹性的企业行为的两个实例。然而，由于缺乏统一的企业层面的且覆盖其他弹性维度的数据集，或涵盖各个方面的综合指标，要想开展有关该主题的实证研究，必须从现有数据集中挑选相关变量。鉴于此，为当前分析所选择的两个变量，即使用全职临时员工和为

---

① 对于全职临时员工，企业支付短期薪资（即少于一个财年），并且不提供续约保证，而这些员工每天的工作时间为8小时，甚至更多。《世界银行企业调查》中的临时员工不包括兼职临时员工。更多信息请访问 http://www.enterprisesurveys.org。

② 通过回归分析，我们还发现，一国的收入水平与企业采用临时员工的力度呈负相关关系，并且这种关系在统计学上具有重要意义。

③ 长期全职员工指的是签订一个或多个财年合同的有薪雇员，和/或有续约保证，并且每天工作时间为8个小时，甚至更长。这些工作者包括员工和管理人员。《世界银行企业调查》中的长期就业不包括长期兼职员工。更多信息，请访问：http://www.enterprisesurveys.org。

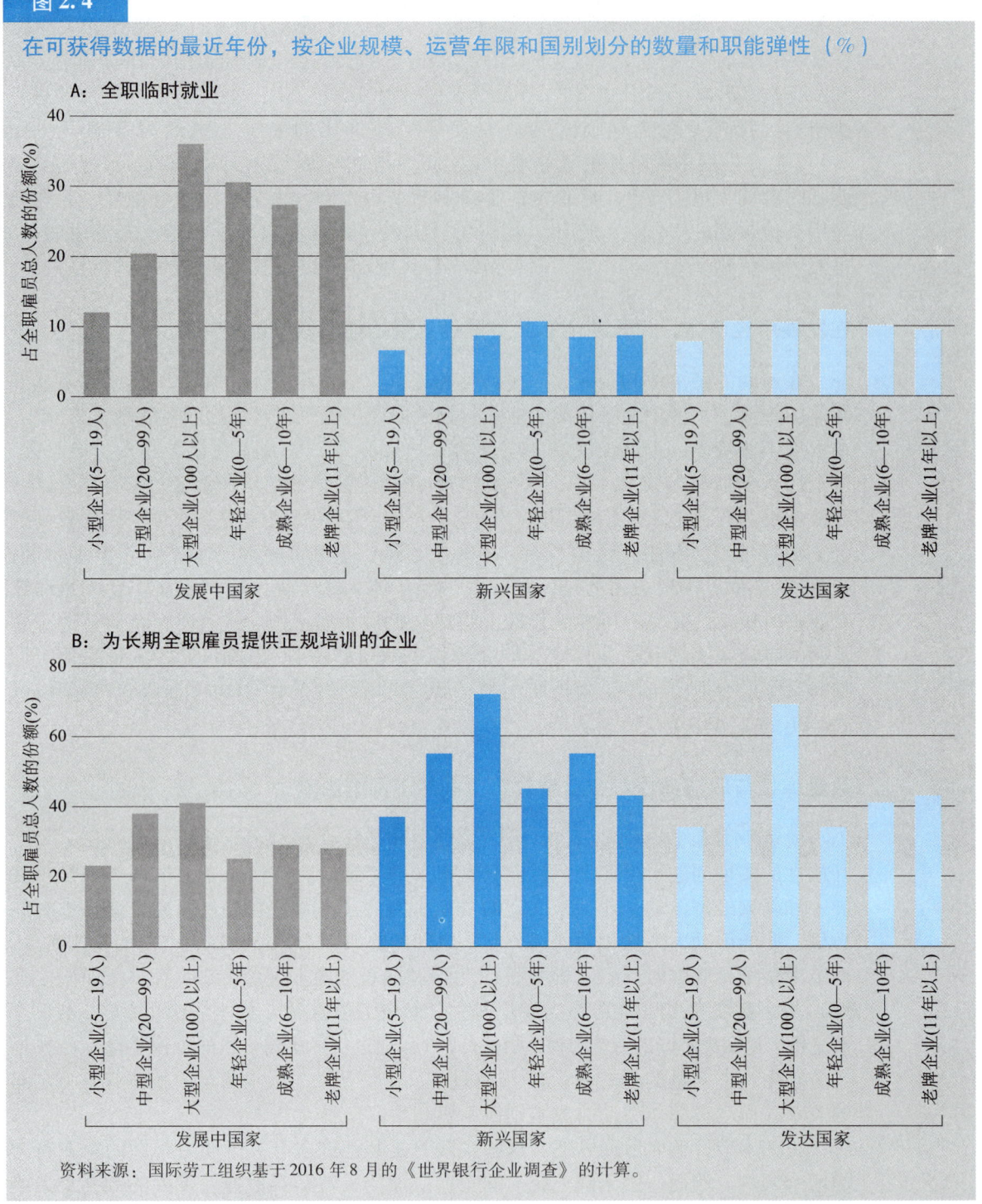

图 2.4

在可获得数据的最近年份，按企业规模、运营年限和国别划分的数量和职能弹性（%）

资料来源：国际劳工组织基于 2016 年 8 月的《世界银行企业调查》的计算。

长期全职雇员提供培训，自然是有效的后备选项，因为它们直接对应了数量和职能弹性这两个大类。随着可用数据的增多，更多研究将关注该主题。本节的分析是根据当前现有数据的情况进行的一次尝试。

我们的研究结果主要涉及两个方面。首先，一般而言，通过采用更多全职临时员工来更为集中地提高数量弹性与低工资和低生产率有关，但与通过单位劳动力成本衡量的企业整体竞争力无关。其次，平均而言，通过向长期全职雇员提供培训来提高职能弹性与高工资、高生产率和低单位劳动力成本有关。

专栏 2.3

劳动力弹性的新形式？欧盟 27 国中的经济依赖型自雇工作者[1]

在为了提高数量弹性所采取的诸多人力资源管理战略之中，企业对使用所谓的"经济依赖型自雇工作者"显示出了越来越浓厚的兴趣。这些工作者不签订劳动合同，因此注册为"自雇工作者"，但是他们又拥有与雇员相似的一些特征。这些"经济依赖型工作者"或"经济依赖型承包商"没有自营企业，而是依靠与客户企业签订商业合同（或服务合同）来提供服务或产品（Oostveen et al., 2013）。因此，他们的收入依赖于一家或一些客户企业，并且他们的工作受到严密监督（ILO, 2016b）。相较于企业员工，经济依赖型自雇工作者的工作条件的风险更高，这主要基于其行使基本的工作权利的能力而言，比如结社自由和集体谈判的权力，因为在某些地方，包括最低工资立法在内的劳动法仅适用于有薪员工（同上）。劳动法的这个"灰色地带"引起了社会伙伴和政府的广泛关注。

或许与普遍的认识相反，经济依赖型自雇工作者在总就业人口中所占比例非常低，约为 1.3%，并且在 2010 年至 2015 年间，该比例在欧盟 27 国基本没有发生变化。然而，在这个总体趋势背后，却出现了两类国家的分立，一类是经历上行趋势的国家，另一类是经历下行趋势的国家（图 2.5）。一方面，在匈牙利、拉脱维亚、葡萄牙和英国，自 2010 年以来，经济依赖型自雇工作者在其总就业人口中的占比一直在大幅增加。截至 2015 年，这些国家的占比远远超过欧盟 27 国的平均水平。另一方面，在塞浦路斯、捷克、希腊、爱尔兰、意大利、立陶宛和波兰，这类工作者的占比在大幅下降，直至正好达到或低于欧盟 27 国的平均水平。鉴于这个差距，要确定经济依赖型自雇工作者今后能否成为更为重要的劳工关系形式，需要考虑各国的情况。经合组织（2016b）发现，在经济依赖型自雇工作者占比较高的国家，签订标准的固定期限合同的员工的发生率较低，这说明这两种从业人员或可互相替代。因此，还需展开进一步研究，以发现哪些因素造成了不同国家内经济依赖型自雇工作者所占比例的差异。

图 2.5

2010 年和 2015 年，经济依赖型自雇工作者占总就业人口的比例（%）

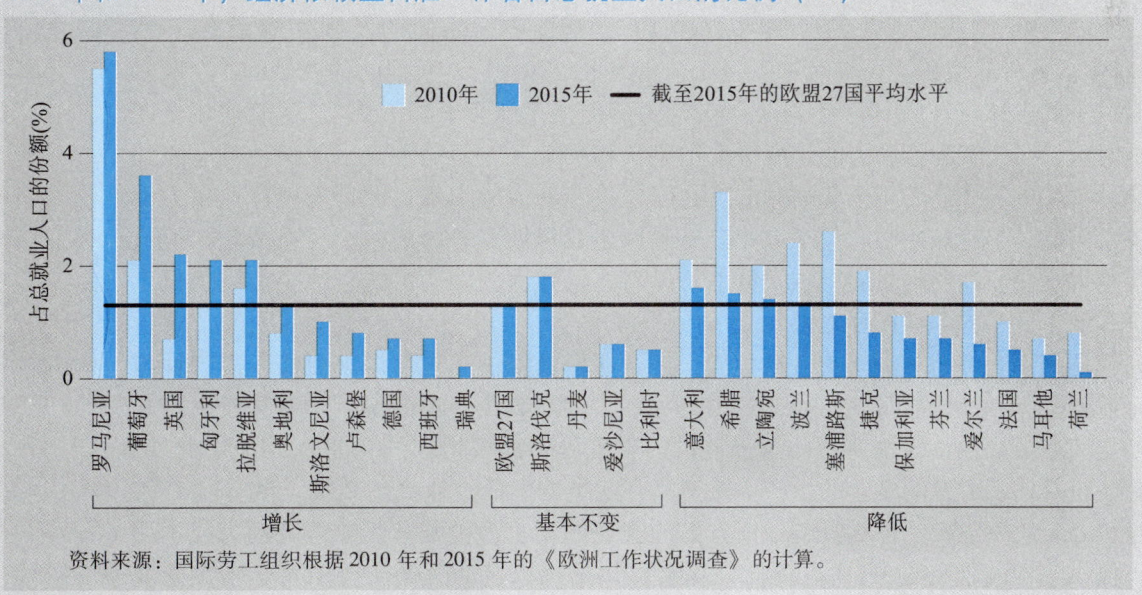

资料来源：国际劳工组织根据 2010 年和 2015 年的《欧洲工作状况调查》的计算。

专栏 2.3（续）

正如大家所普遍关切的，有证据表明，相较于其他员工，经济依赖型自雇工作者的工作条件正在遭到破坏。例如，经济依赖型自雇工作者的月收入一直远远低于企业雇员的月工资收入。《欧洲工作状况调查》显示，在 2010 年和 2015 年，经济依赖型自雇工作者的月工资分别为企业雇员月工资的 67.1% 和 67.9%。这在某种程度上反映了经济依赖型自雇工作者的工作时间普遍较短。[2] 然而，该调查显示，2015 年经济依赖型自雇工作者的工作时间为企业雇员平均工作时间的 92.1%。这说明，除了工作时间之外的其他因素导致收入差距的出现。鉴于这些工作者的收入增长前景比较惨淡，该差距可能会延续至不久的将来。该调查还显示，2015 年有 1/5（20.4%）的经济依赖型自雇工作者的收入增加，而收入中增加的企业员工的比例约为 1/3（34.4%）。

除了工资较低、财务前景较为黯淡之外，工作者选择从事经济不独立的自雇工作，而不是成为一名企业雇员的一大原因是想获得更多的自主权。然而，该调查显示，这种自主权越来越无法获得经济依赖型自雇工作者的青睐。2010 年，13.7% 的经济依赖型自雇工作者表示，他们的工作时间由企业或组织设定，根本不可能改变。截至 2015 年，该比例增至 19.5%，说明权力状况出现了转移，并且越来越偏向客户企业。然而，乐观地来说，随着客户企业加强对工作时间安排控制的力度，它们的责任也在增加，这是值得注意的一点。例如，该调查显示，近几年越来越多的经济依赖型自雇工作者获得了在职培训，从 2010 年的 8% 增至 2015 年的 20.9%。

总而言之，研究结果表明，在一些国家，经济依赖型自雇工作者的数量明显增加，而在另一些国家则不然，从而造成总体趋势基本不变。然而，对于这些工作者的工作状况的普遍关切则得到了肯定，这体现在他们较低的收入水平、较差的财务前景以及客户企业加强对其工作时间安排的管控力度等方面。

[1] 这些分析中均不涉及克罗地亚，因为该国于 2013 年才加入欧盟。[2] 2015 年，经济依赖型自雇工作者的每周平均工作时间为 33.2 个小时，而企业雇员的工作时间则为 36.1 个小时。

图 2.6 中的 A 图显示，雇用的全职临时员工越多，实际工资就越低。全职临时员工占全职员工总人数的比例每增加 10 个百分点，他们的实际工资就会下滑 2.6%。此外，雇用全职临时员工会让企业的生产率打折。我们的估算显示，全职临时员工的占比每增加 10 个百分点，劳动力的生产率就会下降 1.9%。尽管雇用全职临时员工与工资和劳动力的生产率水平呈负相关关系，但是无论采取何种具有重要统计意义的方式，雇用全职临时员工与以单位劳动力成本衡量的企业整体竞争力无关。因此，尽管雇用临时员工可能会是确保企业短期竞争力的一个可行战略，但这些结果表明，通过大量雇用临时员工来提高数量弹性的做法可能会让企业陷入低工资和低生产率的恶性循环之中。

从图 2.6 中的 B 图可见，通过向长期全职雇员提供正规培训来提高职能弹性与企业竞争力和工作质量之间存在正相关关系，这与数量弹性的案例正好相反。向长期全职雇员提供正规培训的企业所支付的工资比不提供培训的企业高 14%。此外，具备正规培训方案的企业的生产率比不具有此类方案的企业高约 20%。由于生产率溢价高于工资溢价，那么具备培训方案的企业的竞争力更强，其单位劳动力成本比不提供培训的企业低 5.3%。因此，尽管提供培训以及相关的工资溢价会增加企业的劳动力成本，但是因职能弹性带来的生产率增强会抵消上述额外的成本，从而降低企业的单位劳动力成本，并增强其竞争力。

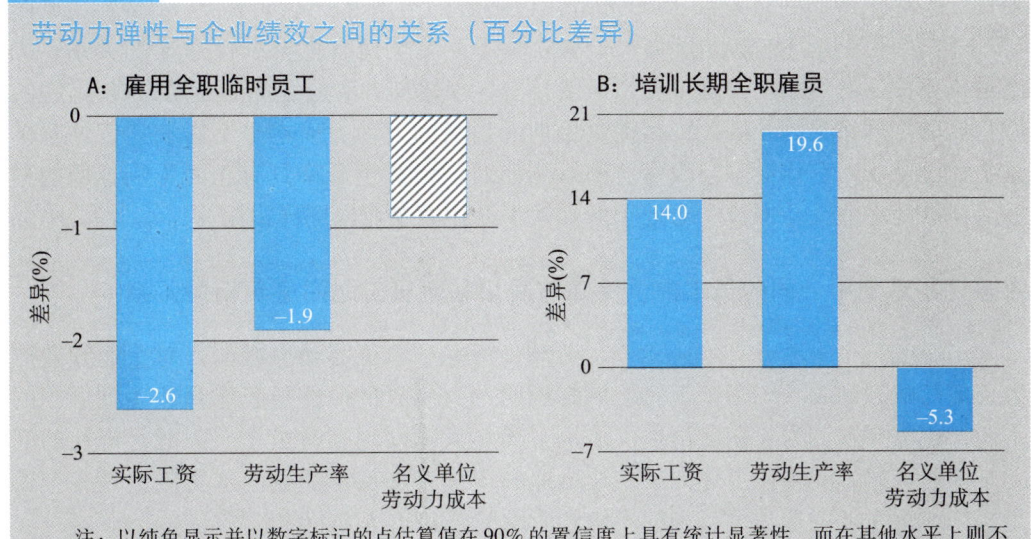

图 2.6

劳动力弹性与企业绩效之间的关系（百分比差异）

注：以纯色显示并以数字标记的点估算值在 90% 的置信度上具有统计显著性，而在其他水平上则不具有重要的统计意义。

资料来源：国际劳工组织基于 2016 年 8 月的《世界银行企业调查》的估算。

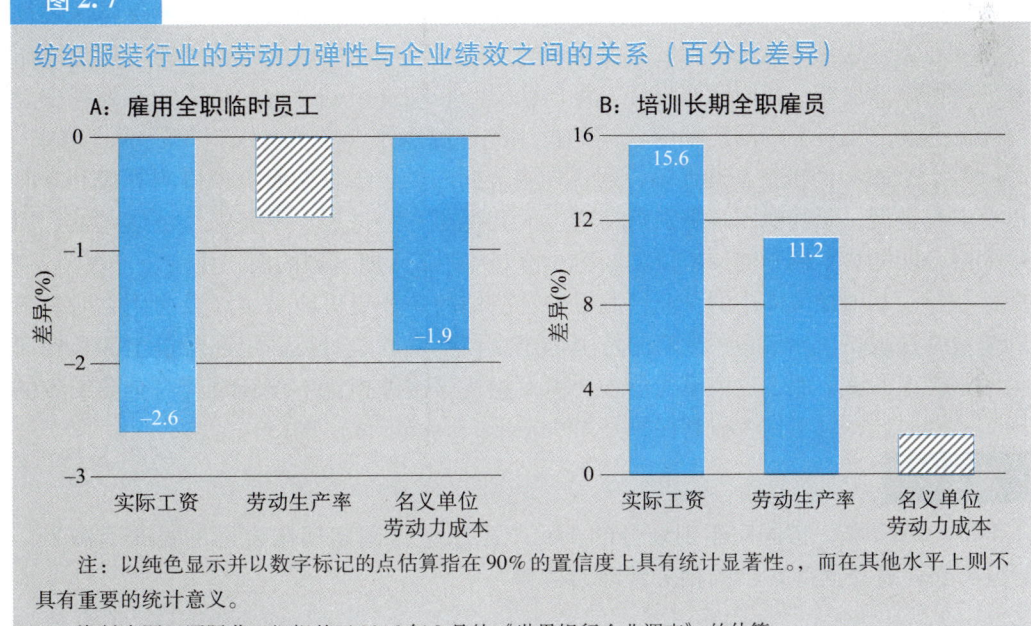

图 2.7

纺织服装行业的劳动力弹性与企业绩效之间的关系（百分比差异）

注：以纯色显示并以数字标记的点估算指在 90% 的置信度上具有统计显著性，而在其他水平上则不具有重要的统计意义。

资料来源：国际劳工组织基于 2016 年 8 月的《世界银行企业调查》的估算。

然而，需要注意的是，以上分析的数量和职能弹性对企业绩效的影响可能会随行业的不同而变化，这些行业以低利润率为特征，其中包括纺织服装行业。例如，采用图 2.6 的分析方法对纺织服装业进行分析，我们可以发现，在这些行业中大量雇用全职临时员工的企业的竞争力的确更强，其单位劳动力成本比其他企业低 1.9%。然而，这个结果主要由降低工资所推动的，而不是生产率的提高（见图 2.7，A）。换言之，因大量雇用全职临时员工而提高竞争力的企业主要是通过削弱工作质量而非提高效率来实现的。这又说明，通过采用降低劳动力成本的战略而雇用临时员工的做法，可能会让企业陷入工资降低而生产率不增强的恶性循环之中。

第二章 劳动力弹性、资本结构和企业绩效

另一方面，纺织服装行业中那些向长期全职雇员提供正规培训的企业所支付的工资比不提供培训的企业高15.6%，并且前者的生产率比后者高出11.2%（见图2.7，B）。提供培训与单位劳动力成本之间不存在任何有重要统计意义的关系，无论是正相关还是负相关。这说明，虽然具有正规培训方案的企业的劳动力成本较高，但它们的生产率更高；因此，因提供培训而提高的劳动力成本并不影响它们的整体竞争力。由于对整体竞争力没有负面影响而对薪资和生产率具有正面影响，职能弹性战略能让企业受益匪浅，对处于低利润率行业的企业也同样适用。

为签订固定期限合同的员工提供保障与雇用临时员工之间呈负相关关系

由于在三个维度（即实际工资、劳动生产率和单位劳动力成本）对企业绩效产生正面影响，图2.6和图2.7的结果都说明，为使数量弹性与职能弹性达到恰当的平衡，更需要强调为长期雇员提供培训，而非大量雇用临时员工。因此，现在的问题是如何鼓励企业采用上述方法，让企业和工作者都从中受益。这实质上是一个关于实施能为企业创造适度有利的环境和激励的公共政策方面的问题。

就此而言，与之相关的一个重要问题是劳动力监管的作用。正如本章引言中所述，企业的运营受监管约束。一些地区对员工的保障强于其他地区，而这种就业保护力度的差异可能会影响企业决策，其中包括雇用临时员工的决策。

正如一些研究（参见，诸如ILO，2016b）所述，不同国家的监管相差甚远。116个国家的数据表明，在发展中经济体，面向固定期限员工提供的相关就业保障法规往往力度较弱，这至少从某种程度上说明了为何在这些经济体内临时就业的占比远高于其他经济体。比如，在固定期限员工有权获得与长期雇员同等的对待方面，发展中经济体的劳动法规对签订固定期限合同的员工的保障水平非常低。图2.8显示，2000—2012年，发展中经济体在确保签订固定期限合同的员工与长期雇员获得同等权利方面没有取得进展，而其他国家组别则在这方面获得了一些进展。发展中经济体对签订固定期限合同的员工权利的保障持续低迷，恰好与图2.4所呈现的模式相吻合。在图2.4中，相较于其他经济体中的企业，发展中经济体的企业更可能采用涉及雇用临时员工的数量弹性战略。如果这种战略的采用是建立在不平等地对待固定期限员工和长期雇员的基础上的话，那么这个模式自然会引发担忧。这种担忧不仅针对其对企业绩效的影响，同时还针对工作者权利保护（Aleksynska and Muller，2015）。

图2.8

2000—2012年，按国家组别划分的116个国家签订固定期限合同的员工有权获得与长期雇员同等对待的相关劳动力监管

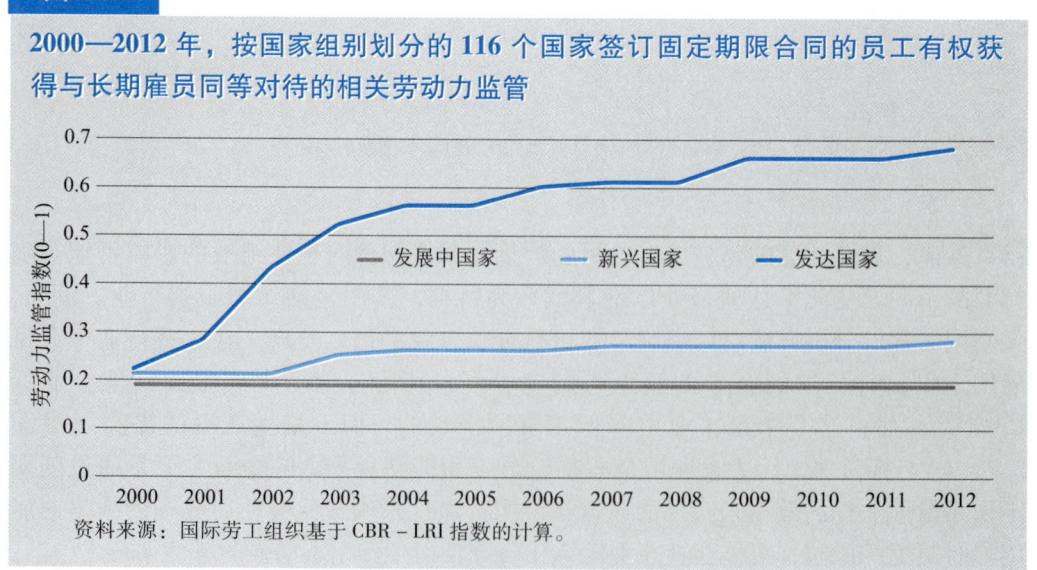

资料来源：国际劳工组织基于CBR-LRI指数的计算。

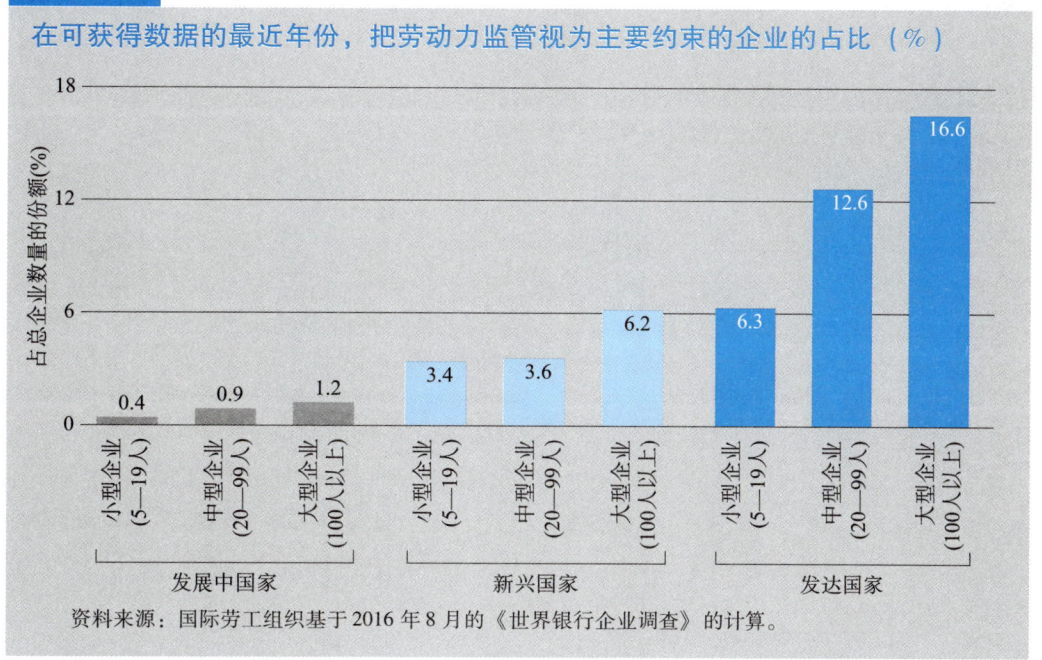

图 2.9 在可获得数据的最近年份,把劳动力监管视为主要约束的企业的占比(%)

资料来源:国际劳工组织基于 2016 年 8 月的《世界银行企业调查》的计算。

低收入国家对签订固定期限合同的员工的保障不够,明显反映在企业将劳动力监管视为重大约束的方式之中。数据显示,在发展中经济体,只有很少比例(0.4%—1.2%)的企业将劳动力监管视为重大约束。这一比例显示,随着国家收入的提高,国家对签订固定期限合同的员工的保障会增强。在新兴经济体,该比例较高,介于 3.4% 至 6.2% 之间;而在发达经济体,该比例达到 6.3%—16.6%(见图 2.9)。此外,发达经济体的企业,尤其是大型和中型企业,将这类监管视为其面临的重大挑战之一(16.6% 为大型企业,12.6% 为中型企业)。造成这种按规模和发展水平进行区分的观念差异的原因或许包括:发展中和新兴经济体所存在的大量非正规工作者、劳动力和就业监管的适用范围(例如,可以不对小型企业进行劳动力监管)①,受低合规水平和劳动力机构增强监管的能力有限的影响所造成的法律与实践之间的差距,以及基本的政治背景(如民主制、问责制、腐败等)。②

我们通过实证分析发现,监管环境的确与企业的劳动力弹性实践密切相关。这说明,从获得与长期雇员同等待遇角度来看,雇用临时全职员工与对固定期限员工的法律保护力度呈负相关关系。在劳动力保障更为有力的国家,企业不太可能雇用全职临时员工。在为固定期限员工的权力提供更为强大的法律保护的国家,全职临时员工占全职员工总人数的比例较小,比其他国家低 1.7 个百分点(见图 2.10)。除了一些例外情况,我们仍可从不同的企业特征上发现这个模式,比如规模、运营年限和行业。这些结果说明,为了确保固定期限员工与长期雇员获得同等的权利,数量弹性的相关性可能会降低,而企业则会更偏向职能弹性战略。图 2.10 的 B 图似乎肯定了这个假设。在能够更有力地保障固定期限员工获得与长期雇员同等待遇的权利的国家,向长期全职雇员提供正规培训的可能性更高,比其他国家高出 28.5 个百分点。除了一些例外情况,我们仍可从企业规模、企业运营年限和所属行业等方面发现这个模式。

---

① 有关示例,参见 Fenwick 等人(2007)以及 Fenwick 和 Van Goethem(即将发布)。
② 然而,在非正规水平较低的发达经济体,由于受实力更为强大、有效性更高的劳动力机构以及更有利的政治环境的影响,这些经济体具备更强的执行能力。相对于发展中经济体,更有利的政治环境会带来更高的合规水平(ILO,2007)。

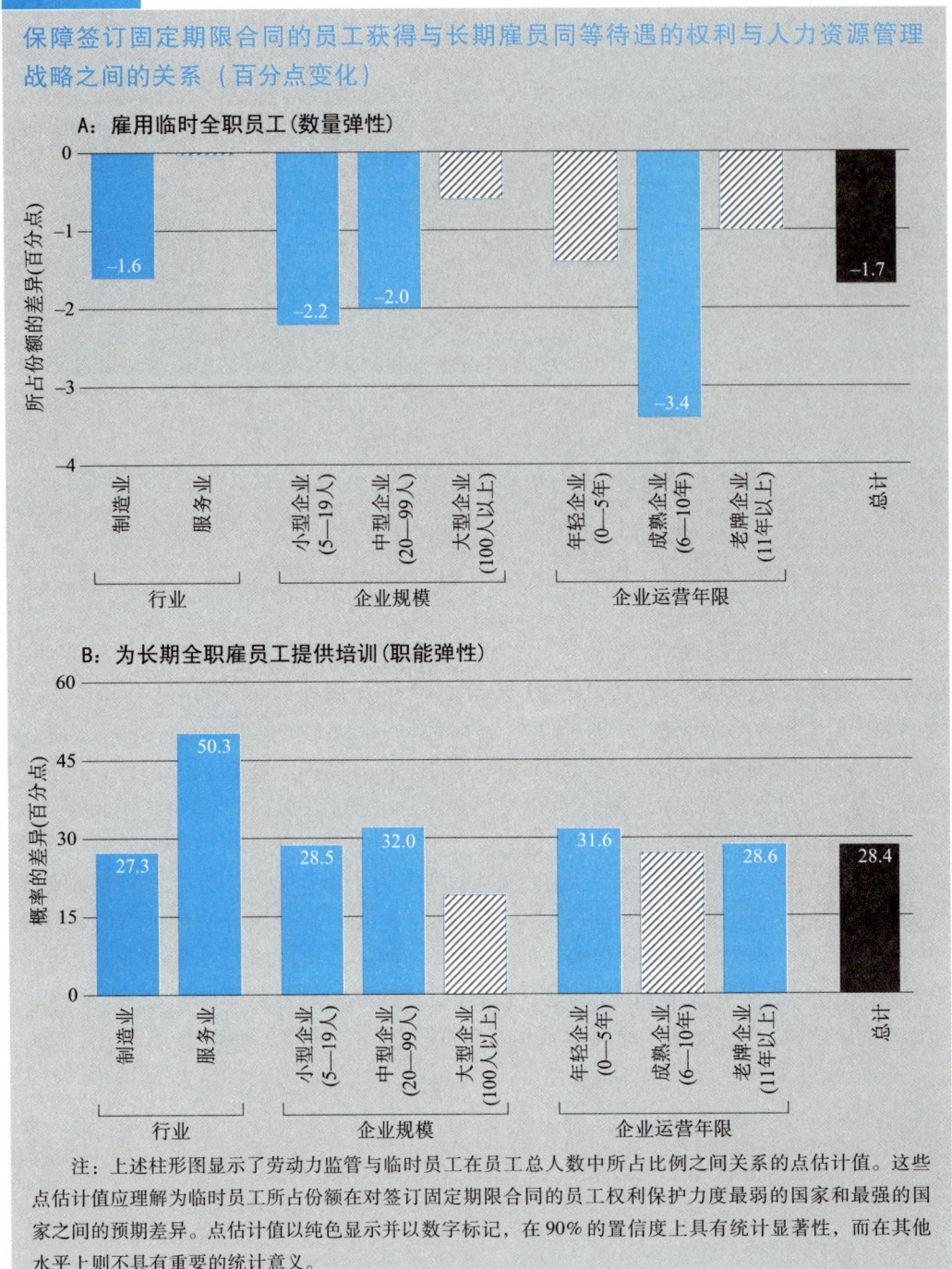

图 2.10

保障签订固定期限合同的员工获得与长期雇员同等待遇的权利与人力资源管理战略之间的关系（百分点变化）

注：上述柱形图显示了劳动力监管与临时员工在员工总人数中所占比例之间关系的点估计值。这些点估计值应理解为临时员工所占份额在对签订固定期限合同的员工权利保护力度最弱的国家和最强的国家之间的预期差异。点估计值以纯色显示并以数字标记，在90%的置信度上具有统计显著性，而在其他水平上则不具有重要的统计意义。

资料来源：国际劳工组织基于2016年8月的《世界银行企业调查》的估算。

总而言之，本节发现，企业通过大量聘用全职临时员工来实现数量弹性与低薪资和低劳动生产率相关，但与单位劳动力成本无关。另一方面，通过向长期全职雇员提供正规培训来实现职能弹性与高薪资、高劳动生产率和低单位劳动力成本有关。这些发现说明，采用积极慎重的方法进行人力资源管理，可在不牺牲工作质量的同时，对企业整体的竞争力产生正面影响。尽管通过最大限度地降低劳动力成本可以在短期内获得竞争力，但从长期而言，这些好处会产生十分负面的影响，比如生产率的负增长，进而导致企业陷入低工薪和低生产率的恶性循环之中。就这个方面来讲，我们的分析说明，劳动力监管可以鼓励企业进一步强调职能弹性，而非大量采用劳动力的数量弹性。特别是，确保签订固定期限合同的员工获得与长期雇员同等待遇，可能会削弱数量弹性对企业的相关性，以便企业能够减少对临时员工的聘用，并为长期雇员提供更多的培训。

同其他类型的监管一样，劳动力监管可能会被认为成本高且手续麻烦，从而限制企业的合规水平。但是，这些认识经常会因企业缺乏有关就业标准的信息而受到影响。事实上，各项研究表明，中小企业往往在获得劳动力监管信息、理解复杂且有时互相矛盾的要求，以及支付合规带来的财务成本方面面临挑战（Pires，2008）。

然而，即便一些企业认为劳动力监管是具有约束性的，但它们可能会认为监管是必要的，也会因为各种原因来遵守相关规定。比如，管理人员可能会很自然地倾向"做正确之事"，在这种情况下，他们在决策中会考虑道德和伦理问题。此外，他们还会考虑声誉问题。比如，在大品牌企业或跨国企业中，为了满足客户需求，这是很常见的做法。最后，在具有有效和/或创新型劳动机构（如劳动检查机构和行政机构，以及偶尔也会涉及的其他合作组织）的环境中，合规水平可能会提高。在这些情况下，企业不遵从规定的情况更有可能会被发现并且因此受到惩罚，或者会采取激励举措，以在合规与生产率之间取得平衡（更多信息请参见第二节）。①

事实上，各种实证研究都强调了劳动力市场监管作为政策制定者促进包容性发展、提高平等性的工具所具有的重要意义（ILO，2015b）。基于使用不同时序数据的研究所提供的新指标和数据集对劳动力监管的影响进行分析的文献也能为此提供新的证据（Deakin，2016；ILO，2015b；Ludlow and Blackham，2015）。这些不同时序的数据来自国际劳工组织的就业保护立法情况数据库和企业研究中心劳动力监管指数（用于本章的分析之中）等。比如，基于这些数据的研究表明，当侧重于集体谈判并倾向于提高工作者在企业和行业内的话语权的法律得到充分执行时，可能会减少不平等的情况，并且不会对就业产生负面影响（Deakin, Fenwick and Sarkar, 2013；Deakin, Malmberg and Sarkar, 2014；Deakin, 2016）。②

因此，劳动力监管和合规是必要且有益的，可以促进为获得体面工作所涉及的方方面面，比如工作的基本原则和权利、社交与就业保护，以及社会对话的加强（Dyring‒Christensen, Hegazy and van Zyl, 2016）。③ 这些方面与工作者福祉的提高和能力的增强有关，从长期来看，也与减贫有关（Kantor, Rani and Unni, 2006）。国际劳工组织建议，可以通过"有关劳资关系的有效法律和机构框架、强大的雇主与工作者组织，以及高效的劳动力管理"来维护结社自由等权利，并有效承认集体谈判的权利（ILO，2017，p.5）。出于这个目的，对劳动力市场进行监管——比如通过支持民主化和社会对话——可以推动包容性发展并促进平等（Kolben，2016）。④

---

① 若想全面了解该文献，请参见 Fenwick 等人（2007），Parker 和 Nielsen（2011）以及 Howe、Hardy 和 Adams（2015）。
② 该研究主要侧重于发达经济体、发展中和新兴经济体，包括巴西、中国、法国、德国、印度、日本、俄罗斯、南非、瑞典、英国和美国。
③ 总体而言，Deakin（2016）提议劳动力市场监管应具有五大功能：经济协调、风险分布、需求管理、民主化和赋权。但是，Marshall（2016）补充认为，劳动力监管还有助于纠正弱势问题，以及地区或国家的不自由问题（基于 Amartya Sen 的研究）。
④ 这恰好体现了就业保护立法和最低工资法。

第二节 资本结构、生产率与就业

财务资源管理是日常业务运营和新投资的生命线,同时也是很多企业苦苦挣扎的领域。对企业,尤其是发展中经济体的企业而言,持续获得资金是其面临的一大约束。数据显示,在发展中经济体,约1/4的企业发现获得资金是其主要约束。在新兴经济体,持该观点的企业高达到15%,而在发达经济体,该比例为11%。企业的这些认识反映了当前的营商环境,在这个环境中,很多企业希望使用外部资金,但却无法实现。本节主要探讨机构和监管环境在影响企业融资决策方面可能发挥的作用。

企业可能会选择多个内外部资源来为日常运营和长期投资提供资金。内部资源主要包括留存收益,有时还包括股东投入的资金,而外部来源则主要包括债务(贸易信贷与银行贷款)以及外部股权(专栏2.4)。图2.11研究了这些来源不同的资源如何按企业规模、企业运营年限和国别构成企业的资本结构。不同的资本结构反映了供应侧的资金获取渠道和需求侧的偏好。

就企业的资金选择而言,优序融资理论指出,融资决策中存在等级(如Myers and Majluf,1984;Petersen and Rajan,1994;Vanacker and Manigart,2010)。根据该理论,由于信息不对称所导致的市场缺陷让外部融资的成本远远高于内部融资。因此,企业会偏好成本低廉的留存收益,而不是更为昂贵的外部资金。[①] 图2.11中的模式也印证了这一点。从图中我们可以发现,内部资金/留存收益在营运资本和新资产的融资中所占比例最高,达到65%。对内部资金的依赖在小型企业、年轻企业以及发展中经济体的企业中尤其明显。

> **专栏2.4**
>
> **资金来源**
>
> 企业面临多种融资选择,其中包括内部或外部来源、不正规或正规来源。本专栏介绍一些最常见的来源,而其他来源可能包括非银行金融机构,比如小微金融组织和租赁公司,以及一些内部来源,比如放债人和亲友。
>
> 留存收益指的是企业留存的一部分收入,主要用来于企业追加投资或偿还债务。这是成本最低的一种资本融资。
>
> 贸易信贷指的是供应商给企业提供的信贷,这让企业能够先购买后付款。支付期限一般比较短,比如30天至60天,这取决于不同行业的惯例。如果企业在更短的时间内还款,通常可以享受一定的折扣。贸易信贷可采取客户预付款的形式。
>
> 银行贷款是一种期限固定的中长期融资形式,预先设定利率和还款的数量和时间。银行贷款要求企业提供抵押品来作为保证。抵押品一般是企业的资产,但对于初创企业,也可以接受所有者的个人资产。
>
> 股权融资通过向投资者销售企业股权或全部所有权来筹集资金。股权融资可以采取多种形式,其规模和范围各不相同。比如,大企业可以通过首次公开募股来筹集大量资金,而风险资本和天使投资则常常被初创企业所采用。

[①] 对小型企业而言,内部融资也备受青睐,因为这可以维持企业的独立性和所有权(Hamilton and Fox,1998)。

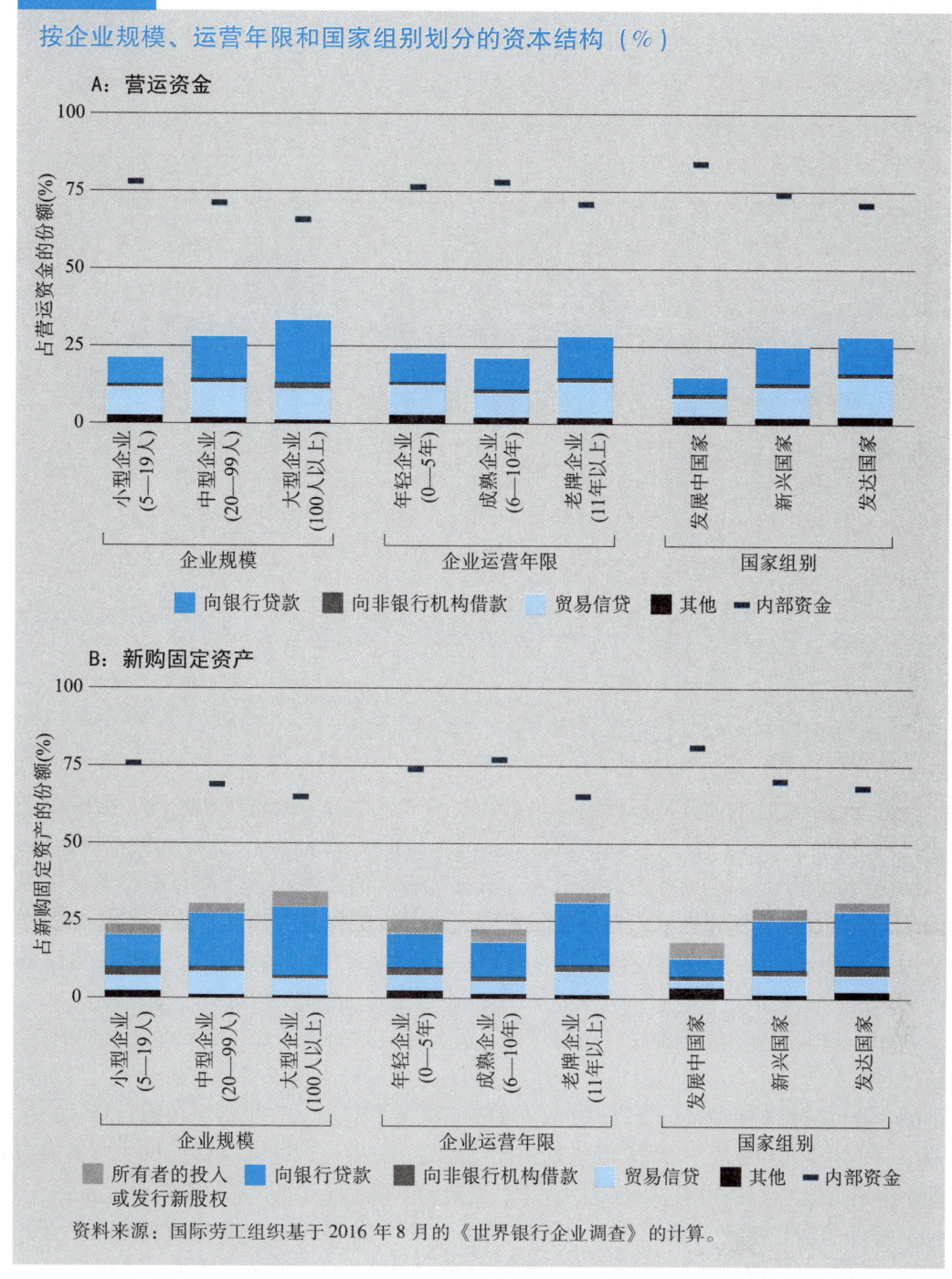

图 2.11 按企业规模、运营年限和国家组别划分的资本结构（%）

资料来源：国际劳工组织基于2016年8月的《世界银行企业调查》的计算。

当内部资金来源无法为运营与增长提供充足的资金时，企业必须进行外部融资。外部融资的形式一般包括贸易信贷、银行贷款和外部股权。图2.11显示，营运资金主要通过贸易信贷和银行贷款的方式获得。随着企业逐渐成长和成熟，银行贷款在日常业务融资中开始发挥越来越重要的作用。当企业需要利用外部资金来采购新资产时，银行贷款通常被证明是主要的资金来源，因为银行贷款最适合中长期的融资需求，而贸易信贷的期限则短得多。与营运资金的融资模式相似，大型企业、老牌企业和发达国家的企业能够更容易地获得银行贷款，以采购设备等新资产。

对很多企业，尤其是小型企业和年轻的初创企业而言，如果它们的确有机会获得银行贷款，那么缺乏经审计的财务报表、还款历史和可作为抵押品的业务资

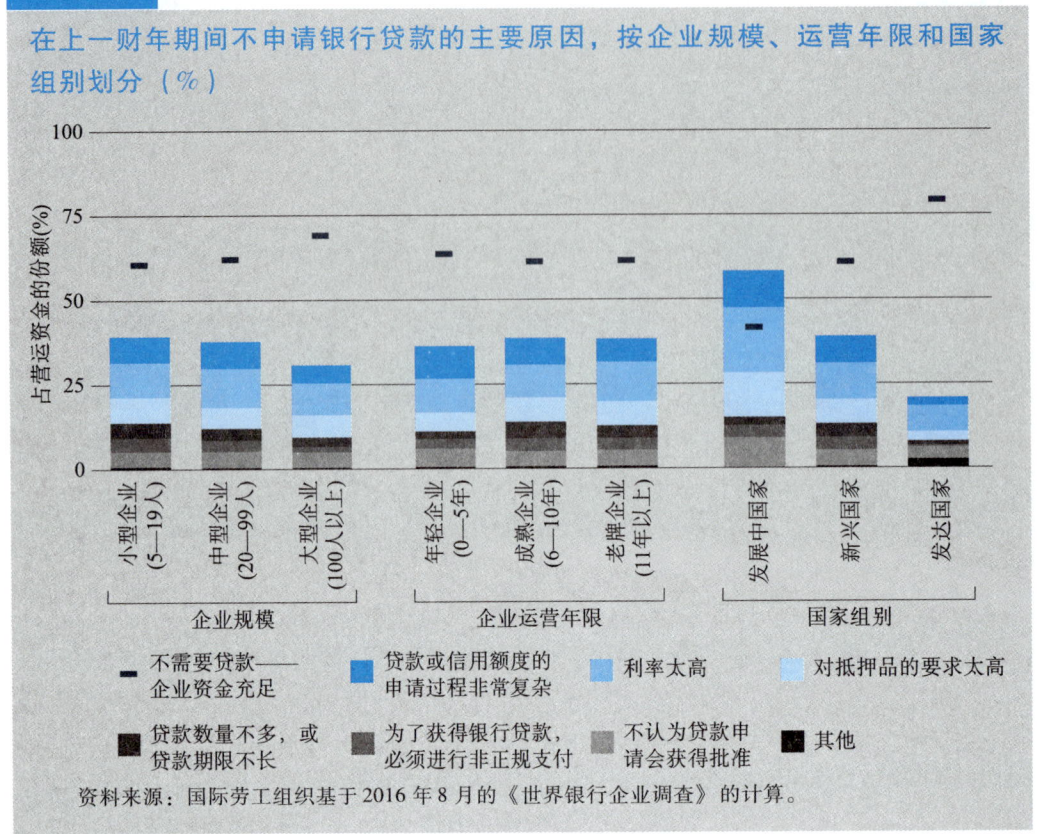

图 2.12

在上一财年期间不申请银行贷款的主要原因,按企业规模、运营年限和国家组别划分(%)

资料来源:国际劳工组织基于 2016 年 8 月的《世界银行企业调查》的计算。

产的情况会极大地限制其从正规银行获得有利的贷款期限。银行机构发现,给中小企业提供贷款是一件具有风险且成本高昂的事情。非正规管理实践,无法提供正规文档,不保存可以提供足够的财务报表的记录,所有这些事情在中小企业都并不罕见。正因如此,它们无法向潜在债权人提供高质量、高透明度的信息。由此一来,当向中小企业提供信贷时,银行一般都会提高利率,并基于中小企业所能提供的抵押品和信贷历史来决定是否借款,这会对年轻和小型企业带来负面影响(Harvie,2015)。

图 2.12 从企业角度研究了一个财年内有关银行贷款的选择和获取问题。平均而言,超过 60% 的企业不会申请银行贷款,因为它们有足够的资金来支持自己的业务发展。其他的企业也选择不申请银行贷款,尽管它们的确需要这笔钱。在那些申请银行贷款的企业中,小型企业和发展中国家的企业所占比例最高,分别达到近 40% 和近 60%。其他企业不申请贷款的主要原因包括较高的利率、复杂的申请程序和抵押品限制要求过高。

贸易信贷是银行贷款的一个可行的后备选项。供应商与企业具有密切的关系,比商业银行更了解企业的还款能力。及时还款之后,贸易信贷会提供比银行贷款更多的好处,比如能够在还款之前实施质量控制(Smith,1987),同时还可提高财务的灵活性。然而,如果企业无法在折扣期还款,贸易信贷会让企业在无法享受折扣的情况下付出比银行贷款更大的代价。

根据传统的优序融资理论,获取新的外部股权是融资决策中的最后一个手段,因为其信息不对称的成本远高于债务。对小型和未上市的企业而言,获取外部股权的成本尤其昂贵。比如,风险投资者要求的平均年度回报可能会高达 20% 至 50%(Sapienza,Manigart and Vermeir,1996)。然而,有证据表明,尽管获取外部股权的成本高昂,高增长企业仍广泛采用该手段来进行融资(Frank and Goyal,2003)。图 2.11 的 B 图也肯定了这一趋势。该图显示,相较于更为成熟的企业,(增速往往较高的)年轻企业通过该手段进行融资的频率更高,因为高增长企业的外债清偿能力受到更多的限制性约束(Lemmon and Zender, 2010),而这些约束取决于企业的杠杆水平及清偿债务的能力(Vanacker and Manigart, 2010)。这也可能是因为年轻企业没有像老牌企业那样拥有可以用于再投资的留存收益。与新兴和发达经济体的企业相比,发展中国家的企业会面向所有者和外部人士发行大量新股权的方式来为新资产融金。这可能是因为发展中经济体的银行系统不太发达,在提供借款方面会对企业产生更多的约束。

融资决策对企业绩效和就业情况具有不同的影响

到目前为止,本报告的分析显示,许多企业都偏好使用内部资金来源,这是因为外部融资成本太高,而不是因为"没有必要"。这种模式在发展中经济体的企业、中小企业和年轻企业中特别明显,并会对其绩效产生负面影响。

除了一些例外情况,对于企业的融资决策与其绩效之间的关系,目前还缺乏实验证据的支持(Ayyagari, Demirgüç-Kunt and Maksimovic, 2010; Levine and Warusawitharana, 2014)。因此,本节的这部分内容主要采取与第一节相似的结构来分析不同的融资决策如何与绩效的不同指标产生关系。特别是,本部分主要根据:(1)内部资金;(2)银行贷款;(3)供应商信贷在运营资金和新投资中所占的比例,与(1)实际工资;(2)劳动生产率;(3)名义单位劳动力成本之间的关系展开分析。

我们的研究成果主要分为三个方面。第一,营运资金中内部资金所占比例较高与低工资、低生产率和高单位劳动力成本相关。第二,营运资金中银行贷款所占比例较高与高工资、高生产率和低单位劳动力成本有关。第三,在新投资中,不存在银行贷款与工资之间的正相关关系。

图2.13显示,从企业绩效来看,相较于加大内部资金的使用力度,更多地采用银行贷款的方式来为营运筹集资金从整体来看是一个更好的融资选择。在营运资金中,内部资金所占比例每增加10个百分点,工资就会降低1.3%,劳动生产率则会降低2.7%。相比较而言,在营运资金中,银行贷款所占比例每增加10个百分点,工资就会提高2.2%,劳动生产率会提高5.9%,单位劳动力成本则会降低3.9%。增加新投资中银行贷款的比例与劳动生产率正相关,但与工资无关。这表明,尽管为新投资筹措资金不会对工资产生影响,但肯定会对劳动生产率产生正面影响。因此,鉴于在营运资金中银行贷款和工资存在正相关关系,帮助企业通过银行贷款的方式为营运融资的战略会确保企业获得政策制定者更多的关注。

监管/机构环境与获取银行贷款之间的关系

在诸多政策考量中,旨在保护债权人权利的监管环境可能会促进企业更多地通过银行贷款的方式来融资(Maresch, Ferrando and Moro, 2015)。这是因为,加大对债权人权利的保护有望通过增强银行提供信贷的意愿来改善借贷关系(La Porta et al., 1997; Qian and Strahan, 2007)。然而,有人认为,在对促进企业更多使用银行贷款方面发挥重要作用的不仅是整体的保护力度,还有保护的类型。事实上,保护债权人权利的做法不仅可以对金融市场的发展产生正面效应,还会带来反面效应(Deakin, Mollica and Sarkar, 2017)。当前分析所采用的实验证据表明,在破产程序中对债权人的保护力度(即在债务人发生违约时对债权人的保护)与企业通过更好的渠道获取银行信贷相关,而保护力度的大小则取决于企业所属的行业、企业规模和运营年限。

在那些当债务人违约时对债权人提供强大保护的国家,银行贷款在企业营运资金中所占的比例往往会比对债权人权利保护力度较弱的国家的企业高出4.8个百分

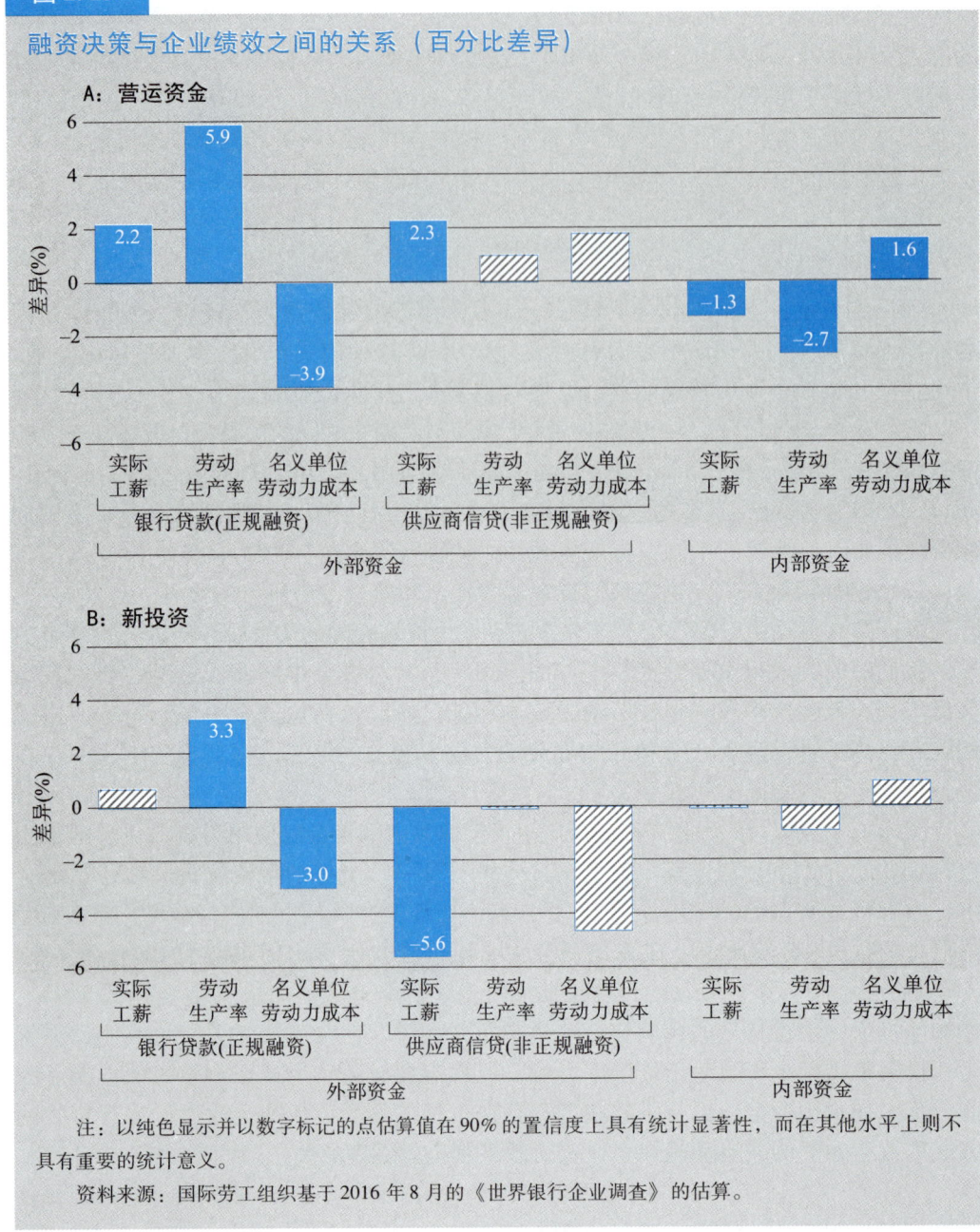

图 2.13 融资决策与企业绩效之间的关系（百分比差异）

注：以纯色显示并以数字标记的点估算值在90%的置信度上具有统计显著性，而在其他水平上则不具有重要的统计意义。

资料来源：国际劳工组织基于2016年8月的《世界银行企业调查》的估算。

点。进一步研究可以发现，在较小的企业中，这种正相关关系更为重要，但在年轻企业中则不重要（图2.14）。这表明，用于保护债权人权利的举措可能无法改善年轻企业获得银行贷款的渠道。如果旨在创造更为包容的营商环境的政策措施将这些差异纳入考量，那么这些政策措施可能会因此受益。

除了对债权人权利的保护力度之外，信贷信息的可靠性和可获得性也是重要的、可以影响金融市场发展的制度因素（参见，如 Safavian and Sharma, 2007）。提高信息透明度将会增强债权人对企业的信心，从而改善借贷关系。根据当前分析的实验证据，反映一国整体信息透明度的话语权和问责制[1]与获取银行信贷正相关（图

---

[1] 构建这个指数的基本数据来源包括 Institutional Profiles Database（IPD）中的数据。该数据库涵盖了有关自由获取信息的数据，以及有关基本的经济和金融统计数据的可靠性数据等。

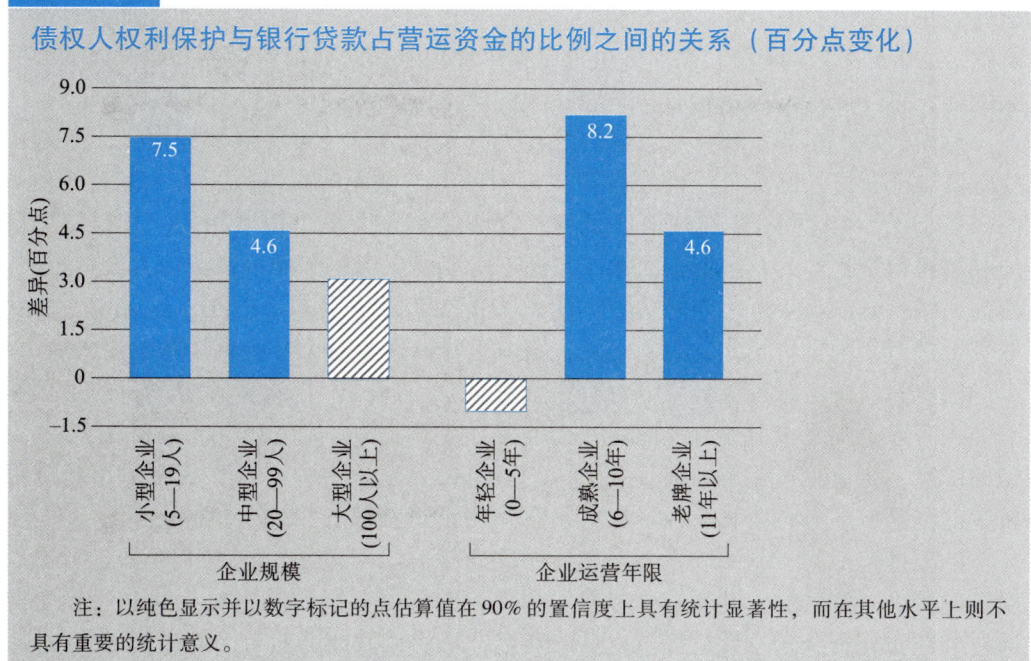

图 2.14

债权人权利保护与银行贷款占营运资金的比例之间的关系（百分点变化）

注：以纯色显示并以数字标记的点估算值在 90% 的置信度上具有统计显著性，而在其他水平上则不具有重要的统计意义。

资料来源：国际劳工组织基于 2016 年 8 月的《世界银行企业调查》的估算。

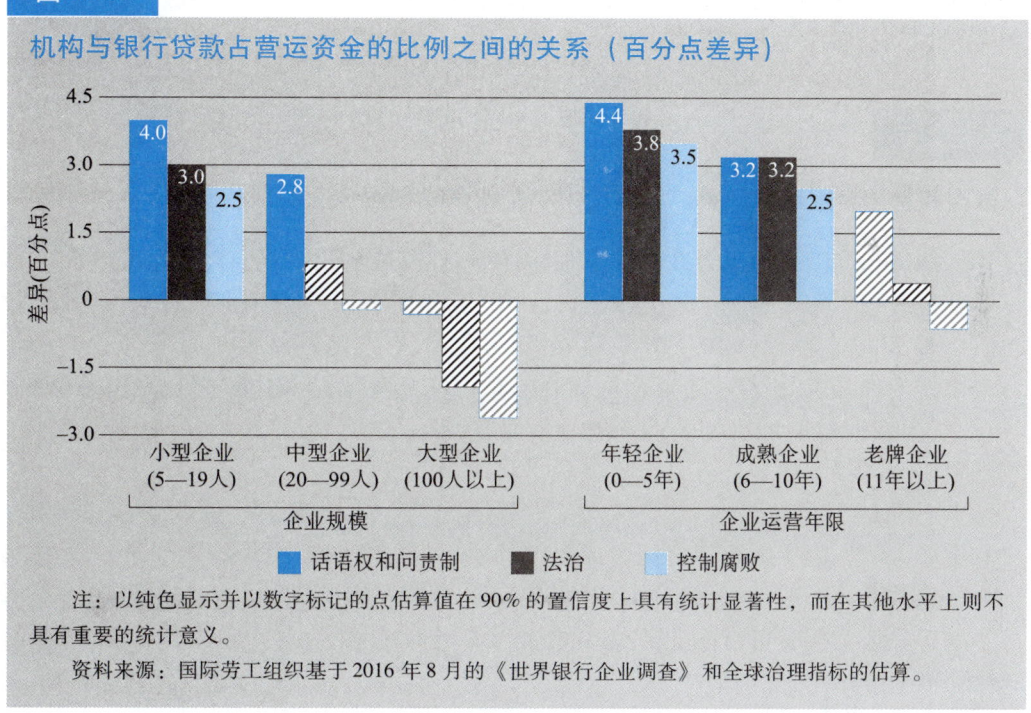

图 2.15

机构与银行贷款占营运资金的比例之间的关系（百分点差异）

注：以纯色显示并以数字标记的点估算值在 90% 的置信度上具有统计显著性，而在其他水平上则不具有重要的统计意义。

资料来源：国际劳工组织基于 2016 年 8 月的《世界银行企业调查》和全球治理指标的估算。

2.15）。这种正相关关系只对中小企业和年轻企业具有重要意义，并且对小型和年轻企业的影响范围十分广泛。因此，获取银行贷款所要求的深度信贷信息应被纳入政策制定者的考虑范围之内，以帮助中小企业和年轻企业实现增长。

其他治理领域也能在降低交易成本方面发挥作用，从而减少金融市场的缺陷。与话语权和问责制的结果相似，得分较高的其他治理领域都与中小企业和年轻企业

第二章　劳动力弹性、资本结构和企业绩效

较易获得银行贷款有关。这个实验证据清晰地表明，提高治理水平应该成为旨在打造更公平、更包容的金融市场的政策举措的重中之重。对不同规模的企业而言，银行贷款是最常见的融资来源，然而中小企业和年轻企业在获取银行资金方面所面临的巨大困难表明，通过提高治理水平来增强金融市场的包容性应该成为关键的政策重点。

总而言之，本节发现，从企业的融资决策来看，与内部资金融资相比，通过正规融资渠道获得外部资金（即银行贷款）的做法与企业的高绩效相关。更多地利用内部资金作为营运资金与低工资、低生产率和高单位劳动力成本相关。相反，更多地利用银行贷款作为营运资金的做法与高工资、高生产率和低单位劳动力成本相关。然而，银行贷款与工资之间的这种正相关关系在新投资中却不存在。这说明，与获取资金进行新的投资相比，为营运资金获取充足的资金对工资的直接影响更大。

因此，政策考量可能会因将营运资金对企业层面的工作质量和生产率的直接影响纳入考虑范围之中而受益。值得一提的是，本章提到，在债权人权利保护力度更强的国家，企业更可能采用银行贷款作为自身的营运资金。此外，在金融市场缺陷较少的国家，中小企业和年轻企业更愿意利用银行贷款作为自身的营运资金；金融环境的改善包括问责制的改善、信息透明度的提高、对依法治国更大的敬畏，以及腐败的减少。这表明，制度的改善将发挥重要的作用，以鼓励中小企业和年轻企业通过外部正规资金来为营运提供充足的资金，从而让其能够对自己的员工进行投资。

在让企业获得更多的包括股权资本在内的资金来促进增长方面，事实证明一些创新实践十分有效。企业需要这些资金来促进自身增长、投资固定资产以及满足对债务融资的日益增长的需求。这类金融工具可以为弱势群体量身定制，这些弱势群体普遍都无法获得金融服务，原因是他们缺乏信贷历史或足够的股权。这类金融工具还可以支持解决范围更广的社会与生态问题（专栏2.5）。

专栏2.5

德国和韩国分别出台政策，以方便中小企业和初创企业获得股权资本

德国和韩国分别出台政策来方便中小企业获得股权。

- 举例来说，德国于2013年推出了一个小型的夹层基金（启动资金为3500万欧元），旨在通过增加小型企业和初创企业的融资机会来提高社会包容性。该金融工具的重点对象是"弱势群体"，比如女性、移民和失业人员。由于缺乏信贷历史或足够的股权，这些群体一般都无法享受金融服务。该金融工具还为拥有可行的业务模式的社会或生态企业提供支持。2015年，该基金增资到8330万欧元（5000万来自欧洲社会基金、3330万来自德国的欧洲复兴计划特别基金）。该基金培育所谓的"隐名合伙"投资，这让企业能够扩大资本基数（从而提高它们的信用评级），但不需要提供抵押品，或放弃投票或管理权。根据影响评估，该金融工具将一直存续至2020年。截至2015年12月，共有15家对本地情况适度了解且具有本地网络的地区投资企业参与了这个基金，为1781家企业提供了支持（其中2%是社会企业），这些企业创造了7775个就业机会。[1]

- 韩国也推出了诸多政策，旨在促进风险资本流向中小企业[2]，以帮助小型企业和潜在的企业家获得资金。该国的风险资本市场起步于1998年，以响应业务调整战略，来支持知识型行业的初创企业。2002—2006年，该国风险资本市场遭遇寒冬而出现萎缩，但自2006年以来，尽管期间爆发了全球经济与金融危机，但该市场却一直在稳步反弹（Jones，2015）。自2013年以来，该战略一直是政府"创造经济"计划[3]的一部分。此外，该战略的成功离不开快速增长的年轻和小型

专栏 2.5（续）

企业所发挥的作用。该政策的设计与韩国在研发（2012 年，研发支出占 GDP 的比例达到 4.4%，在经合组织成员国中排名第一）和专利（2011 年，韩国专利申报数为全球申报总数的 5.7%，高于 2003 年的 2.3%）方面的实力直接相关。虽然尚未对该政策的有效性进行分析，但是该政策包括了旨在促进目标达成的各种因素。该政策根据企业的运营年限推出了各种措施，比如：针对初创企业（0—3 年），措施包括促进所谓的"天使投资"（以减税为激励举措）和众筹（通过线上平台来促进更多小规模投资者的参与）。针对处于"发展期"的企业（4—9 年），促进并购是主要的举措；比如，为买家减少企业税，为风险投资企业简化并购流程。对于成熟企业（10—15 年），采取措施的重点是（通过对再投资资源征收不同程度的资本利得税）促进再投资。[4]

[1] 欧盟委员会和欧洲投资银行（2016）。[2] General Survey Concerning Employment Instruments（2010）。[3] 该计划旨在实现三个主要目标：通过创造和创新提供新的就业机会、创造新的市场；通过发展创造性经济来增强国家领导人的能力；组建一个尊重并突出创造力的协会。[4] 这些措施的目的是让初创企业从贷款转向投资型融资，突出了在企业成立的前三年内，企业与其融资来源共担风险的重要性。

第三节 小 结

本章强调，人力和财务资源管理是企业提高竞争力和提供体面工作最重要的两个驱动因素。本章还分析了监管和制度环境，在这些环境中，某些管理实践更为常见。通过在生产率和工资层面将劳动力弹性和融资决策方面的各种管理实践与企业绩效进行比较，本章发现，"人才投资"是一些企业的关键特征，这些企业普遍具有较高的生产率、较高的工资水平，以及较强的以单位劳动力成本衡量的整体竞争力。

本章的研究结果对政策考量有几个重要的启示。首先，本章提供了一个实验证据，从工资、生产率和单位劳动力成本层面的企业绩效来看，在平衡数量和职能弹性时，进一步强调内部职能弹性和以培训形式对工作者进行投资比进一步强调外部数量弹性更受到青睐。因此，政策和制度应该激励企业选择积极谨慎的方法来管理人力资源。越来越多的企业认识到，在很多情况下，采用外部数量弹性是企业的自主选择，而不是出于需要所不得不做出的选择（Ton，2014）。所以，要鼓励政策制定者反思政策和法规创造外部环境的方式，在这个外部环境中，内部职能弹性的相关性可以得到强化。第一节所建议的一个方式是确保固定期限员工获得与长期雇员平等待遇的权利。若要识别其他与企业针对数量和职能弹性所做的选择密切相关的监管和制度领域，还需要展开进一步的研究。

就企业的融资决策而言，本章强调为营运资金展开外部正规融资可以确保企业得到政策制定者更密切的关注。通过正规融资渠道为营运资金提供充足的资金，可以产生非常正面的影响，这不仅仅有利于提高工作者的工资，还可以提高劳动生产率和降低单位劳动力成本。从获取银行贷款所需的成本和本次调查的结果来看，减少金融市场的缺陷理应成为提高企业竞争力和工作质量的一项政策重点；本次调查的结果显示，许多企业因为获取银行贷款所需要的高成本而选择放弃申请银行贷款。本章还发现，除了保护债权人的权利之外，包括话语权和问责制、法治和控制腐败在内的各种制度领域都与中小企业、年轻企业和发展中经济体的企业中银行贷款占营运资金的比例呈正相关关系。

附录2.1 在企业层面，人力和财务管理实践与企业绩效之间的关系

第二章基于《世界银行企业调查》对企业人力和财务管理实践与企业绩效之间的关系进行了实证分析。该分析覆盖了2006年至2015年间132个国家的10多万家企业。该分析视不同的规范要求，涉及2200—33000家企业。

回归分析采用了普通最小二乘法模型，其形式为：

$$PERFORM_{it} = \beta_0 + \beta_1 SHTEMP_{it} + \beta_2 TRAINING_{it} + \beta_3 FNCE_{it} + \beta_4 FIRMCHARA_{it} + \beta_5 FIRMBEHAV_{it} + \mu_s + \lambda_{ct} + \nu_{it}$$

其中，$PERFORM_{it}$代表一套有关企业绩效的指标，即企业i在第t年的实际工资、劳动生产率和名义单位劳动力成本的对数。

等式的右边列出了五种类型的解释变量。$SHTEMP_{it}$代表全职临时员工占全职员工总人数的百分比。$TRAINING_{it}$是二分变量，价值1代表为长期雇员提供的正规培训方案，而0则代表其他员工。$FNCE_{it}$代表的是一套变量，表明内部资金、银行贷款、供应商信贷和非银行信贷占营运资金和所购新固定资产（即新投资）的百分比。为了避免多重共线性，我们对内部资金和其他三种外部资金分别进行了回归分析。$FIRMCHARA_{it}$代表有关企业特征的一系列变量，即全职员工总人数的对数、企业运营年限的对数，以及代表企业所有权类型的一个分类变量，其中1代表国内所有、2代表国外所有、3代表国家所有、4代表其他。$FIRMBEHAV_{it}$代表企业行为的一套变量，比如代表出口强度的一个分类变量，其中数值1代表非出口商（海外销售额的占比为零）、2代表低强度出口商（海外销售额的占比低于20%）、3代表中等强度出口商（海外销售额的占比为20%—60%），4代表高强度出口商（海外销售额的占比超过60%）；还有代表进口强度的一个分类变量，其中数值1代表非进口商（在海外投入中的占比为零）、2代表低强度进口商（在海外投入中的占比低于20%）、3代表中等强度的进口商（在海外投入中的占比为20%—60%）、4代表高强度进口商（在海外投入中的占比超过60%）；以及代表使用海外许可的技术的二分变量，其中数值1代表使用这类技术，数值0代表使用其他技术。最后，μ_s代表行业固定效应，λ_{ct}代表调查固定效应，而ν_{it}是误差项。带有下标i的变量指代企业，带有下标t的指代年份，带有下标s的指代行业，而带有下标c的则指代国家。

附录 2.2 法规和体制与企业人力和财务资源管理实践之间的关系

第二章从宏观和微观层面分别对企业的法规/制度和人力/财务管理实践进行了一系列实证分析。分析采用了一个独特的数据集,其中包含世界银行企业调查、企业研究中心劳动力监管指数和债权人保护指数,以及全球治理指标。包括世界银行企业调查、企业研究中心劳动力监管指数在内的数据集涵盖了 2006 年至 2014 年间来自 78 个国家的 82000 多家企业。包括世界银行企业调查和企业研究中心债权人保护指数的数据集涵盖了 2006 年至 2013 年间来自 14 个国家的 23000 多家企业。包括世界银行企业调查和全球治理指标的数据集涵盖了 2006 年至 2014 年间来自 127 个国家的 112000 多家企业。

研究劳动力监管与雇用全职临时员工之间的关系的回归分析采用了普通最小二乘法模型,其形式为:

$$SHTEMP_{it} = \beta_0 + \beta_1 LRI_{ct} + \beta_2 WGI_{ct} + \beta_3 FIRMCHARA_{it} + \beta_4 FIRMBEHAV_{it} + \beta_5 MACRO_{ct} + \mu_s + \lambda_t + \nu_{it}$$

其中 $SHTEMP_{it}$ 代表在第 t 年企业 i 内部的全职临时员工占全职员工总人数的比例。

研究劳动力监管与向长期全职雇员提供正规培训(二分变量)之间的关系的回归分析采用了 probit 模型,其形式为:

$$Pr(P_{it}=1) = \varphi(\beta_0 + \beta_1 LRI_{ct} + \beta_2 WGI_{ct} + \beta_3 FIRMCHARA_{it} + \beta_4 FIRMBEHAV_{it} + \beta_5 MACRO_{ct} + \mu_s + \lambda_t + \nu_{it})$$

其中,$Pr(P_{it}=1)$ 代表在企业 i 在 t 年向长期雇员提供正规培训的可能性。

等式的右边列出了五种类型的解释变量。LRI_{ct} 代表对固定期限员工的保护力度的三个指标[1],以及针对解雇情况的劳动力监管力度的九个指标[2],其中数值 1 代表保护力度最强,而数值 0 则代表保护力度最弱。这些指标来自企业研究中心劳动力监管指数数据库。WGI_{ct} 代表来自全球治理指标的 6 个指标的平均值,涵盖"话语权和问责制"、"政治稳定,没有暴力/恐怖主义"、"政府效能"、"监管质量"、"法治"和"控制腐败"等领域。$FIRMCHARA_{it}$ 代表企业特征的 6 个变量,即全职员工总人数的对数、企业运营年限的对数,以及代表企业所有权类型的一个分类变量,其中数值 1 代表国内所有、2 代表国外所有、3 代表国家所有、4 代表其他。$FIRMBEHAV_{it}$ 代表有关企业行为的一套变量,即表示进出口强度的两个分类变量、表示使用国外许可技术的一个二分变量、表示企业获得融资的一个分类变量和表示企业所有权的一个分类变量。$MACRO_{ct}$ 代表有关宏观经济的一套变量,即人均实际 GDP 的对数、青年占总劳动力的比例、女性占总劳动力的比例、通胀率以及城市人口占总人口的比例。最后,μ_s 表示行业固定效应,λ_t 表示年限固定效应,而 ν_{it} 则表示误差

---

[1] 来自企业研究中心劳动力监管指数(CBR-LRI)的三个变量分别是:"LRI-4:固定期限合同只能用于有限服务期限的工作"、"LRI-5:固定期限工作者有权获得与长期雇员同等的待遇"、"LRI-6:固定期限合同的最长期限"。参见 Adams 等人(2017)有关每个变量的描述及获取变量的方法。

[2] 来自企业研究中心劳动力监管指数的九个变量分别是:"LRI-16:法律强制规定的通知时间"、"LRI-17:法律强制规定的遣散费"、"LRI-18:在一般的不当解雇情况中,最低的合格服务年限"、"LRI-19:法律规定的针对解雇的程序限制"、"LRI-20:法律规定的针对解雇的实体限制"、"LRI-21:针对不当解雇的一般解救方法,即恢复原职"、"LRI-22:解雇通知"、"LRI-23:冗余人员挑选"、"LRI-24:再次雇用的优先顺序"。参见 Adams 等人(2017 年)有关每个变量的描述及获取变量的方法。

项。带有下标 i 的变量指代企业，带有下标 t 的指代年份，带有下标 s 的指代行业，而带有下标 c 的则指代国家。

研究保护债权人权利与企业融资决策之间的关系的回归分析采用了普通最小二乘法模型，其形式为：

$$FNCE_{it} = \beta_0 + \beta_1 CPI_{ct} + \beta_2 FIRMCHARA_{it} + \beta_3 FIRMBEHAV_{it} + \beta_4 MACRO_{ct} + \mu_s + \lambda_t + \nu_{it}$$

研究治理与企业融资决策之间关系的回归分析也采用了普通最小二乘法模型，其形式为：

$$FNCE_{it} = \beta_0 + \beta_1 WGI_{ct} + \beta_2 FIRMCHARA_{it} + \beta_3 FIRMBEHAV_{it} + \beta_4 MACRO_{ct} + \mu_s + \lambda_t + \nu_{it}$$

$FNCE_{it}$ 代表在 t 年企业 i 的内部资金、银行贷款、供应商信贷与非银行贷款占营运资金或新购固定资产的比例。

在等式的右边，CPI_{ct} 表示从启动企业破产程序的角度来看的一个有关债权人权利的二分变量，其中数值 1 代表保护力度最强的国家，数值 0 代表了其他国家。① 该变量来自企业研究中心债权人保护指数数据库。WGI_{ct} 代表来自全球治理指标的 6 个指标，涵盖"话语权和问责制"、"政治稳定，没有暴力/恐怖主义"、"政府有效性"、"监管质量"、"法治"和"控制腐败"等领域。$FIRMCHARA_{it}$ 指代有关企业特征的 6 个变量，即全职员工总人数、企业运营年限、实际工资和劳动生产率的对数，以及代表企业所有权类型的一个分类变量。$FIRMBEHAV_{it}$ 代表有关企业行为的一套变量，即表示进出口强度的两个分类变量、表示使用国外许可技术的一个二分变量、表示全职临时员工占全职员工总人数的比例、表示企业为长期雇员提供正规培训的一个二分变量，以及表示企业获得融资的一个分类变量。$MACRO_{ct}$ 代表有关宏观经济的一套变量，即 GDP 的增速、通胀率，以及私营行业获取的国内信贷占 GDP 的比重。最后，μ_s 表示行业固定效应，λ_t 表示年限固定效应，而 ν_{it} 则表示误差项。带有下标 i 的变量指代企业，带有下标 t 的指代年份，带有下标 s 的指代行业，而带有下标 c 的则指代国家。

---

① 该二分变量基于"LRI-7：进入企业破产程序"得出。参见 Armour（2016），以了解劳动力监管指数第七条的详细描述。

参考文献

Adams, Z.; Bastani, P.; Bishop, L.; Deakin, S.F. 2017. *The CBR-LRI dataset: Methods, properties and potential of leximetric coding of labour laws*. Available at: https://doi.org/10.17863/CAM.8220 [9 Aug. 2017].

Aleksynska, M.; Eberlein, F. 2016. *Coverage of employment protection legislation (EPL)*, ILO Working Paper. Available at: http://econpapers.repec.org/paper/iloilowps/994930292902676.htm [9 Aug. 2017].

—; Muller, A. 2015. *Nothing more permanent than temporary? Understanding fixed-term contracts*, INWORK and GOVERNANCE Policy Brief No. 6 (Geneva, ILO).

Anner, M.; Caraway, T. 2010. "International institutions and workers' rights: Between labor standards and market flexibility", in *Studies in Comparative International Development*, Vol. 45, No. 2, pp. 151–169.

Armour, J. 2016. *CBR extended creditor protection index 1990-2013*. Available at: https://www.repository.cam.ac.uk/bitstream/handle/1810/256566/cbr-cpi-30-countries-codebook-and-methodology.pdf?sequence=17&isAllowed=y [24 Aug. 2017].

Atkinson, J. 1984. "Manpower strategies for flexible organizations", in *Personnel Management*, August, pp. 28–31.

Ayyagari, M.; Demirgüç-Kunt, A.; Maksimovic, V. 2010. "Formal versus informal finance: Evidence from China", in *The Review of Financial Studies*, Vol. 23, No. 8, pp. 3048–3097.

Bacon, N.; Blyton, P. 2001. "High involvement work systems and job security in the international iron and steel industry", in *Canadian Journal of Administrative Sciences*, Vol. 18, No. 1, pp. 5–16.

Bernal-Verdugo, L.E.; Furcerci, D.; Guillaume, D.M. 2012. *Labor market flexibility and unemployment: New empirical evidence of static and dynamic effects*. Available at: https://www.imf.org/en/Publications/WP/Issues/2016/12/31/Labor-Market-Flexibility-and-Unemployment-New-Empirical-Evidence-of-Static-and-Dynamic-25753 [24 Aug. 2017].

Betcherman, G. 2014. *Labor market regulations: What do we know about their impacts in developing countries?*. Available at: https://doi.org/10.1596/1813-9450-6819 [9 Aug. 2017].

Boyer, R. 1987. Labour flexibilities: "Many forms, uncertain effects", in *Labour and Society*, Vol. 12, No. 1, pp. 107–129.

Campuzano, J.A. 2017. "La reforma laboral y el Outsourcing", in *Revista Del Instituto de La Judicatura Federal*, Vol. 1, No. 39, pp. 25-38. Available at: https://revistas-colaboracion.juridicas.unam.mx/index.php/judicatura/article/view/31532 [9 Aug. 2017].

Chassin, Y. 2013. "The advantages of a flexible labour market", in *IEDM*, 7 November. Available at: https://www.iedm.org/46338-the-advantages-of-a-flexible-labour-market [24 Aug. 2017].

Deakin, S. 2016. "Labour law and development in the long run", in S. Marshall and C. Fenwick (eds): *Labour regulation and development* (Cheltenham and Geneva, Edward Elgar and ILO), pp. 33–59.

—; Fenwick, C.; Sarkar, P. 2013. *Labour law and inclusive development: The economic effects of industrial relations laws in middle-income countries*, SSRN Scholarly Paper No. ID 2394691 (Rochester, NY, Social Science Research Network).

—; Malmberg, J.; Sarkar, P. 2014. "How do labour laws affect unemployment and the labour share of national income? The experience of six OECD countries, 1970–2010", in *International Labour Review*, Vol. 153, No. 1, pp. 1–27. doi:10.1111/j.1564-913X.2014.00195.x.

—; Mollica, V.; Sarkar, P. 2017. "Variety of creditor protection: Insolvency law reform and credit expansion in development market economies", in *Socio-Economic Review*, Vol. 15, No. 2, pp. 359–384.

Dyring-Christensen, J.; Hegazy, F.; van Zyl, J. 2016. *The cost of red tape: An assessment of administrative barriers and regulatory costs for SMEs in South Africa* (Geneva, ILO).

European Commission (EC). 2005. *Flexibility and competitiveness: Labour market flexibility, innovation and organisational performance*, EU Research on Social Sciences and Humanities, Final Report, EUR 21950 (Brussels).

—; European Investment Bank. 2016. *Mikromezzaninfonds, Germany, Case Study*. Available at: https://www.fi-compass.eu/sites/default/files/publications/case-study_ESF03d_germany.pdf [15 Feb. 2017].

Fenwick, C.; Howe, J.; Marshall, S.; Landau, I. 2007. *Labour and labour-related laws in micro and small enterprises: Innovative regulatory approaches*, ILO Working Paper No. 994038143402676 (Geneva, ILO).

—; Van Goethem, V. Forthcoming. "Labour market regulation and the imperative to stimulate job-rich growth", in C. Fenwick and V. Van Goethem (eds): *Regulating for equitable and job-rich growth* (Edward Elgar and ILO). See: http://www.e-elgar.com/shop/regulating-for-equitable-and-job-rich-growth [26 July 2017].

Frank, M.Z.; Goyal, V.K. 2003. "Testing the pecking order theory of capital structure", in *Journal of Financial Economics*, Vol. 67, No. 2, pp. 217–248.

Glyn, A.; Baker, D.; Howell, D.; Schmitt, J. 2003. *Labor market institutions and unemployment: A critical assessment of the cross-country evidence*, Economics Series Working Paper No. 168 (University of Oxford, Department of Economics). Available at: http://econpapers.repec.org/paper/oxfwpaper/168.htm [24 Aug. 2017].

Gregg, P.; Gardiner, L. 2015. *A steady job? The UK's record on labour market security and stability since the millennium* (United Kingdom, Resolution Foundation). Available at: http://www.resolutionfoundation.org/publications/a-steady-job-the-uks-record-on-labour-market-security-and-stability-since-the-millennium/ [24 Aug. 2017].

Grimshaw, D.; Rubery, J. 2015. *The motherhood pay gap: A review of the issues, theory and international evidence*, Working paper. Available at: http://www.ilo.org/global/publications/working-papers/WCMS_348041/lang--en/index.htm [24 Aug. 2017].

Hamilton, R.T.; Fox, M. 1998. "The financial preferences of small firm owners", in *International Journal of Entrepreneurial Behaviour and Research*, Vol. 4, No. 3, pp. 239–248.

Harvie, C. 2015. *SMEs, trade and development in South-East Asia*, ITC Working Paper Series, WP-01-2015. Available at: http://www.intracen.org/uploadedFiles/intracenorg/Content/Redesign/Projects/SME_Competitiveness/WP-01-2015.E,%20Harvie(4).PDF [9 Aug. 2017].

Heckman, J.J.; Pagés, C. 2004. *Law and employment: lessons from Latin America and the Caribbean* (Chicago, IL, University of Chicago Press).

Hermann, C. 2014. "Structural adjustment and neoliberal convergence in labour markets and welfare: The impact of the crisis and austerity measures on European economic and social models", in *Competition & Change*, Vol. 18, No. 2, pp. 111–130.

Howe, J.; Hardy, T.; Adams, F. 2015. *Literature review for a comparative study on national strategies to promote and assess workplace compliance*, ILO Working Paper (Geneva, ILO).

Ingason, A.I. 2013. "Labour flexibility and its effects on labour productivity growth", Master thesis. Available at: https://repository.tudelft.nl/islandora/object/uuid:b9e90185-f688-4915-95de-040a4c6f265e?collection=education# [24 Aug. 2017].

International Labour Office (ILO). 2007. *The promotion of sustainable enterprises*, Report VI, International Labour Conference, 96th Session, Geneva, 2007 (Geneva).

—. 2009. *Combining flexibility and security for decent work*, Governing Body, 306th Session (No. GB.306/ESP/3/1) (Geneva).

—. 2010. *General Survey concerning employment instruments in light of the 2008 Declaration on Social Justice for a Fair Globalization*, Report III (Part 1B), International Labour Conference, 99th Session, Geneva, 2010 (Geneva).

—. 2015a. *Small and medium-sized enterprises and decent and productive employment creation*, Report IV, International Labour Conference, 104th Session, Geneva, 2015 (Geneva).

—. 2015b. *World Employment and Social Outlook 2015: The changing nature of jobs*. Available at: http://www.ilo.org/global/research/global-reports/weso/2015-changing-nature-of-jobs/WCMS_368626/lang--en/index.htm [9 Aug. 2017].

—. 2016a. "A challenging future for the employment relationship: Time for affirmation or alternatives", Briefing note. Available at: http://www.ilo.org/global/topics/future-of-work/WCMS_534115/lang--en/index.htm [9 Aug. 2017].

—. 2016b. *Non-standard employment around the world: Understanding challenges, shaping prospects* (Geneva).

—. 2017. *Fundamental principles and rights at work: From challenges to opportunities,* Report VI, International Labour Conference, 106th Session, Geneva, 2017 (Geneva).

—; IILS. 2012. *EuroZone job crisis: Trends and policy responses.* Available at: http://www.ilo.org/global/research/publications/WCMS_184965/lang--en/index.htm [9 Aug. 2017].

Jones, R. 2015. "Spurring the development of venture capital in Korea", in *Korea's Economy*, Vol. 30, pp. 55–64.

Kalleberg, A.L. 2001. "Organizing flexibility: The flexible firm in a new century", in *British Journal of Industrial Relations*, Vol. 39, No. 4, pp. 479–504.

Kantor, P.; Rani, U.; Unni, J. 2006. "Decent work deficits in informal economy: Case of Surat", in *Economic and Political Weekly*, Vol. 41, No. 21, pp. 2089–2099.

Kolben, K. 2016. "Labour regulation, capabilities, and democracy", in S. Marshall and C. Fenwick (eds): *Labour regulation and development* (Cheltenham and Geneva, Edward Elgar and ILO), pp. 60–81.

La Porta, R.; Lopez-De-Silanes, F.; Shleifer, A.; Vishny, R. 1997. "Legal determinants of external finance", in *The Journal of Finance*, Vol. 52, No. 3, pp. 1131–1150.

Lemmon, M.; Zender, J.F. 2010. "Debt capacity and tests of capital structure theories", in *Journal of Financial and Quantitative Analysis*, Vol. 45, No. 5, pp. 1161–1187.

Levine, O.L.; Warusawitharana, M. 2014. *Finance and productivity growth: Firm-level evidence*, Finance and Economics Discussion Series (Washington, DC, Federal Reserve Board).

Looise, J.C.; van Riemsdijk, M.; de Lange, F. 1998. "Company labour flexibility strategies in the Netherlands: An industrial perspective", in *Employee Relations*, Vol. 20, No. 5, pp. 461–482.

Ludlow, A.; Blackham, A. 2015. *New frontiers in empirical labour law research* (London, Bloomsbury Publishing).

Maresch, D.; Ferrando, A.; Moro, A. 2015. *Creditor protection, judicial enforcement and credit access*, European Central Bank Working Paper Series, No. 1829. Available at: https://www.ecb.europa.eu/pub/pdf/scpwps/ecbwp1829.en.pdf [16 Aug. 2017].

Marshall, R.; Van Adams, A. 1994. "Labor market flexibility and job security measures in a global economy: New challenges ahead", in *Estudios de Economía*, Vol. 21, No. 9, pp. 147–176.

Marshall, S. 2016. "Revitalising labour market regulation for the economic South: New forms and tools", in S. Marshall and C. Fenwick (eds): *Labour regulation and development* (Cheltenham and Geneva, Edward Elgar and ILO), pp. 288–320.

Méda, D. 2016. *The future of work: The meaning and value of work in Europe*, ILO Research Paper No. 18. ILO Research Paper Series (Geneva, ILO).

Myers, S.; Majluf, N.S. 1984. "Corporate financing and investment decisions when firms have information that investors do not have", in *Journal of Financial Economics*, Vol. 13, No. 2, pp. 187–221.

Oostveen, A.; Biletta, I.; Parent-Thirion, A.; Vermelan, G. 2013. *Self-employed or not self-employed? Working conditions of "economically dependent workers"*, Background paper (Dublin, Eurofound).

Organisation for Economic Co-operation and Development (OECD). 2014a. *The 2012 labour market reform in Spain: A preliminary assessment* (Paris).

—. 2014b. *Employment Outlook 2014* (Paris).

—. 2015. *OECD Economic Surveys: United Kingdom 2015* (Paris).

Ortiz, I.; Cummins, M.; Capaldo, J.; Karunanethy, K. 2015. *The decade of adjustment: A review of austerity trends 2010-2020 in 187 countries*, ESS Working Paper No. 53. Available at: https://papers.ssrn.com/sol3/papers.cfm?abstract_id=2685853 [26 Jul. 2017].

Osterman, P. 2000. "Work reorganization in an era of restructuring: Trends in diffusion and effects on employee welfare", in *Industrial and Labor Relations Review*, Vol. 53, pp. 179–196.

Parker, C.; Nielsen, V.L. (eds). 2011. *Explaining compliance: Business responses to regulation* (Cheltenham, Edward Elgar).

Petersen, M.; Rajan, R.G. 1994. "The benefits of lending relationships: Evidence from small business data", in *Journal of Finance*, Vol. 49, No. 1, pp. 3–37.

Pires, R., 2008. "Promoting sustainable compliance: Styles of labour inspection and compliance outcomes in Brazil" in *International Labour Review*, Vol. 147, No. 2–3, pp. 199–229. doi:10.1111/j.1564-913X.2008.00031.x [9 Aug. 2017].

Preenen, T.Y.P.; Vergeer, R.; Kraan, K.; Dhondt, S. 2017. "Labour productivity and innovation performance: The importance of internal labour flexibility practices", in *Economic and Industrial Democracy*, Vol. 38, No. 2, pp. 271–293.

Qian, J.; Strahan, P. 2007. "How laws and institutions shape financial contracts: The case of bank loans", in *The Journal of Finance*, Vol. 62, No. 6, pp. 2803–2834.

Reinecke, G.; White, S. 2004. *Policies for small enterprises: Creating the right environment for good jobs* (Geneva, ILO).

Roca-Puig, V.; Beltrán-Martín, I.; Bou-Llusar, J.; Escrig-Tena, A.B. 2008. "External and internal labour flexibility in Spain: A substitute or complementary effect on firm performance?", in *The International Journal of Human Resource Management*, Vol. 19, No. 6, pp. 1131–1151.

Rubery, J.; Keizer, A.; Grimshaw, D. 2016. "Flexibility bites back: the multiple and hidden costs of flexible employment policies: Provocation paper: costs of flexible policies", in *Human Resource Management Journal*, Vol. 26, No. 3, pp. 235–251.

Ruiz-Santos, C.; Ruiz-Mercader, J.; McDonald, F. 2003. "The use of contractual working time flexibility by Spanish SMEs", in *Personnel Review*, Vol. 32, pp. 164–186.

Safavian, S.; Sharma, S. 2007. *When do creditor rights work?*, Policy Research Working Paper No. 4296 (Washington, DC, World Bank).

Sapienza, H.J.; Manigart, S.; Vermeir, W. 1996. "Venture capitalist governance and value added in four countries", in *Journal of Business Venturing*, Vol. 11, No. 6, pp. 439–469.

Smith, J.K. 1987. "Trade credit and information asymmetry", in *Journal of Finance*, Vol. 42, No. 4, pp. 863–872.

Smith, V. 1997. "New forms of work organization", in *Annual Review of Sociology*, Vol. 23, pp. 315–339.

Ton, Z. 2014. *The good jobs strategy: How the smartest companies invest in employees to lower costs and boost profits* (New York, NY, Houghton Mifflin Harcourt).

United Nations Human Rights Council (UNHRC). 2016. *Report of the Independent Expert on the effects of foreign debt and other related international financial obligations of States on the full enjoyment of all human rights, particularly economic, social and cultural rights*, No. A/HRC/34/57, 34th Session, 2016 (Geneva).

Valverde, M.; Tregaskis, O.; Brewster, C. 2000. "Labor flexibility and firm performance", in *International Advances in Economic Research*, Vol. 6, No. 4, pp. 649–661.

Vanacker, T.R.; Manigart, S. 2010. "Pecking order and debt capacity considerations for high-growth companies seeking financing", in *Small Business Economics*, Vol. 35, No. 1, pp. 53–69.

Vergeer, R.; Dhondt, S.; Kleinknecht, A.; Kraan, K. 2015. "Will 'structural reforms' of labour markets reduce productivity growth? A firm-level investigation", in *European Journal of Economics and Economic Policies: Intervention*, Vol. 12, No. 3, pp. 300–317.

Volberda, H.W. 1998. *Building the flexible firm: How to remain competitive* (New York, NY, Oxford University Press).

World Bank. 2014. *Doing Business 2015: Going beyond efficiency* (Washington, DC). doi:10.1596/978-1-4648-0351-2 [9 Aug. 2017].

第三章 贸易与生产组织：效率和劳动力市场表现

引　言

企业随时间而发展，并在不断变化的经济环境，通常是极不确定的状况下运营。在这些情况下，企业努力探索最优的方式来生产和销售自己的产品，以增强自身的竞争力并确保自身的盈利能力。如前几章所述，这些决策对员工产生了影响。本章将贸易和生产组织作为企业面临的关键决策变量，探讨了企业的应对措施对效率和劳动力市场表现的影响。

作为经济活动的参与者，企业通过国内和国际供应链，做出针对出口、进口和组织生产的决定。那些构成生产流程的各项任务通常不是在一个国家完成的，从而形成了一个遍布国内和国际市场的全球供应链和分销网络，进而形成贸易流。在这项工作中，一部分是在位于不同国家、不同生产基地完成的。这要求企业参与外国直接投资。其他任务则由外部供应商企业负责，其中正规和非正规企业参与供应链不同节点的生产流程。对于全球供应链而言，生产活动不仅发生在大规模的企业，也出现在诸如家庭这样的小规模的生产单元。

企业有关自身参与贸易活动和全球供应链的决策会对劳动力产生直接的影响，因为这些决策决定了全球各地会产生多少个工作机会以及产生什么样的工作。信息和通信技术为企业带来了全新的选择，让它们以全新的方式销售产品或购买投入品，从而使不同地方的买方与供应商建立起更轻松、更直接的关系。这些技术还有利于使用创新手段（如众包或电子商务）来组织生产和分销。企业组织生产的方式塑造着未来的工作，因为现代的生产组织方式经常会带来新型的工作，这不同于传统的工作模式，即一辈子为一个企业雇主服务（ILO，2015a）。

最近，有关通过全球供应链开展贸易活动并组织生产的问题引起了各界人士在全球政策辩论中的极大关注。其原因是，人们注意到这些问题对工作者的影响因行业、企业和工作者的不同而不同，有些工作者因此受益，而有些则因此遭受损失。同时，人们普遍认为，进出口企业为数百万工作者提供了工作机会，其中很多工作取决于企业是否拥有一个有利于业务发展的环境。国际贸易和全球供应链被普遍视为国家经济发展的助推器和创造就业机会的引擎。只要有支持性政策和制度，它们就有可能帮助数百万工人摆脱贫困（Le Goff and Singh，2014；Winters，2000；Winters，McCulloch and McKay，2004）。但与此同时，有人担心在由此产生的新工作中，至少有一些无法提供体面的工作条件（ILO，2016a）。

本章旨在为当前的辩论提供支持。第一节描述了背景，提供了贸易和生产组织的总体趋势和模式，并对进出口企业的员工人数和所占比重做出了最新的估算。在全球经济危机引发贸易崩溃的同时，出口企业员工人数所占比重大幅下降，并从此停滞不前，目前该比例为37%。在可获得数据的132个国家，这相当于1.67亿名工作者。

第二节证明了效率和劳动力市场表现与企业的进出口行为之间的关系。衡量企业层面的效率和劳动力市场表现的指标包括：全要素生产率、劳动生产率、工资、就业情况、临时工所占比重和女性员工所占比重。企业的进出口行为可通过其进出口状况、进出口强度（分别按出口占企业总销售额的比例，以及进口占企业生产原料总价值的比例划分），以及企业开展出口的年限加以考量。通过多方面的分析，我们可了解企业的贸易行为与效率和劳动力市场表现之间的关系。

第三节基于标准的企业层面的数据，介绍了识别全球供应链供应商企业的一种新方法，并区分了全球供应链投入品供应商（通过提供在生产流程中进一步加工的中间投入品来促进全球供应链的发展）和全球供应链制成品供应商（通过将中间投入品组装成最终产品来促进全球供应链的发展）。该节还对这些企业的效率和劳动力市场表现与其他出口企业的表现进行了对比。

第二节和第三节发现，企业的贸易活动参与程度与企业的生产率正相关，而与劳动力市场表现的关系则取决于分析中涉及的具体维度。尽管进出口企业的生产率和工资都高于非贸易性企业，但进出口企业的生产率与工资溢价之间存在一定差异，这表明只有一部分贸易收入转化为员工的收入。在出口企业，频繁出口的企业的劳动生产率和工资均低于其他出口企业，而向全球供应链提供投入品的企业的生产率和工资则正好相反。出口企业，尤其是那些通过组装成品而加入全球供应链的出口企业，会比非出口企业雇用更多的女性，同时也会雇用更多的临时工。而进口企业雇用的临时工较少。

第四节总结了本章的主要研究结果。

第一节　贸易、生产组织和就业的趋势与模式

企业在快速变化的经济环境中运营

企业的经营活动所处的经济环境在不断变化。这种变化的驱动因素包括世界各国的政策、法规和制度，以及包括消费者和其他企业在内的不同经济活动参与者的行为。这种环境属于企业的外部环境，在很大程度上可能会影响企业是否展开进出口活动及数量，是否作为供应商参与到全球供应链之中，以及组织生产活动的方式。最近的一些趋势对该环境产生了重大影响。

第一个趋势是近年观察到的总需求的走弱。该趋势在发达经济体尤其明显，同时也发生在某些新兴经济体中（Bems, Johnson and Yi, 2010; World Bank, 2015）。此外，市场对贸易商品的需求已经减弱，包括对贸易消费品和其他产品的需求，其他产品的生产有赖于所交易的投入品。

第二个相关趋势是过去几年间贸易保护主义抬头。自2000年以来，这个趋势可能已经使全球非关税壁垒的数量增长了近三倍（ILO, 2016b）。贸易保护涉及各类商品，包括生产投入品，并提高了贸易成本，从而抵消了因技术发展带来的贸易成本和运输成本的下降（Hummels, 2007）。贸易保护会影响企业建立自身的全球供应链的方式和地点，以及参与贸易活动的程度。

第三个趋势是全球经济的不确定性大幅增加。这种不确定性一直在影响着企业，

推迟或阻碍企业的投资，包括对海外产能（以及全球供应链）的投资。与企业密切相关的不确定性形式不仅包括贸易政策的不确定性（Crowley, Song and Meng, 2016；Handley, 2014；Handley and Limão, 2015），而且还包括整个经济政策相关的不确定性，这一点从经济政策不确定性指数上便可窥见一斑（Baker, Bloom and Davis, 2016）。近年来，全球经济政策不确定性指数已升至前所未有的水平。①

第四个趋势是投资的下滑。这种趋势已经影响到企业有关贸易和生产组织的决策。过去八年间，几乎世界各地区的投资在GDP中所占比重都在下滑，除了亚洲和拉丁美洲的发展中国家以外。② 投资的大幅下降造成需求的相对变化，使对机器和设备等投资商品的需求发生转向（Hoekman, 2015；Constantinescu, Mattoo and Ruta, 2015）。然而，这些商品的典型特点是国际分散化程度高。

第五个趋势是企业的融资渠道（包括贸易融资）在减少，这在很大程度上是因金融机构的风险偏好减弱所致。由于缺乏贸易信贷，出口企业不再有能力确保自己不出现贸易信贷违约。这加剧了出口的风险，导致企业的出口积极性减弱（Ahn, Amiti and Weinstein, 2011）。贸易融资渠道的缺乏成为企业，尤其是中小企业的一道坎。2014年，在两次贸易融资申请中，中小企业不止一次遭到了拒绝（DiCaprio, Beck and Daquis, 2015；WTO, 2016a）。

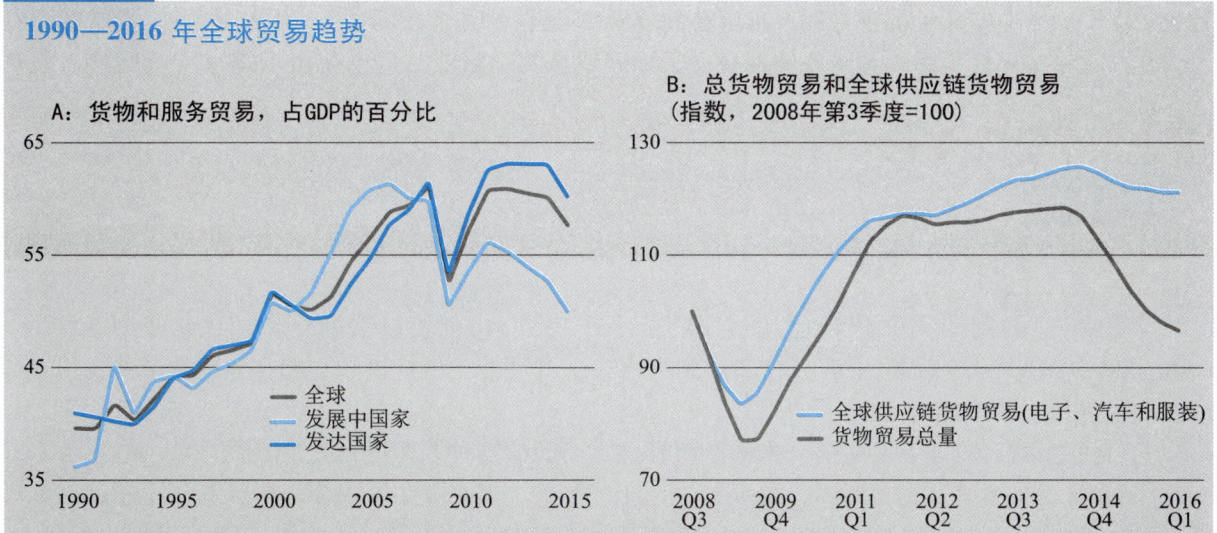

图 3.1 1990—2016年全球贸易趋势

注：全球供应链货物贸易和总货物贸易的数据基于进口额的季度数据，说明过去两个季度、本季度和下季度的平均值在不断变化。全球供应链货物贸易是指三个产品组中的货物贸易。这些产品组的生产一般以全球供应链为特征，包括服装和鞋子、电子、汽车和零件。各自的全球供应链中所包含的货物定义请参考 Sturgeon 和 Memedović（2011）以及 Ferrantino 和 Taglioni（2014）。Q = 季度。

资料来源：国际劳工组织根据世界银行（《世界发展指标》）和国际贸易中心（市场分析工具）的计算。

---

① 经济政策不确定性指数衡量的是对政策相关的经济不确定性的新闻报道。2007年，该全球指数为70.0，但在2016年，飙升至198.3的新高点（基于月度数据得出的简单年平均数）。

② 根据国际货币基金组织2016年10月《世界经济展望》数据库的数据，2007—2015年，发达经济体的投资在GDP中所占比重下降了2.4%，发展中国家的该比重也出现下滑。仅有亚洲地区的发展中国家的投资占GDP的比重大幅增加，在上述期间增幅达3.4%。此外，拉丁美洲的该比重也出现了小幅增长，但仅增长了0.1个百分点。

经历多年的迅猛发展后，贸易近期一直停滞不前

鉴于经济环境发生了上述变化，企业在过去几年间的贸易额较之前大幅下降，这并不令人惊讶，从有关贸易总额的数据中便看出。这些数据是企业贸易活动累积的结果。从1990年到2008年，全球贸易几乎一直在增长，从占GDP的不足40%攀升至60%以上。但在2009年，贸易急剧萎缩，该比重降至53%。在经历了2010年的强势反弹后，全球贸易步入了停滞期，在GDP中的占比略高于60%，这与2008年的水平基本相当。2015年，全球贸易占GDP的比重下滑至58%（图3.1，A）。

造成停滞的原因并不是某个国家组别中的某些企业，相反，这是一种真正意义上的国际现象，是在各收入水平上的国家可以观察到的现象，尤其是发展中国家。在一个不确定的环境里，随着新贸易形式（如跨境电子商务）的不断涌现（专栏3.1），要想确定过去数年间出现的贸易停滞是暂时现象还是永久现象，仍有待进一步的观察。

由此引出一个问题，即贸易的全面停滞是否也包括全球供应链网络中的贸易。电子、汽车和服装这些行业的生产活动在很大程度上围绕全球供应链开展。这些行业的产出（例如，分别是手机、汽车和T恤）的贸易与生产这些产出所使用的投入品的贸易（例如，分别是电路板、车轮和棉花）的总和暗示了全球供应链网络中的货物贸易也包括在内（Sturgeon and Memedović，2011）。贸易停滞的确影响了全球供应链中的货物贸易，即便对于这三个产品组而言，自2014年下半年以来，与全球供应链相关的投入和产出贸易的放缓变得不太明显（图3.1，B）。然而，贸易额仍在不断下滑，这主要体现在电子和服装这两个行业，但由于市场需求持续旺盛，汽车行业的下滑势头稍弱一些。

专栏3.1

跨境电子商务有利于贸易复兴吗？

目前的网购人数估计已超过10亿人（UNCTAD，2015），电子商务已经成为许多企业获得成功的越来越重要的因素。跨境电子商务在网上销售中占据很大比例，而且这个市场还在飞速发展。例如，在所有的企业对企业以及企业对客户的交易中，印度和新加坡的跨境电子商务所占份额都超过了50%（Payvision，2014）。然而，跨境电子商务带来的经济机会并未在全球范围内以及不同类型的企业间得到平均分配，电子商务的潜力尚未得到充分发挥。

在低收入和中低收入国家，仅有大约一半的企业使用电子邮件，仅有大约30%的企业通过自己的网站来与客户或供应商进行交流。相比之下，在中高收入国家和高收入国家，有超过80%的企业使用电子邮件，超过60%的企业拥有自己的网站（图3.2，A）。与规模较大的企业相比，使用互联网开展业务的规模较小的企业的数量要少得多。在欠发达国家，大型企业与小型企业之间的这种差距尤为突出（图3.2，B）。在这些小型企业中，很多仍未认识到电子商务带来的机遇（Stockdale and Standing，2006；Thulani，Tofara and Langton，2010）。此外，这些企业的管理人员和员工通常缺乏必要的技能来识别电子商务的需求，以及实现电子商务可能带来的好处（UNCTAD，2015）。

电子商务给企业带来的好处体现在诸多方面，例如：更加深入地参与全球价值链，进入更多的市场，提高效率和降低交易成本（UNCTAD，2015）。就跨境电子商务而言，基于互联网的电子商务可大幅降低收集信息以及匹配消费者和供应商的成本，从而降低可能出现的严重的贸易壁垒，并扩大贸易量

专栏3.1（续）

（Terzi，2011）。此外，电子商务可以使以前不可贸易的服务（如研发或库存管理）成为可贸易服务，并且降低此类服务的成本，因此对服务贸易有着重大的影响。

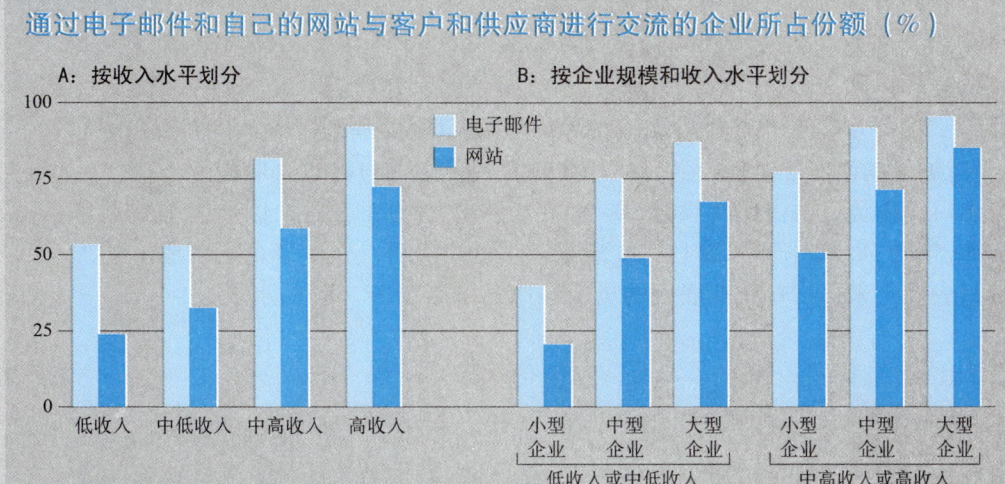

图 3.2

通过电子邮件和自己的网站与客户和供应商进行交流的企业所占份额（%）

资料来源：国际劳工组织基于《世界银行企业调查》、世界银行《世界发展指标》数据库的计算。

然而，发展中国家，尤其是低收入国家的企业尚未充分感受到电子商务带来的实惠，这通常是因为这些国家的信息和通信技术的基础设施较差。在这些国家，仅有小部分人使用互联网，即便在今天也是如此。而且，在低收入国家，可以使用高速宽带互联网的企业数量不足一半（图3.3，A）。然而，当这些企业使用互联网时，其使用方式与高收入国家几乎相同。而且它们使用互联网订货并向客户提供服务的频率与高收入国家的企业差不多（图3.3，B）。因此，完善发展中国家，尤其是低收入国家的信息和通信技术基础设施，可能是这些国家提高贸易量并使贸易重新焕发活力的有效途径。

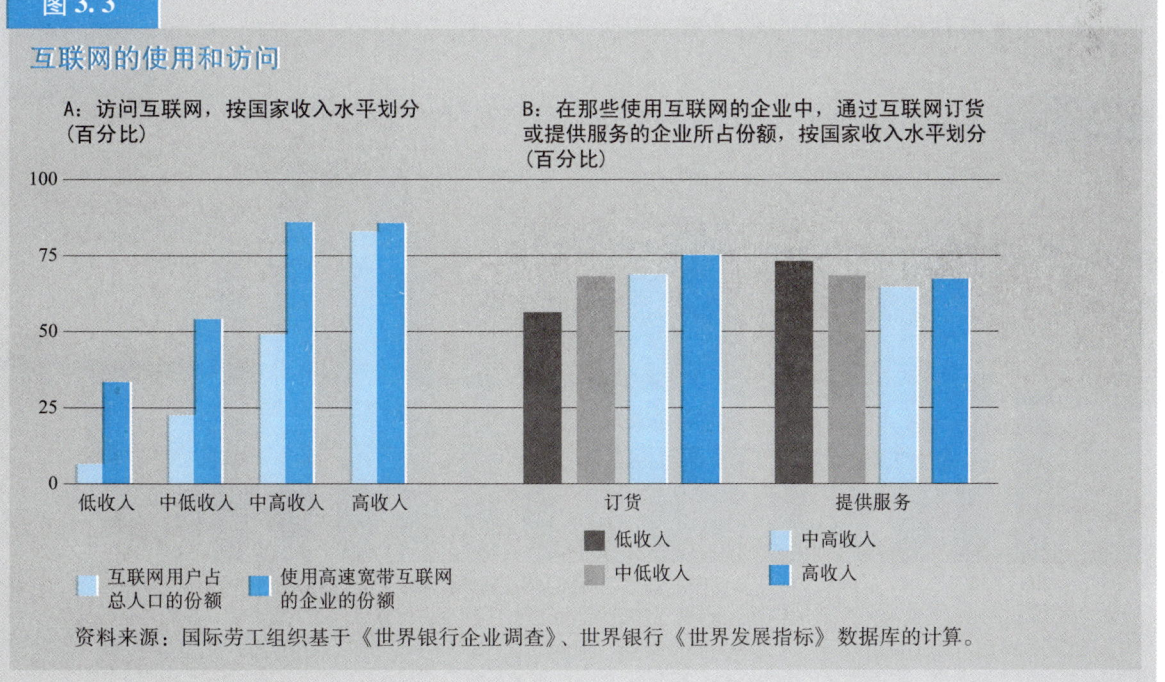

图 3.3

互联网的使用和访问

资料来源：国际劳工组织基于《世界银行企业调查》、世界银行《世界发展指标》数据库的计算。

危机期间，出口企业员工所占份额下滑

为了评估贸易急剧萎缩及随后出现的贸易停滞给就业带来的影响，本章估算了132个国家的低强度、中等强度和高强度的出口企业和进口企业的数量和所占份额。就国家的覆盖面而言，这些国家占据了全球劳动力的82%（见附录3.1）。就就业的覆盖面而言，我们在估算值中考察了至少有5名员工的正规的制造业和服务业企业（小型、中型和大型企业）。这些员工包括正规和非正规工作者，占所有有薪工作者的一半以上。

图3.4显示，在所分析的132个国家中，2016年出口企业雇用了1.67亿名员工，比2003年增加了约80%。2003年，仅有9400万名工作者为出口企业服务。在危机爆发前，出口企业员工的占比持续走高，但在贸易急剧萎缩之后，这个比例不断下滑，从2008年的38.5%降至2014年的37.2%。在此期间，非出口企业创造了大部分工作。过去两年来，出口企业雇用的员工的比例停滞在37.3%的水平。

无论出口强度如何，危机对各类出口企业的就业情况的影响基本相同

尽管全球贸易的急剧萎缩对贸易相关企业的就业份额总体上产生了负面的影响，但同样需要关注的是，这些影响可能会因企业的不同而大不相同，这一点尤其体现在企业参与贸易的程度上（贸易强度）。为了分析分布情况，我们将企业划分为四大类，即非贸易商、低强度贸易商、中等强度贸易商和高强度贸易商。这种划分标准适用于出口企业和进口企业（专栏3.2）。图3.5显示，在出口企业这个类别中，高强度出口企业所雇员工的占比在危机爆发前一直呈下滑趋势。这说明，这些年来，尤其是低强度和中等强度的出口企业雇用了越来越多的工人。2008—2013年，这个比例基本稳定在约25%的水平上，这说明危机对各类出口企业的影响基本相同，但在过去两年间，该比例小幅上升，达到接近26%的水平。危机期间，就进口企业而言，高强度进口企业所雇员工占进口企业总员工人数的比例从2008年的26.5%降至2012年的23.6%，说明危机对高强度进口企业产生了严重影响。2016年，该比例为24.9%，但仍低于危机前的水平。鉴于目前贸易处于停滞状态，高强度出口企业和进口企业的就业份额在不久的将来会如何变化，仍需拭目以待。

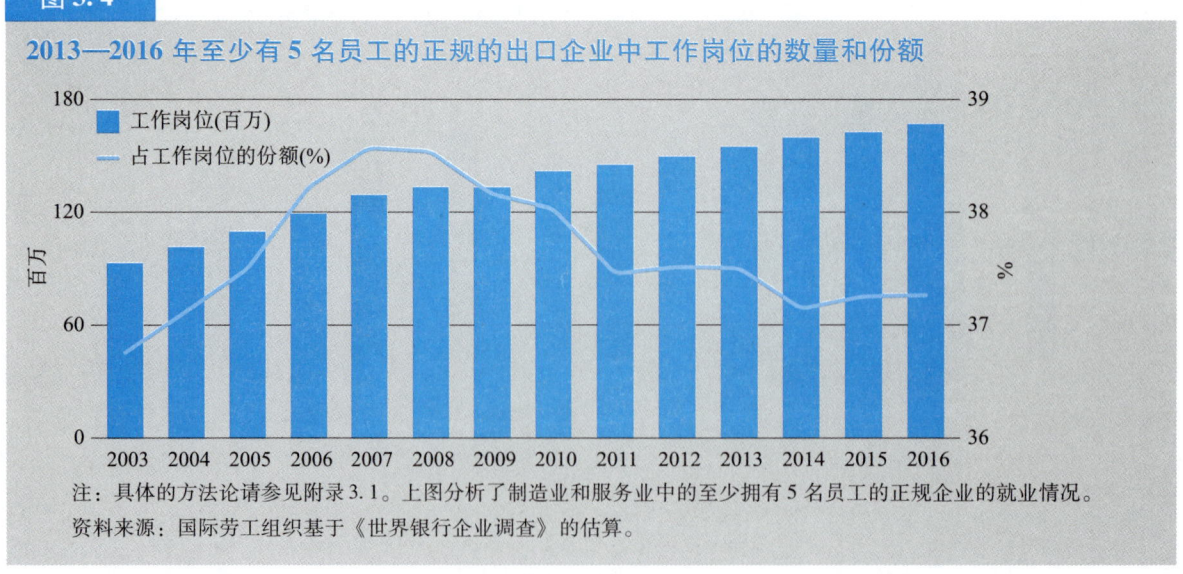

图3.4

2013—2016年至少有5名员工的正规的出口企业中工作岗位的数量和份额

注：具体的方法论请参见附录3.1。上图分析了制造业和服务业中的至少拥有5名员工的正规企业的就业情况。
资料来源：国际劳工组织基于《世界银行企业调查》的估算。

图 3.5

2013—2016 年高强度出口企业和进口企业的就业份额（%）

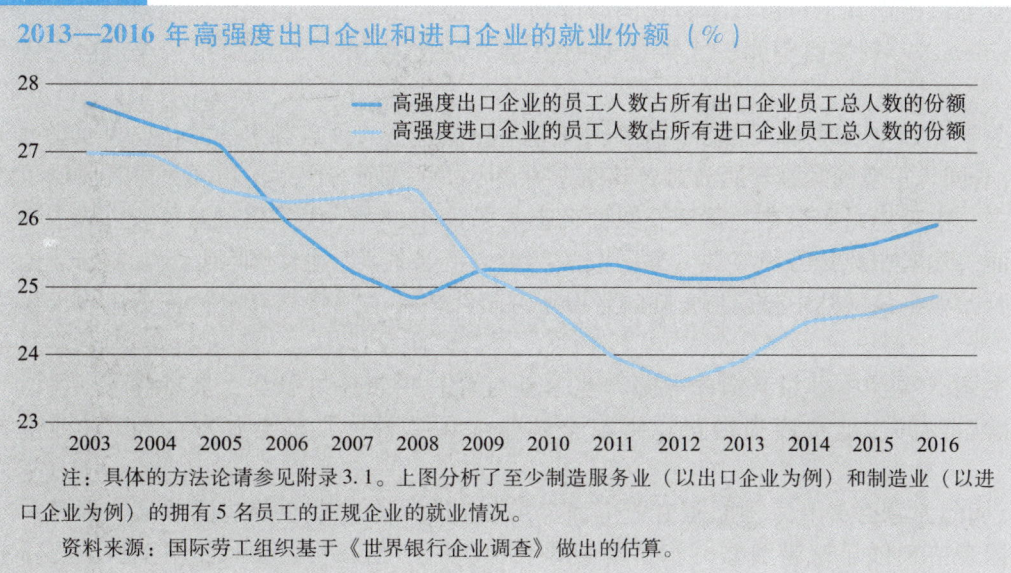

注：具体的方法论请参见附录 3.1。上图分析了至少制造服务业（以出口企业为例）和制造业（以进口企业为例）的拥有 5 名员工的正规企业的就业情况。

资料来源：国际劳工组织基于《世界银行企业调查》做出的估算。

专栏 3.2

什么是低强度、中等强度和高强度出口企业和进口企业？

根据进出口强度，企业可按照拥有相似规模的方式进行划分。非出口企业和低强度、中等强度及高强度出口企业可分别界定为出口额占其销售额的 0%，0%—20%，20%—60% 以及 60% 以上。非进口企业和低强度、中等强度及高强度进口企业可分别界定为进口原材料的价值占原材料总价值的 0%，0%—20%，20%—60% 以及 60% 以上。这样的划分包括了直接贸易和间接贸易（通过中间人）。

贸易强度不同的企业会表现出不同的特点（表 3.1）。相较于非出口企业，出口企业的销售额更高、雇用的员工更多、平均的经营时间更长。这一点也适用于进口企业和非进口企业之间的比较。相对于中等强度和高强度的出口企业，低强度出口企业的销售额最高、经营时间最长。同样，相对于中等强度和高强度的进口企业，低强度进口企业的销售额最高、经营时间最长。所雇用员工的平均人数会随着出口强度的增加而上升，并随着进口强度的增加而降低。

表 3.1

132 个国家最近一年内的企业人口的特点（按交易状态划分）

			出口：制造业和服务业企业				进口：制造业企业				
	所有制造业和服务业企业	所有制造业企业	非出口企业	所有出口企业	低强度出口企业	中等强度出口企业	高强度出口企业	非进口企业	所有进口企业	低强度进口企业	中等强度进口企业	高强度进口企业
销售额(百万美元)	3.0	3.9	2.3	5.6	7.0	4.6	5.4	2.3	6.5	10.7	5.0	5.8
企业运营年限(年)	14.7	16.5	14.2	17.3	21.1	16.3	14.7	14.8	19.1	20.6	19.0	18.3
长期全职雇员人数	68.4	102.5	53.1	135.6	129.6	133.0	145.1	75.6	160.6	184.3	1.2	146.1

注：本表仅分析了至少拥有 5 名员工的企业。出口数据涉及制造业和服务业企业，包含直接出口和间接出口，其中间接出口指通过中介企业开展的出口。进口数据仅涉及制造业，包含直接进口和间接进口，其中有关进口状况的信息基于企业是否在生产中使用国外原材料的信息。美元是指 2005 年定值美元。在使用调查权重的情况下，报告的数据对应人口估算值。

资料来源：国际劳工组织基于《世界银行企业调查》的估算。

专栏 3.2（续）

从出口强度来看，企业的分布体现出行业间的明显差异（图3.6，浅色柱形图）：27%的制造业企业和12%的服务业企业为出口企业。在制造业内，大部分出口企业属于机械行业，其中42%为低强度出口企业，43%为中等强度出口企业，15%为高强度出口企业。在服装和皮革行业，高强度出口企业在全部出口企业中所占比例最高，达到52%。相比之下，制造业中的高强度出口企业所占比例不足27%。

从进口强度来看，企业的分布也体现出了行业间的差异（图3.6，深色柱形图）：约37%的制造业企业从国外进口原材料。在化工和制药行业，进口企业的占比最高，达到49%，其中88%为中等强度或高强度进口企业。

在不同行业内，出口企业所占比重与进口企业所占比重之间密切相关。这说明，出口企业占比更大的行业往往也是进口企业占比更大的行业。

我们还注意到，出口企业和进口企业所占比重会随着企业规模的扩大而提高（WTO，2016b）。在所有制造业和服务业企业中，11%的小型企业、24%的中型企业和38%的大型企业从事出口业务，而24%的小型企业、40%的中型企业和58%的大型企业则从事进口业务。

图 3.6

最近一年间出口企业/进口企业占企业总数的份额，按出口/进口强度和经济行业划分（%）

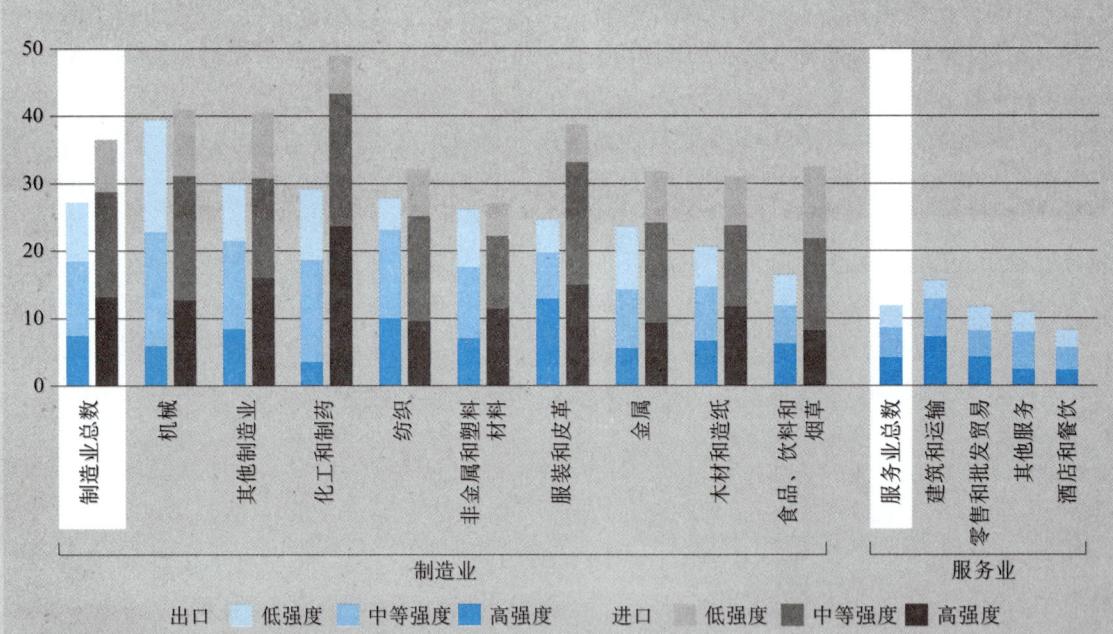

注：本图仅分析了至少有5名员工的企业。出口数据涉及制造业和服务业企业，包含直接出口和间接出口，其中间接出口指通过中介企业开展的出口。进口数据仅涉及制造业，包含直接进口和间接进口，其中有关进口状况的信息基于企业是否在生产中使用国外原材料的信息。在使用调查权重的情况下，报告的数据对应人口估算值。

资料来源：国际劳工组织基于《世界银行企业调查》的估算。

第二节 出口企业和进口企业：企业层面的效率与劳动力市场表现

第一节提供了出口企业和进口企业员工人数的总体趋势，以及不同出口强度的企业的员工占比的总体趋势。鉴于这些总趋势，我们可以提出这样的问题：在企业层面上，贸易、效率和劳动力市场表现之间存在怎样的关系？基于从总体到企业层面的分析，本节提出了有关企业的进出口状况和强度、企业的出口年限与其生产率、工作岗位的数量及质量之间的关系。分析的目的是研究出口企业和进口企业的效率和劳动力市场表现，以便发现那些企业业绩较好的领域和业绩较差的领域。

衡量效率和劳动力市场表现

这项研究基于涵盖所有收入水平的 132 个国家的 207 项调查中所涉及的横截面数据展开。这些调查来自《世界银行企业调查》，涵盖超过 6.8 万家至少拥有 5 名员工的正规私营制造企业。本节所述之国家收入水平按世界银行"国家收入分类"制定，具体情况请参见第一章附录 1.1。

要想评估企业的效率，还可以使用备选指标。本节使用的指标包括：

- 全要素生产率；以及
- 劳动生产率。

全要素生产率衡量企业的投入品利用效率（包括劳动力、资本、原材料和电力）。[①] 劳动生产率仅关注劳动力，衡量的是企业内一个工人平均产生的附加值（按销售额和原材料支出之间的差额计算）。例如，如果 A 企业使用的资本存量高于 B 企业，但在产出和所有其他投入（劳动力、原材料和电力）方面却与 B 企业完全相同，那么 A 企业与 B 企业的劳动生产率相同，但 A 企业的全要素生产率更低，这是因为 A 企业需要更多的资金来生产相同数量的产品。

全要素生产率和劳动生产率并不是可直接比较的指标。全要素生产率是生产职能部门的乘法因数，而劳动生产率则按货币单位进行衡量。因此，全要素生产率和劳动生产率是截然不同的效率评估指标。

要想衡量企业层面的劳动力市场表现，最好在分析的过程中从所有不同的维度考量工作岗位数量和质量（ILO，2013）。借助现有的数据，我们可使用下列指标：

- 平均工资；
- 总就业；
- 女性员工的份额；以及
- 临时工的份额。

企业层面的整体就业状况是衡量企业内现有就业机会的一个指标。女性员工的比例体现的是男女员工获得平等机会和待遇的水平。企业层面的平均工资体现了收益的充足率。临时工占员工总数的比例是衡量就业保障平均水平的替代标准，也体现了工作质量的情况，因为事实已经证明，其与日益普遍的生理和心理健康问题有关（Benavides et al.，2000；Virtanen et al.，2005；Waenerlund，Virtanen and Hammarström，2011）。

[①] 为了评估企业层面的全要素生产率，本章参考了 Saliola 和 Seker（2011）的研究。估算的全要素生产率测量值可做如下解释。以两个有着相同的劳动力、原材料和电费以及相同的股本价值的企业为例。如果一家企业的销售额是另一家的两倍，那么前者的全要素生产率也会是后者的两倍。

效率和劳动力市场表现与贸易的关系

本节通过回归分析探讨了上述体现企业层面的效率和劳动力市场表现的每个指标与企业层面的贸易指标之间的关系。对于企业的贸易活动来说，本节分析了三个不同的指标。首先，本节分析了进出口状况，比较了出口企业与非出口企业之间，以及进口企业和非进口企业之间的效率和劳动力市场表现（具体细节请参见附录3.2）。其次，本节通过企业层面的进出口强度，揭示了企业在多大程度上参与了进出口业务，并比较了不同进出口强度的企业之间的效率和劳动力市场表现（见附录3.2）。再次，本节探讨了企业开展出口业务的年限，分析了出口企业的出口经验与效率及劳动力市场表现之间的关系（参见附录3.3）。

本节在分析过程中对同一年份、同一国家（通过调查的虚拟变量衡量）内企业的如下方面进行了一定程度的比较：相同的所有权（内资或外资）和经营年限、相似的经济活动类型（按资本强度、用电强度和行业虚拟变量衡量）。在回归分析中，这些变量被视为控制变量。值得关注的是，在回归分析中，我们有意未对销售额（说明企业的规模）或工作者的平均教育水平等变量进行控制。这是因为，正是通过这些渠道（规模效益以及从业人员构成的变化），贸易可能会与效率和劳动力市场表现有关。

分析结果应视为平均结果，但这并未排除在任何一个方向上会出现效率和劳动力市场表现的异常值。分析结果在本节其他部分具体展开。

出口企业的生产率显著高于非出口企业

图3.7基于企业层面的全要素生产率和劳动生产率的测评结果，针对出口企业和非出口企业、进口企业与非进口企业在效率结果方面的差异提供了实证证据。出口企业的生产率高于非出口企业。的确，相较于非出口企业，出口企业的全要素生产率平均要高出7%以上（图3.7，A），劳动生产率则高出30%以上（图3.7，C）。在所有国家收入水平上都能观察到出口企业的正生产率溢价，在所有行业（非金属、塑料和机械除外）也都能观察到正全要素生产率溢价。在机械行业，出口企业占较大比重（见专栏3.2），这可能造成出口市场出现激烈的竞争，从而降低销售额，后者主要相对于投入品的使用而言。

进口企业的生产率往往远高于非进口企业（图3.7，B和C），但进口企业的溢价却低于出口企业。在将劳动生产率作为一种效率指标时，进口企业的正溢价估计会达到19%。在所有国家收入水平上都能观察到进口企业具有大量正面的劳动生产率溢价，在所有行业（纺织、服装和皮革除外）都能观察到进口企业正面的、具有重要统计意义的劳动生产率溢价。就全要素生产率而言，进口企业的溢价仅出现在中低收入国家的企业中。对于这些企业而言，进口可能是参与国际市场竞争的一个至关重要的活动。在多数行业内，进口企业与非进口企业的生产率相当，但在木材和造纸行业，进口企业的生产率偏低，而在非金属、塑料和金属行业，进口企业的生产率高于非进口企业。

贸易企业比非贸易企业的生产率更高，该调查结果与理论文献（Kasahara and Lapham, 2013; Melitz, 2003）以及实证文献（Bernard et al., 2007, 2012; Mayer and Ottaviano, 2008; Wagner, 2007）不谋而合。然而，贸易企业的生产率溢价来源一直是学界激烈辩论的话题。

一方面，贸易企业与非贸易企业之间的生产率差异可能是自我选择的结果。生产率更高的企业会主动进入出口市场，其中的一个原因是它们在开始从事进出口业

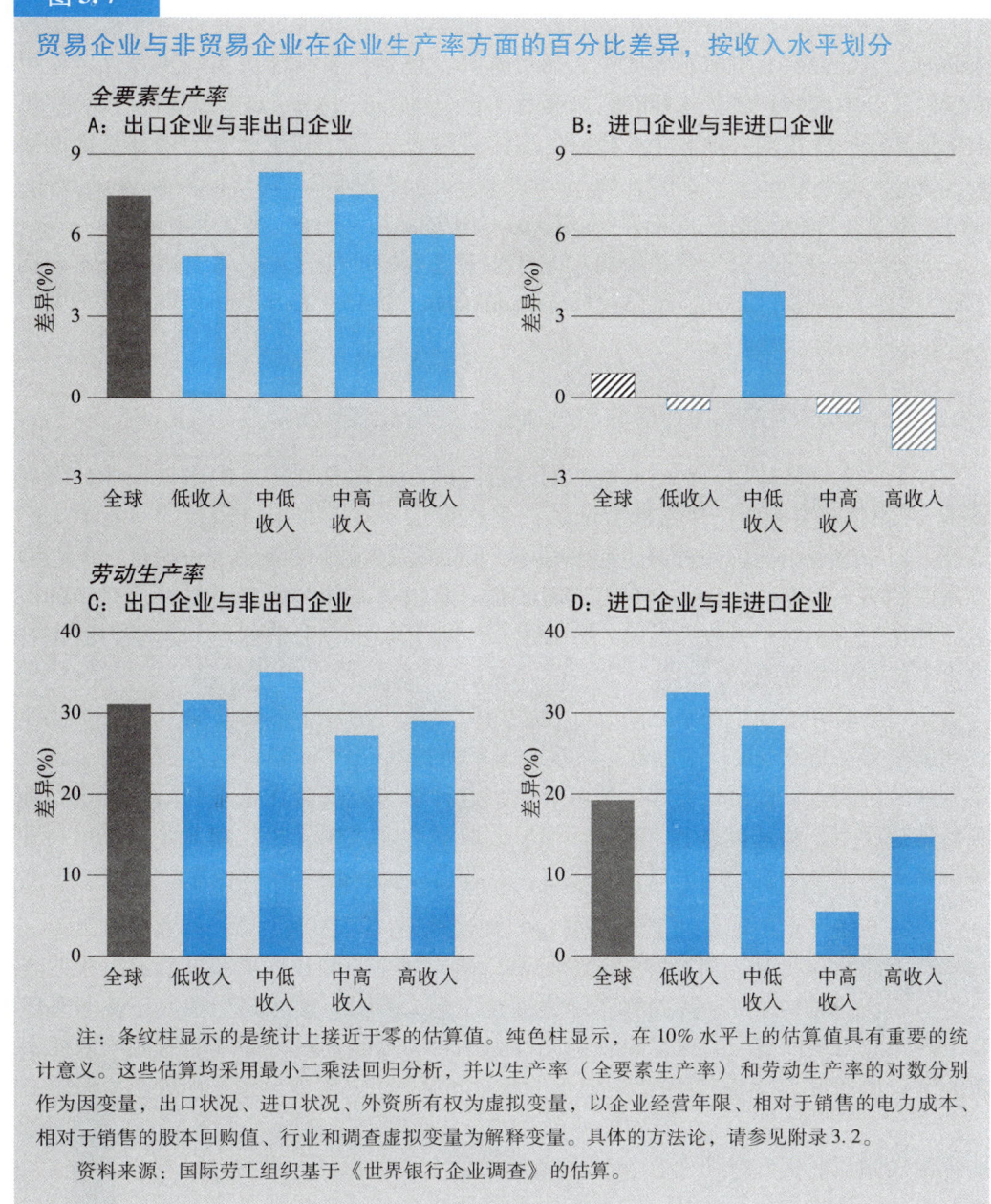

图 3.7

贸易企业与非贸易企业在企业生产率方面的百分比差异，按收入水平划分

注：条纹柱显示的是统计上接近于零的估算值。纯色柱显示，在10%水平上的估算值具有重要的统计意义。这些估算均采用最小二乘法回归分析，并以生产率（全要素生产率）和劳动生产率的对数分别作为因变量，出口状况、进口状况、外资所有权为虚拟变量，以企业经营年限、相对于销售的电力成本、相对于销售的股本回购值、行业和调查虚拟变量为解释变量。具体的方法论，请参见附录3.2。

资料来源：国际劳工组织基于《世界银行企业调查》的估算。

务时，必须支付高额的固定成本（Bernard and Jensen，2004；Das，Roberts and Tybout，2007）。在进入出口市场之前，企业要开展市场调研，调整产品以适应外国消费者的需要，并建立分销渠道。在开始进口之前，企业需要对供应商进行调研，使供应商的生产工艺适应外国全新的、多样化的投入，并建立采购渠道。只有生产率最高的企业才能负担这些成本。

另一方面，贸易企业与非贸易企业之间的生产率差异也可能是因为"出口学习效应"所致，后者至少通过三个渠道来实现。首先，出口企业可从规模经济中受益。在规模经济中，为服务出口市场，生产规模的扩大伴随着单位成本的降低。的确，对于计划开展出口业务的企业而言，其中的一个主要动力就是通过发挥未饱和出口市场的潜力来发展自己的业务（Kubíčková，Votoupalová and Toulová，2014，Moen，1999）。其次，企业可在为更成熟的外国消费者提供服务的过程中学习，后者对产品质量的要求更高。最后，企业面临外国市场的竞争，而这种竞争可能会迫使企业提高生产率，这样才能谋求生存、获得成功。

就进口企业而言，可能存在"边进口、边学习"的情况。当企业能获得外国投入品时，它们便会有更多不同的投入品可选择，包括质量可能更高的投入品，这可能会涉及技术和知识转让（Ethier，1982；Grossman and Helpman，1991）。实证文献大都证实了一个事实：随着企业获得更多的外国投入品，其生产率会得到正面的影响（Amiti and Konings，2007；Halpern，Koren and Szeidl，2015；Stone and Shepherd，2011；Vandenbussche and Viegelahn；2016）。

实证文献表明，因果关系中的双方都非常重要，即便这种关系会因国家不同而不同（De Loecker，2007，2013；Fatou and Choi，2015；Keller and Yeaple，2009；Van Biesebroeck，2005）。

出口企业的劳动生产率往往会随着出口经验的增长而不断提高

在低收入经济体中，针对有着相同经营时间和其他相同特点的出口企业的研究发现，（根据全要素生产率指标衡量的）生产率水平会随着出口经验的丰富而大幅降低。对于这种情况，一种可能的解释是，贸易基础设施的缺乏——这是国家经常要考虑的一个因素——让出口企业难以成长、难以进军新的出口市场并出口新的产品。相比之下，在中低收入国家，随着出口企业开展出口业务的时间增长，其生产率水平就会大幅提高。

出口经验和劳动生产率之间也存在正相关关系。出口年限每增加10%，劳动生产率就会提高近0.5%，这主要受高收入国家所推动（图3.8）。这些研究结果证实了这样一种观点，即出口会产生学习效应，这种学习效应会在企业开始开展出口业务后体现在生产率的提高上。的确，学习效应的存在表明，相比刚开始从事出口业务、尚无很多学习机会的出口企业而言，老牌出口企业的生产率更高。

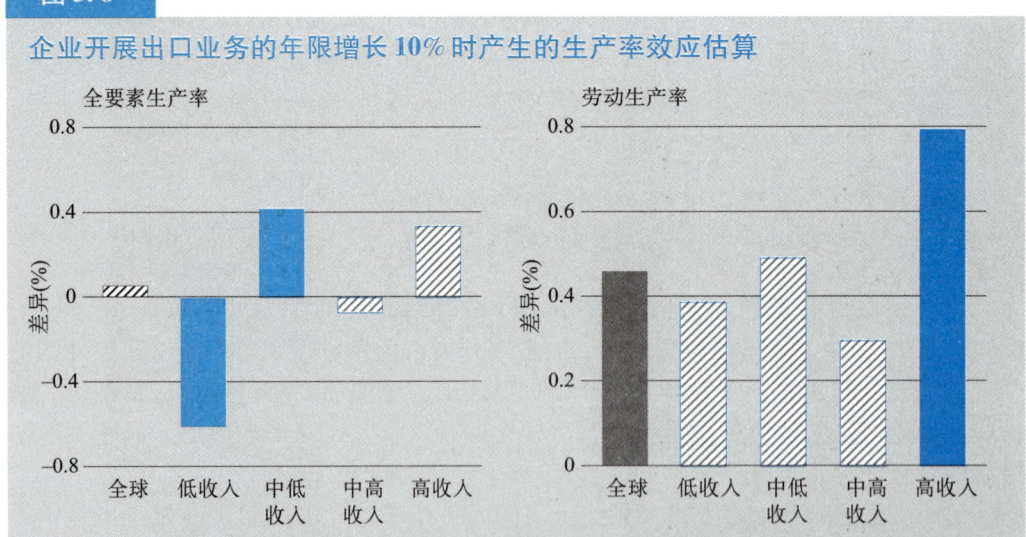

图3.8

企业开展出口业务的年限增长10%时产生的生产率效应估算

注：条纹柱显示的是统计上接近于零的估算值。纯色柱显示，在10%水平上的估算值具有重要的统计意义。这些估算均采用最小二乘法回归分析，并以生产率（全要素生产率）和劳动生产率的对数分别作为因变量，出口年限、进口强度、外资所有权为虚拟变量，以企业经营年限、相对于销售的电力成本、相对于销售的股本回购值、行业和调查虚拟变量为解释变量。具体的方法论，请参见附录3.3。

资料来源：国际劳工组织基于《世界银行企业调查》的估算。

出口企业的生产率溢价适用于所有的出口强度，两者存在非线性关系

如前文所述，贸易强度也十分重要。出口企业的情况千差万别，有些企业只是在接到国外主动提交的订单后偶尔开展出口业务，有些企业则积极利用外国市场的潜力，或者企业只开展出口业务。进口企业的情况也千差万别，有些企业仅从国外采购其中一种投入品，有些企业则向外国供应商订购全部投入品。研究贸易与生产率关系的文献多数忽视了进口强度对生产率的影响，仅有一些研究把出口强度，而不是出口状况纳入考量。这些研究往往会找到出口强度和生产率正相关的证据，证明企业的出口量越大，生产率就越高（Castellani，2002；Liu，Tsou and Hammitt，1999）。此外，有研究发现，对于出口强度较低的企业，出口会促进其生产率的增长，但这种情况不会发生在出口强度较高的企业（Fryges and Wagner，2008）。

本章的研究结果表明，生产率溢价存在于所有贸易强度之中，但程度不同，这与是否把全要素生产率或劳动生产率用作指标无关。无论出口强度如何，出口企业的生产率估计比非出口企业的更高（图3.9，A和C）。然而，据我们观察，劳动生产率与出口强度存在非线性关系。在出口强度接近20%—40%时，生产率达到峰值，但高强度出口企业的生产率相对较低。对于有着不同进口强度的进口企业而言，全要素生产率中很难发现生产率的任何差异（图3.9，B），而劳动生产率估计会随着进口强度的提高而提高，至少会达到进口强度的约70%—80%（图3.9，D）。

出口企业和进口企业支付的工资远高于未开展贸易活动的企业，但工资溢价却低于劳动生产率溢价

图3.10举例说明了出口、进口和工资之间的关系。相比有着类似特点，但未从事贸易活动的企业，出口企业和进口企业支付的平均工资更高。据估计，出口企业的平均工资比非出口企业高18%左右（图3.10，A1），而进口企业的工资溢价超过了14%（图3.10，A2）。这些溢价的规模处于以前研究所估算的工资溢价的范围内（Schank，Schnabel and Wagner，2007）。各国出口企业和进口企业的工资水平也较高，其中估算的溢价会随国家收入水平的不同而不同。从统计学来看，几乎所有行业的出口企业和进口企业所支付的工资都要远远高于非出口企业和非进口企业。但其中一个明显的例外是纺织业。到目前为止，尚未发现纺织业的进口企业和非进口企业之间存在明显的工资差异。

相关文献的确表明进口企业和出口企业支付的平均工资较高（Bernard et al.，2007；Duda-Nyczak and Viegelahn，即将出版；Egger and Kreickemeier，2013）。但是，企业之间的差异也在其中发挥了一定作用：对于通过集体议价来确定工资的企业，出口会带来工资的增长（Carluccio，Fougère and Gautier，2015）。通过降低投入关税来增加获得外国投入品的渠道会带来更高的工资，而产出关税的降低所产生的影响则不太明显，至少在印度尼西亚是如此（Amiti and Davis，2012）。就贸易企业而言，促成工资溢价的其他原因在于贸易企业从业人员的技能构成与非贸易企业有所不同。这表明，随着从业人员技能的提高，工资也会提高（Bustos，2011；Verhoogen，2008；Yeaple，2005）。

据图3.7所示，进出口企业之间存在明显的生产率溢价。这引发了一个问题：效率的提高在多大程度上能转化为工资的提高。虽然这种"租金共享"的程度取决于很多因素，但工人的议价能力可能在其中发挥关键作用。

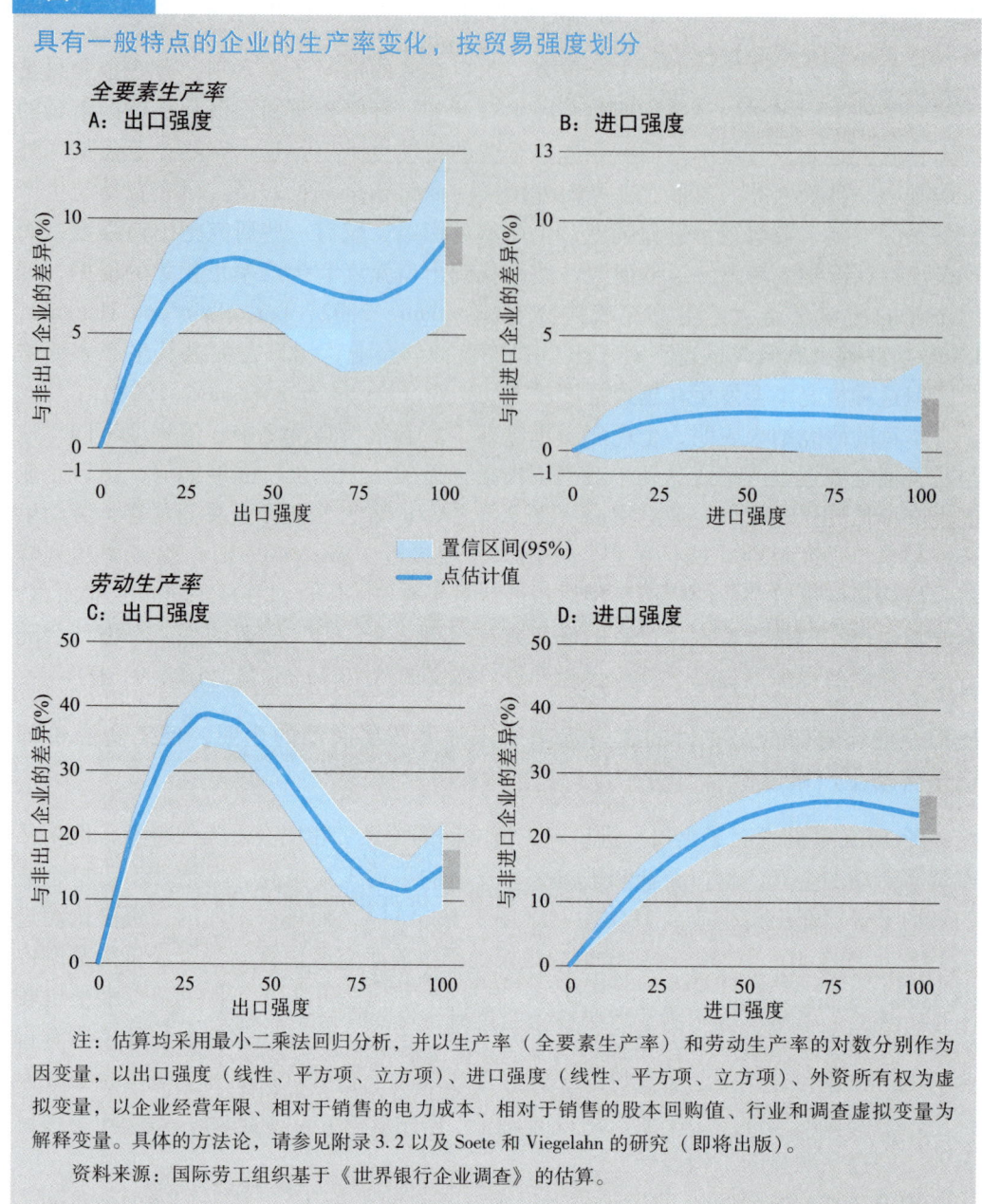

图 3.9 具有一般特点的企业的生产率变化，按贸易强度划分

注：估算均采用最小二乘法回归分析，并以生产率（全要素生产率）和劳动生产率的对数分别作为因变量，以出口强度（线性、平方项、立方项）、进口强度（线性、平方项、立方项）、外资所有权为虚拟变量，以企业经营年限、相对于销售的电力成本、相对于销售的股本回购值、行业和调查虚拟变量为解释变量。具体的方法论，请参见附录3.2以及Soete和Viegelahn的研究（即将出版）。

资料来源：国际劳工组织基于《世界银行企业调查》的估算。

从统计学来看，工资溢价远远低于图 3.7 的 C 图和 D 图中记录的劳动生产率溢价（由于回归分析包括同一系列的控制变量，可直接对比劳动力生产率溢价）。对出口而言，估算的工资溢价低于估算的劳动生产率溢价，这个情况一直存在与所有国家收入水平中。对进口而言，估算的工资溢价与估算的生产率溢价之间存在差异，但这仅限于低收入和中低收入国家；对中高收入和高收入国家而言，估算的工资溢价和生产率溢价在数量上处于类似范围。

结果表明，出口和进口与企业向员工支付的平均工资之间存在正相关关系。然而，进出口带来的效率提升未必会转化为类似程度的工资增长。这些结果与先前的证据不谋而合，这些证据表明参与全球供应链与劳动力的收入份额之间存在负相关关系（ILO，2015b；IMF，2017）。

图 3.10

出口、进口和工资

A：贸易企业和非贸易企业之间的收入百分比差异，按收入水平划分

A1. 出口企业和非出口企业

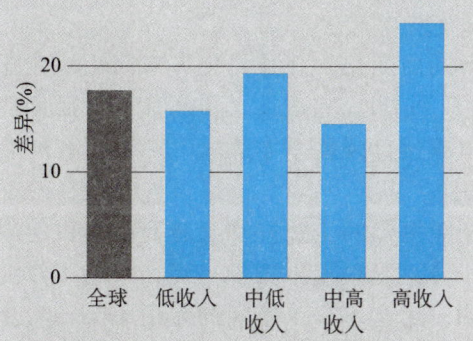

A2：进口企业和非进口企业

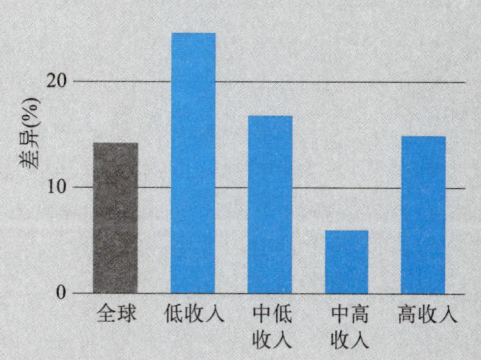

B：具有一般特点的企业的工资变化，按贸易强度划分

B1：出口强度
（出口占销售额的百分比）

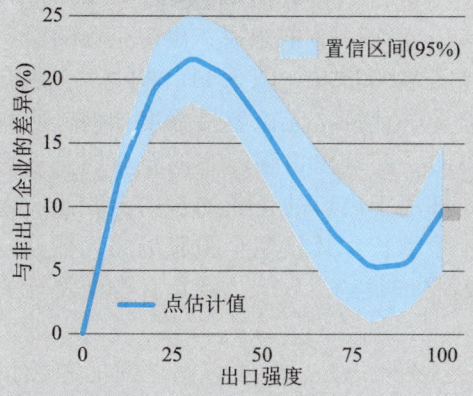

B2：进口强度
（进口占原材料费用的百分比）

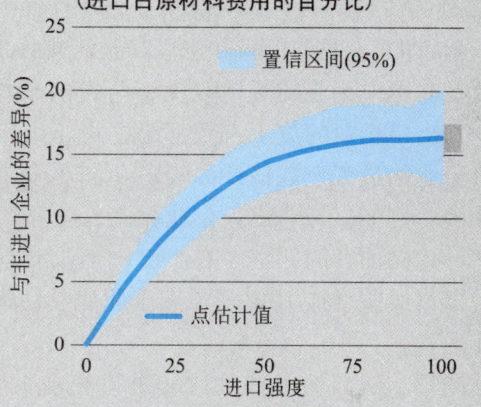

C：企业开展出口业务的年限增长10%时对工资产生的影响

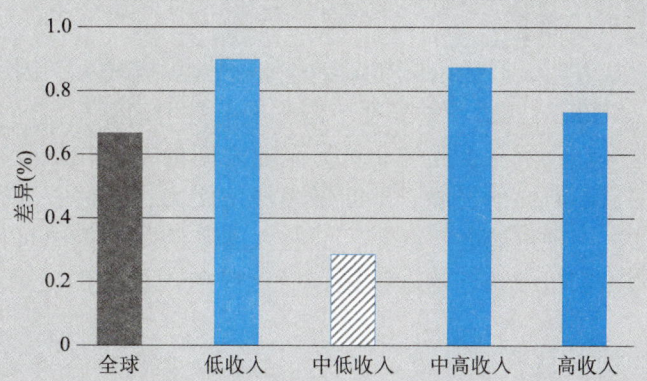

注：条纹柱显示的是统计上接近于零的估算值。纯色柱显示，在10%水平上的估算值具有重要的统计意义。估算均采用最小二乘法回归分析，以平均工资的对数作为因变量。回归分析中包含的主要变量分别是出口企业状况虚拟变量和进口企业状况虚拟变量（A）、出口强度和进口强度（B：线性、平方项、立方项），以及企业开展出口业务的年限（C）。各回归分析中包含的控制变量为外资所有权虚拟变量、企业经营年限、相对于销售的电力成本、相对于销售的股本回购值、行业和调查虚拟变量。具体的方法论，请参见附录 3.2 和附录 3.3，以及 Soete 和 Viegelahn 的研究（即将出版）。

资料来源：国际劳工组织基于《世界银行企业调查》的估算。

第三章 贸易与生产组织：效率和劳动力市场表现

目前有关贸易强度对工资影响的研究并不多，但通常这些研究发现，出口强度对工资会产生正面影响（Munch and Skaksen，2008；Schank，Schnabel and Wagner，2007）。我们的分析证明，不同的进出口强度都对应着正面的工资溢价，但它们之间的关系并非线性。与出口强度较高的企业相比，低出口强度的企业支付的工资较高，而且两者间的工资差额较大（图3.10，B1）。就进口而言，在大部分情况下，进口额占原材料费用的占重越高，企业支付的工资就越高（图3.10，B2）。在大量行业内以及不同的国家收入水平线上，都存在这些模式。

一般企业支付的工资会因进出口强度的不同而变化，并且变化方式与一般企业内劳动生产率的变化方式十分相似（图3.9，C和D）。这表明，员工能从自己创造的附加值中获得一定份额，但这与企业的出口或进口强度基本无关。然而，在所有强度中，工资溢价都低于劳动生产率溢价。

最后，企业开展出口业务的时间越长，企业提供的工资往往会越高。出口年限每增加10%，工资就会增长0.7%（图3.1，C）。出口年限增加一年，平均工资溢价与平均劳动生产率溢价会比较相似。这表明，生产率—工资间的差距不会随着企业开展出口业务的年限而发生系统性变化。

相较于非贸易企业，进出口企业的员工人数更多

图3.11表明了出口、进口与员工规模之间的关系。一般来说，出口企业的员工人数是非出口企业的两倍以上，两者的平均差距为158%（图3.11，A1）。在所有行业，出口企业的员工人数都超过了非出口企业。此外，无论贸易强度如何，所有出口企业的员工人数估计都较多（图3.11，B1），而且出口强度高的企业的员工人数最多。例如，与非出口企业相比，全部产品都用于出口的企业的长期全职雇员人数估计达到前者的四倍左右。出口企业经营年限越长，其长期全职雇员的人数就越多；出口经验增加10%，长期全职雇员的人数将增长约2.5%（就具有类似特征的企业而言）（图3.11，C）。

同样，进口企业往往比非进口企业拥有更多的员工，即便它们之间的差额仅为56%（图3.11，A2）。对于所有经济行业而言，进口企业比非进口企业拥有更多的长期全职雇员。在所有进口企业中，那些拥有中度进口强度的企业的员工人数最多。

广泛的相关文献表明，开展国际贸易的企业通常规模较大，因此员工人数更多（Bernard et al.，2007），这种差异在一定程度上是由国际规模经济所致。本章的分析也印证了这一点：贸易企业与非贸易企业之间的差异在低收入国家最为明显，但随着这些国家不断向前发展、不断增强经济实力，这些差异似乎会不断缩小。对于这种模式，一种可能的解释是，低收入国家的贸易壁垒可能高于高收入国家，因为低收入国家通常缺乏基础设施，而这些基础设施的质量不足以促进贸易活动的展开。

的确，随着一国发展水平的提高，出口企业会变得日益普遍（Fernandes，Freund and Pierola，2015）。随后，在欠发达国家，从事贸易活动的企业就需要为贸易支付十分高昂的固定成本，而这些成本只有当企业生产率特别高时才能够承担。但是，生产率最高的企业往往是员工人数尤其多的企业。因此，在需要为进入进出口市场支付高昂固定成本的国家，贸易企业与非贸易企业之间的差异预计会更加明显。

图 3.11

出口、进口与长期全职雇员

A：贸易企业与非贸易企业在员工方面的百分比差异，按收入水平划分

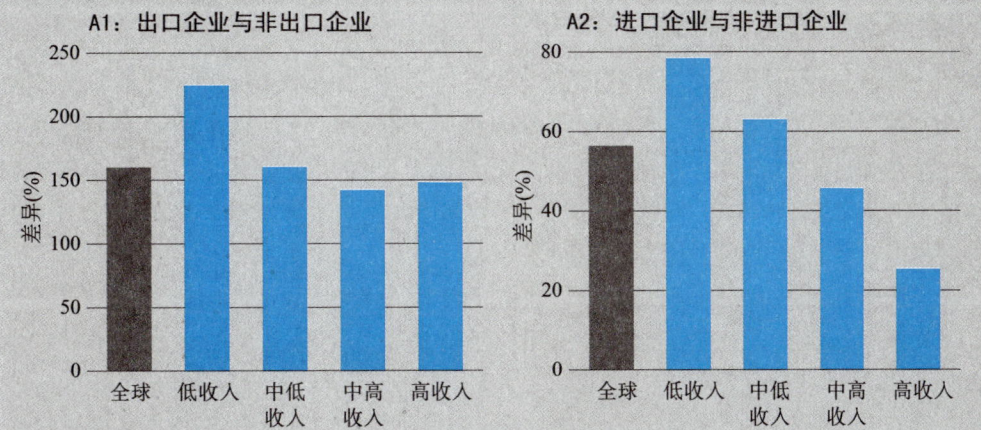

A1：出口企业与非出口企业　　A2：进口企业与非进口企业

B：具有一般特点的企业的就业变化，按贸易强度划分

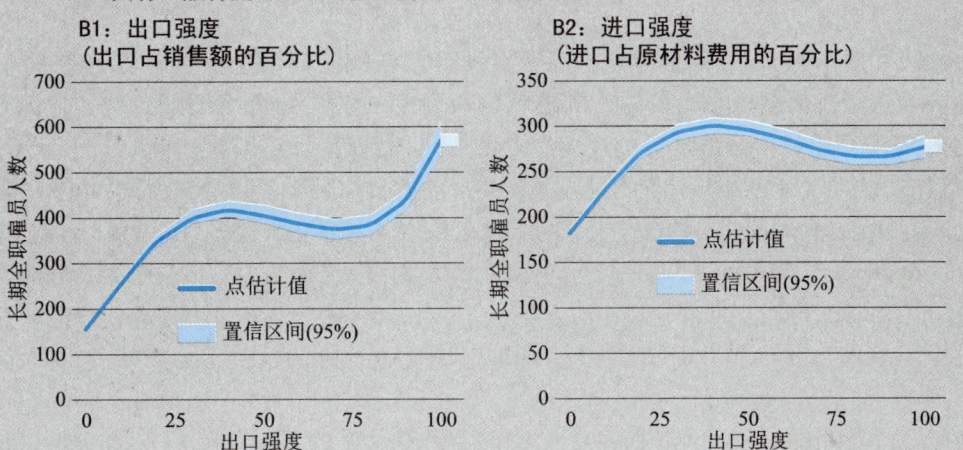

B1：出口强度（出口占销售额的百分比）　　B2：进口强度（进口占原材料费用的百分比）

C：企业开展出口业务的年限增长10%时对就业产生的影响

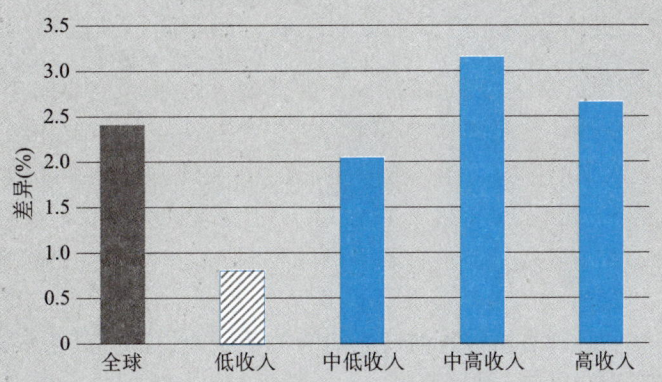

注：条纹柱显示的是统计上接近于零的估算值。纯色柱显示，在10%水平上的估算值具有重要的统计意义。估算均采用最小二乘法回归分析，以长期全职雇员的对数作为因变量。回归分析中包含的主要变量分别是出口企业状况虚拟变量和进口企业状况虚拟变量（A）、出口强度和进口强度（B：线性、平方项、立方项），以及企业开展出口业务的年限（C）。各回归分析中包含的控制变量为外资所有权虚拟变量、企业经营年限、相对于销售的电力成本、相对于销售的股本回购值、行业和调查虚拟变量。具体的方法论，请参见附录3.2和附录3.3，以及Soete 和 Viegelahn 的研究（即将出版）。

资料来源：国际劳工组织基于《世界银行企业调查》的估算。

女性员工在高强度出口企业和进口企业中所占比重较大

图 3.12 探讨了进出口业务与企业内女性员工所占比重之间的关系。除了高收入国家，在其他各收入水平的国家里，出口企业比非出口企业雇用了更多的女性员工（图 3.12，A1）。出口企业与非出口企业间的差异平均接近 3 个百分点，但在低收入国家，这种差异接近 9 个百分点。与非出口企业相比，所有行业的出口企业的全职长期女性雇员的人数都较多，并且在多数情况下，两者间的差异在数额上表现十分明显。在高强度出口企业，女性员工的占比尤其高（图 3.12，B1）。根据这些估算值，在一般的非出口企业，女性员工的占比接近 29%，而在那些全部产品都用于出口的企业内，女性员工的占比高达 40%。

从统计学角度来看，企业开展出口业务的年限与女性员工的占比之间没有特别密切的关系。这说明，企业在开始开展出口业务后，在招募员工的过程中不存在性别歧视（图 3.12，C）。

进口与全职长期女性雇员的占比之间也存在正相关关系，进口企业与非进口企业之间的平均差异估计超过 2 个百分点（图 3.12，A2）。据估计，这种差异在低收入国家最为明显。在某些行业，进口企业的女性员工人数明显较多（如木材和造纸、服装和皮革），但在其他行业，两者间没有差异或差异很小。对进口企业而言，女性员工占全体长期全职雇员的比例随着进口强度的增强而持续增加，从非进口企业的 28% 增至原材料全部进口的进口企业的 32%（图 3.12，B2）。

目前，有证据表明出口导向与某些国家和行业的女性工作者的增加有关。例如，在研究以出口为导向的墨西哥的城市时，我们发现女性工作者主要集中在以出口为导向的行业（Tamborini, 2007）。出口导向与"劳动力女性化"之间正相关的关系也出现在孟加拉国（Kabeer and Mahmud, 2004）、印度（Ghosh, 2004）、肯尼亚（Were, 2012）以及土耳其（Başlevent and Onaran, 2004；Ozler, 2000）。非洲的最新证据表明，如果一个国家实施与性别相关的政策，进出口企业的溢价将会增长（Duda–Nyczak and Viegelahn, 2017 年）。虽然企业内女性员工所占比重较高代表着工作的包容性，但这未必足以说明女性（或男性）的工作质量（对该问题的分析不在本报告涉及的范围之内）。

出口企业的临时工占比较高，进口企业则较低，但不同行业的情况各不相同

图 3.13 显示了出口、进口和临时工所占比重之间的关系。临时工的占比体现了工作的稳定性和安全性。在比较具有相同所有权状况、经营年限和经济活动的企业时，对于所有收入水平的国家，出口企业的临时工人数占总员工人数的平均比例要比非出口企业高 1.5 个百分点（图 3.13，A1）。出口强度越高，这些企业的临时工占比就越高（图 3.13，B1）。企业从事出口的年限与临时工的占比呈负相关：出口年限每增加 10%，临时工的占比就降低 6 个百分点（图 3.13，C）。

文献似乎证实了出口与销售波动性之间的关系（Nguyen and Schaur, 2012），这可能有助于说明为什么出口企业对临时工的需求更大。最近发现，日本从事贸易的企业更多地雇用临时工，这表明临时劳动合同是贸易企业的就业缓冲手段（Machikita and Sato, 2016）。灵活性似乎是企业使用临时工的主要原因之一，但研究结果却表明，不同的行业的情况各不相同（Aleksynska and Berg, 2016；更多分析请见第二章）。例如，相较于食品、饮料和烟草行业的非出口企业，同行业的出口企业的临时工占比要高出 7.4 个百分点；而与金属行业的非出口企业相比，同行业的出口企业的临时工占比要低 1.8 个百分点。

图 3.12

出口、进口和女性员工的占比

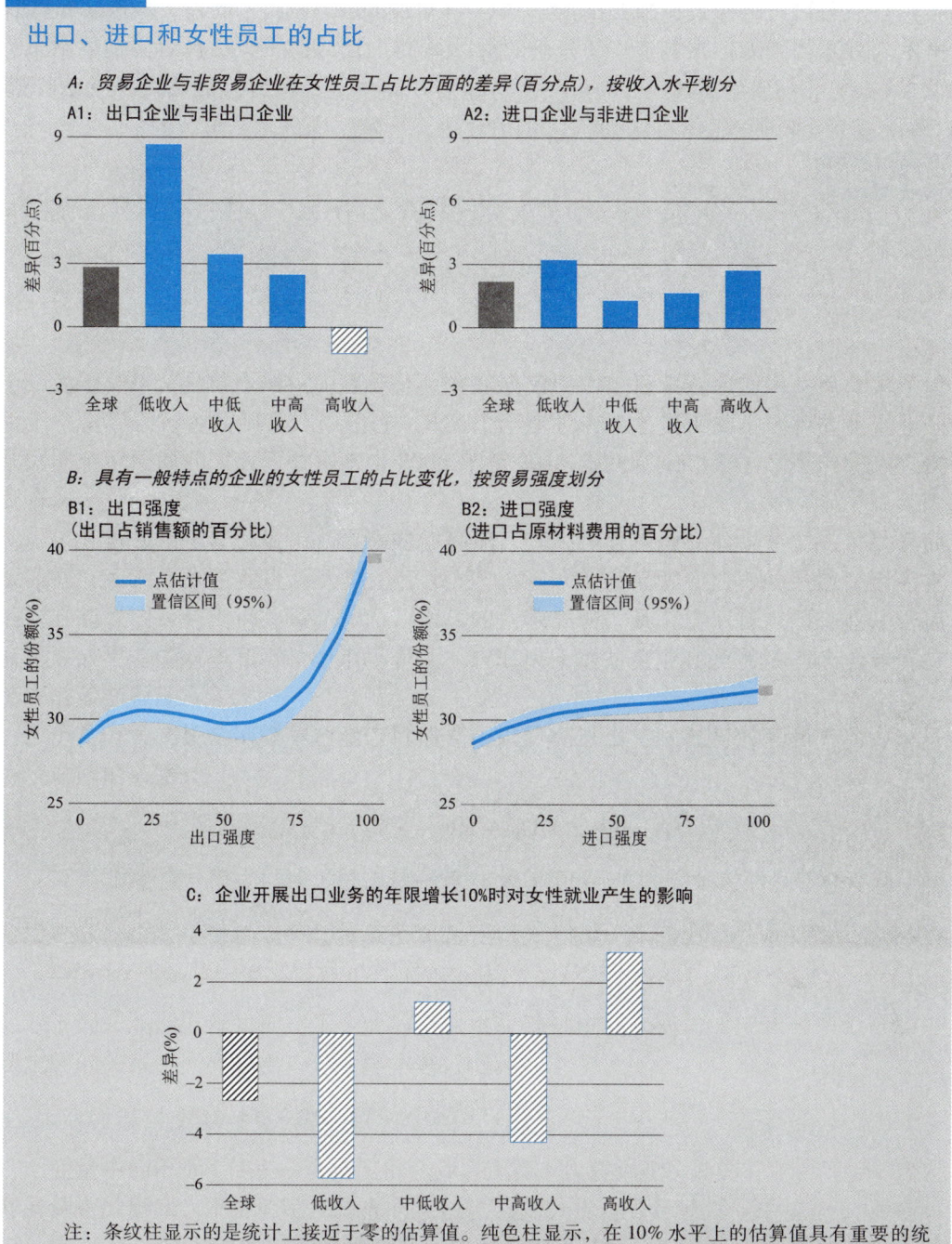

注：条纹柱显示的是统计上接近于零的估算值。纯色柱显示，在10%水平上的估算值具有重要的统计意义。估算均采用最小二乘法回归分析，以女性员工占长期全职雇员的比例作为因变量。回归分析中包含的主要变量分别是出口企业状况虚拟变量和进口企业状况虚拟变量（A）、出口强度和进口强度（B：线性、平方项、立方项），以及企业开展出口业务的年限（C）。各回归分析中包含的控制变量为外资所有权虚拟变量、企业经营年限、相对于销售的电力成本、相对于销售的股本回购值、行业和调查虚拟变量。具体的方法论，请参见附录3.2和附录3.3，以及Soete和Viegelahn的研究（即将出版）。

资料来源：国际劳工组织基于《世界银行企业调查》的估算。

进口企业雇用的临时工人数远低于非进口企业，至少在低收入国家和中低收入国家是如此。在这些国家，进口企业的临时工占比要比非进口企业大约低0.7%（图3.13, A2）。但是，进口企业和非进口企业的比较结果随着行业的不同而不同。例如，相对于非进口企业，食品、饮料和烟草行业的进口企业与非金属和塑料材料的进口企业的临时工占比分别低1.3个百分点和3.1个百分点。而服装、皮革及金属行业的进口企业的临时工占比要高1个百分点。造成上述差异的一种可能的解释是，不同行业的技能和培训要求各不相同。如果一个行业仅需要最低的技能和培训，那么为了应对外国市场的波动，企业更容易雇用临时工。如果一个行业需要高技能工作者，那么选择就更具挑战性。随着进口强度的增加，临时工的占比也会下降（图3.13，B2）。

图 3.13

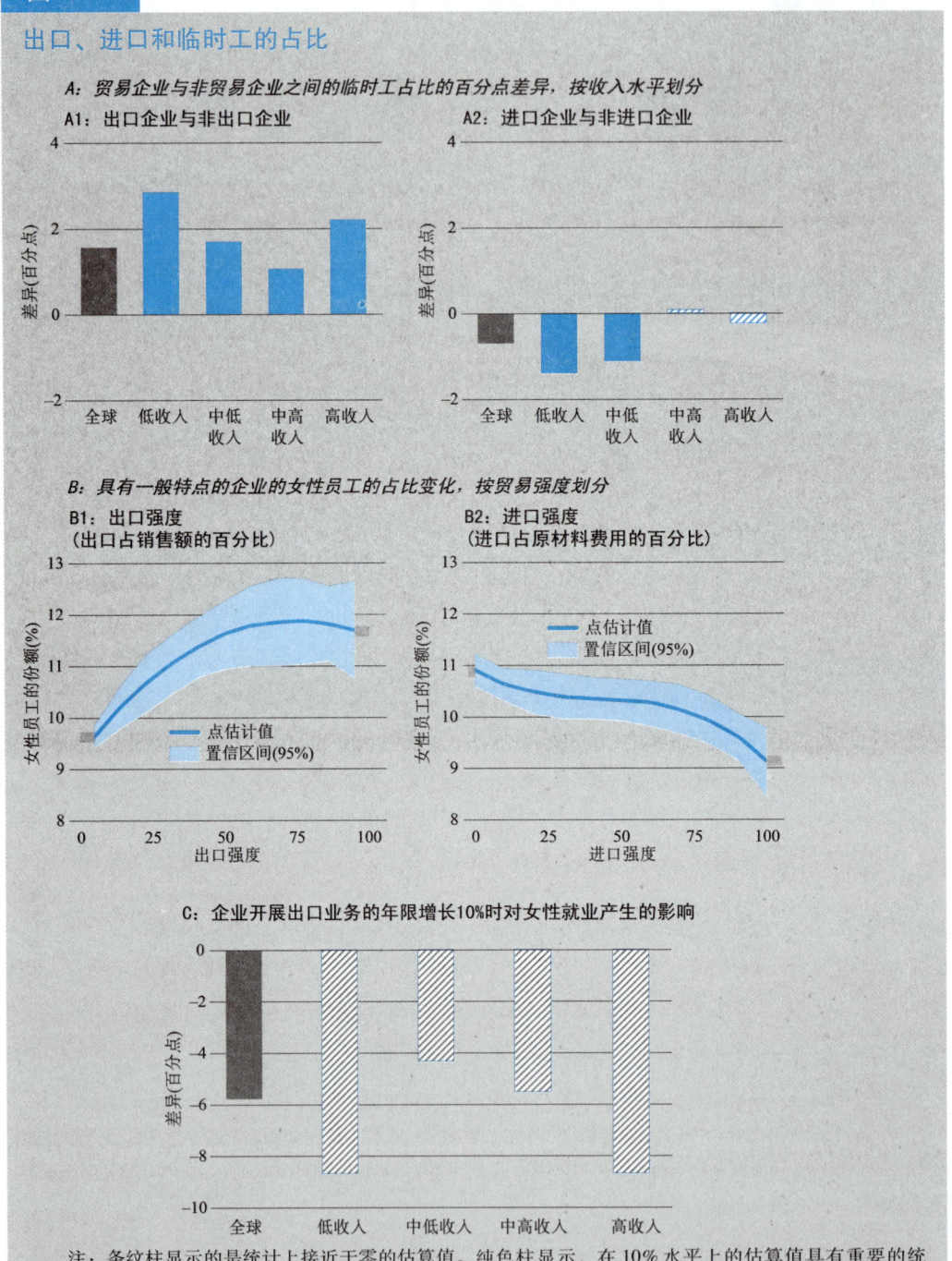

出口、进口和临时工的占比

注：条纹柱显示的是统计上接近于零的估算值。纯色柱显示，在10%水平上的估算值具有重要的统计意义。估算均采用最小二乘法回归分析，以女性员工占长期全职雇员的比例作为因变量。回归分析中包含的主要变量分别是出口企业状况虚拟变量和进口企业状况虚拟变量（A）、出口强度和进口强度（B：线性、平方项、立方项），以及企业开展出口业务的年限（C）。各回归分析中包含的控制变量为外资所有权虚拟变量、企业经营年限、相对于销售的电力成本、相对于销售的股本回购值、行业和调查虚拟变量。具体的方法论，请参见附录3.2和附录3.3，以及Soete和Viegelahn的研究（即将出版）。

资料来源：国际劳工组织基于《世界银行企业调查》的估算。

第三节　全球供应链上的供应商：企业层面的效率和劳动力市场表现

上一节叙述了效率和劳动力市场表现不仅在贸易企业与非贸易企业间存在差异，在贸易企业之间也存在差异，这主要取决于贸易强度。本节围绕全球供应链上的出口企业，继续分析贸易企业之间的差异。

识别全球供应链上的供应商企业，并估算它们的效率和劳动力市场表现

全球供应链代表的是满足生产需要的跨境任务组织，这些任务包括产品开发、不同加工阶段的中间投入、总装和产品交付。由此导致的跨境生产的碎片化形成了供需关系，进而构成了全球供应链。在全球供应链中，生产过程中的不同任务在两个或多个国家完成（ILO，2015b，2016c）。主导企业是指以供应链的方式组织生产流程的企业，而供应商企业则指的是承担生产过程中的一部分任务的企业。[①]

本节试图从所有出口企业中识别通过供应商企业的身份开展出口业务，从而促进全球供应链发展的企业，并通过对这些企业和其他出口企业进行比较，分析它们的效率和工作表现。本节在分析中区分了为全球供应链提供投入品的企业，即"全球供应链投入品供应商"，与组装最终产品的企业，即"全球供应链制成品供应商"。全球供应链投入品供应商生产进入外国生产环节的中间投入品。全球供应链制成品供应商在接收到外国主导企业的订单后，将中间投入品组装成制成品。全球供应链投入品供应商不同于全球供应链制成品供应商，这是因为相对于中间投入品的生产而言，制成品的组装过程需要更多的体力劳动（Fasth, Stahre and Dencker, 2010），因而是一种不同的活动，这可能会造成不同的效率和劳动力市场表现。专栏3.3详细地描述了本节如何利用现有的企业层面的数据，识别全球供应链上的供应商企业。

专栏3.3

如何识别全球供应链上的供应商企业

当一个生产流程发生在两个或多个国家时，便形成了全球供应链。根据这个概念可提出"供应商企业"的两个定义。这些定义考虑了：（1）中间投入品的生产，这些投入品会在生产流程的其他环节被进一步加工；（2）将不同中间投入品组装成制成品。这项分析使用了《世界银行企业调查》中的数据（更多详情请参见：Viegelahn and Wang，即将出版）。

全球供应链投入品供应商指的是，主要产品可归类为投入到生产过程中的中间投入品且主要产品的主要市场为出口市场的企业。中间投入品是指在消费前需要进一步加工的产品。例如，在汽车生产中，中间投入品指的是车门、安全气囊或轴承。顾名思义，投入品在国外得到进一步加工，它的出口形成了一个供应链，该供应链至少跨越了一个国界。因此，全球供应链投入品供应商指的是，作为投入品出口企业直接参与全球供应链的企业。例如，如果一家企业主要生产汽车车门，而汽车车门主要用来在海外组装汽车整车，那么这家企业可被视为全球供应链投入品供应商。

[①] 主导企业经常出现在有关全球供应链的文献中。这并不意味着主导企业对供应商企业的工作条件拥有控制权。同时，还要注意的一个重要方面是，一家企业既可以是主导企业，也可以是供应商企业，前提是在该企业自身的生产流程中，至少有一个流程发生在一条全球供应链中，同时又通过至少一种产出支持另一条全球供应链的生产流程（见专栏3.3）。

专栏 3.3（续）

还有一些企业是全球供应链的一个环节，但不生产中间投入品。相反，它们的主要任务是最后的产品组装。由于这些企业生产的是成品，而非中间投入品，所有不属于第一类企业。因此，我们采用第二个定义。

全球供应链制成品供应商指的是，主要产品可归类为成品且主要产品的主要市场为出口市场，但不通过中间商间接出口的企业。成品是指可由消费者直接使用，并且无需进一步加工的产品，如手机或T恤。成品的主要市场必须是出口市场，以反映全球供应链制成品供应商先在一国组装产品，再将产品运至其他国家（主导企业在这些国家开展业务）这个概念。为了区分外国主导企业和按合同要求组装成品的企业，成品必须由供应商企业直接出口。如果全球供应链制成品供应商按主导企业的订单进行成品组装，那么该供应商最有可能将成品直接运送至海外的主导企业的仓储设施（设在其他国家），不会使用中间批发商。

该定义的涵盖面可能过大，不仅包含为主导企业生产产品的企业，也包含直接出口成品的其他出口企业。但是，该定义确实涵盖真正的全球供应链制成品供应商企业。例如，有一家直接出口成衣的孟加拉国的企业，主要根据其他国家主导企业的订单来为全球市场生产服装。因此，根据上述定义，该企业可被视为全球供应链制成品供应商。

此外，由于可获得的数据有限，我们仅考虑小型、中型或大型正规企业。[1]有一点很重要，那就是非正规企业和微型企业也可能是全球供应链上的供应商。[2]这一点在买方驱动的全球供应链中尤其明显，其中大型正规企业可将某些生产环节交由作为供应商企业的非正规行业企业，以降低成本。由于非正规行业企业没有进行正式登记，同时考虑到出口的固定成本较高，这些企业往往不会把商品供应到海外市场，而是供应给国内市场。[3]然而，它们的产品最终会进入全球供应链，因此它们是间接地，而不是直接通过出口参与到全球供应链之中。

根据上述两个定义，我们可以从约 1.8 万家出口企业中识别出 2860 家全球供应链投入品供应商和 2345 家全球供应链制成品供应商。这两类供应商分别占出口企业总样本的 16.4% 和 13.5%（见图 3.14）。大部分全球供应链投入品供应商主要来自非金属和塑料行业（20.8%）以及纺织品行业（20.2%），而大部分全球供应链制成品供应商来自服装和皮革行业（50.7%）以及食品、饮料和烟草行业（31.2%）。

图 3.14

图解全球供应链供应商企业的定义

全球供应链制成品供应商(13.5%)
全球供应链投入品供应商(16.4%)
其他出口企业(70.1%)
出口企业 非出口企业

就企业层面的特点而言，我们在出口企业样本中发现，全球供应链供应商企业的销售额一般与其他出口企业相当。对于全球供应链投入品供应商和制成品供应商而言，年销售额（2005年定值美元）分别是 880 万美元和 700 万美元，而其他出口企业的年销售额为 770 万美元。一般来说，全球供应链供应商企业往往比其他出口企业的经营时间短，雇用的员工多。由于全球供应链供应商企业的产品的主要市场必须是出口市场，全球供应链供应商企业的出口强度往往高于其他出口企业，这一点并不让人感到惊讶（全球供应链投入品供应商和全球供应链制成品供应商的出口强度分别是 76.7% 和 84.3%，而其他出口企业的出口强度为 34.5%）。

---

[1] 虽然我们在分析中并未考虑非正规企业的就业情况，但考虑了正规企业的正规就业和非正规就业情况。[2] 有几个例子显示了非正规行业在全球供应链中可发挥的重要作用；参见，例如 Carr and Chen (2002)，Carr, Chen and Tate (2000)，Lusby and Derks (2006)，Kaplinsky and Morris (2001)。[3] 根据《世界银行微型企业调查》中 14 个国家的数据，仅有 2% 的微型企业（员工不足 5 名）是出口企业。

全球供应链投入品供应商和制成品供应商不同于其他出口企业。其不同之处在于，这些供应商要求买方是外国主导企业，而非外国消费者。相对于其他出口企业而言，这让全球供应链供应商企业面对有些特殊的买方—供应商关系（Gereffi, Humphrey and Sturgeon，2005）。

全球供应链的一个特点是，它会造成企业间力量的不对等。例如，少数主导企业可能拥有很大的市场权力，而大量的小型供应商却要彼此展开激烈的竞争。同样，很多主导企业可能不得不为了为数不多的供应商而展开竞争。在全球供应链中，主导企业通常是大型跨国企业，其总部要么设在发达国家，要么设在发展中国家，而后者正日趋普遍（见专栏3.4）。这些跨国企业通常控制着供应链中利润最丰厚的环节，即分销和营销。

另一个特点是，全球供应链供应商企业在生产流程的设计过程中需要外国主导企业的配合。这或会造成外国主导企业与全球供应链供应商企业之间的依赖关系。

最后，当外国主导企业和全球供应链供应商企业在不同国家开展经营活动时，它们也是在不同的社会经济和法律环境中开展经营活动，这便带来了如何在跨国活动中执行劳动标准的问题。这已促使人们开始讨论治理赤字（ILO，2016c；Mayer and Gereffi，2010），其中有些企业开展自发活动，旨在对自身供应链上国际劳动标准的执行情况加强监控（有关跨国企业社会责任行为的信息，请参见专栏3.5）。

在一定程度上，全球供应链相关的全部特点都有可能影响到全球供应链供应商企业的效率和劳动力市场表现，这是本节研究的重点。

截至目前，我们主要通过案例研究分析了全球供应链供应商企业的工作条件。这些案例研究的重点是某个特定国家内的特定行业［参见，例如：乌干达花艺行业，Evers, Amoding and Kirishnan（2014）；巴西园艺水果行业，Funke et al.（2014）；摩洛哥服装行业，Rossi（2013）］。这些案例研究通常使用少量的经验观测值来对供应商—买方之间的关系，以及它们与效率和劳动力市场表现之间的关系进行定性分析。虽然案例研究对所选供应链中的部分企业进行了更深入的分析，但本节旨在通过定量证据来全面描述效率和劳动力市场表现。

本节所分析的效率和劳动力市场表现类似于第二节的分析。而且，本节使用的估算策略与第二节相似，都是基于回归分析。回归分析使用全球供应链供应商状况作为主变量，以企业所有权状态（外资或内资）、企业经营年限、资本强度、电力强度、行业虚拟变量和国家—年度虚拟变量作为控制变量。①

本节的实证分析审视了相对于其他出口企业的全球供应链投入品供应商和全球供应链制成品供应商的效率和劳动力市场表现。其他出口企业指的是，既不属于全球供应链投入品供应商，也不属于全球供应链制成品供应商的出口企业。这些企业的主营业务要么不是生产专供出口的产品，因此从根本上讲不是全球供应链供应商；要么是通过中间商出口成品，而这使它们不可能按外国主导企业的订单组织生产。

---

① 根据第二节中的方法，在回归分析中，特意未对诸如销售额（说明公司的规模）或者员工的平均受教育水平等变量进行控制，这是因为参与全球供应链的程度可能正是通过这些渠道（规模经济、员工构成方面的变化）与效率和劳动力市场产生关系。正如第二节一样，分析结果应解读为平均表现，但这不排除任一方向的与工作条件相关的异常值。

> 专栏 3.4

作为全球供应链的协调者,发展中国家的跨国企业是否发挥越来越重要的作用?来自前 100 强企业的证据

跨国企业指的是在多个国家拥有实体的企业,并且旗下实体拥有共同的战略、知识、资源和责任。正因如此,跨国企业在协调全球供应链方面发挥着主导作用。它们在附属企业(企业内贸易)、合约合作伙伴(包括合约制造、授权经营和特许经营)以及公平交易供应商的网络中进行投入与产出的跨境交易。据估计,2010 年跨国企业所协调的全球供应链在全球贸易中所占比重约为 80%(UNCTAD,2013)。

本专栏提供的证据表明,总部设在发展中国家的跨国企业正发挥着越来越重要的作用。本专栏的数据来自世界各地 100 个最大的非金融跨国企业(根据这些企业的海外资产,每年识别一次)和发展中国家的 100 个最大的非金融跨国企业。这些数据表明,发展中国家中 100 个最大的非金融跨国企业在 2014 年的员工总数达 1150 万人,这使其在全球员工总数中的占比从 2004 年的 0.12% 提高到 2014 年的 0.36%。它们的销售额占全球 GDP 的比重也增加了两倍,到 2014 年时接近 6%。相比之下,全球 100 个最大的跨国企业在全球员工总数中的占比相对稳定,但其销售额占全球 GDP 的比重却在下滑。2015 年,全球前 100 家大跨国企业拥有约 1610 万名员工,相当于全球就业人数的 0.5% 左右,或每家企业平均拥有约 16.1 万名员工(图 3.15)。

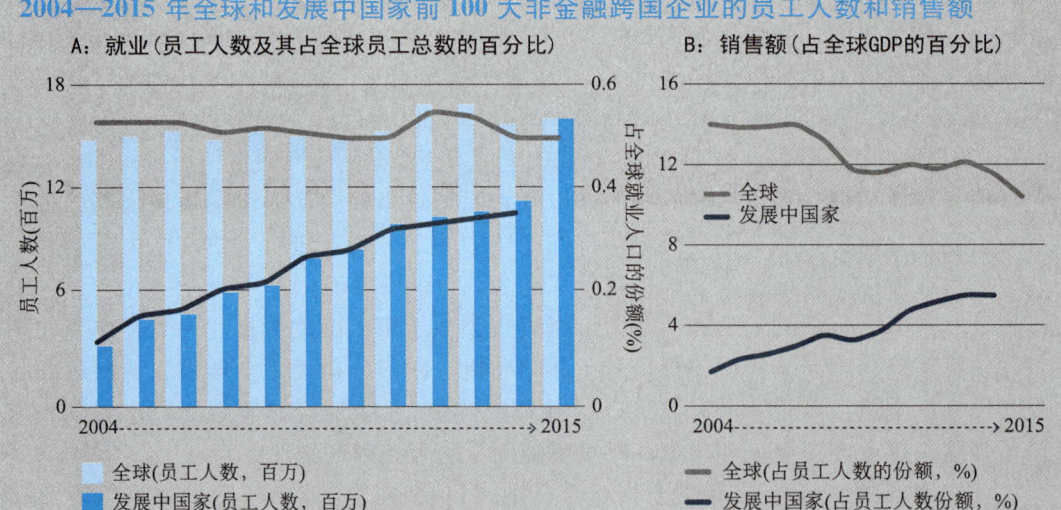

图 3.15

2004—2015 年全球和发展中国家前 100 大非金融跨国企业的员工人数和销售额

注:发展中国家包含联合国贸易和发展会议定义的"转型和发展中国家"。
资料来源:国际劳工组织根据联合国贸易和发展会议(《世界投资报告》,多期)、国际劳工组织和世界银行的数据的估算。

而且,在发展中国家,越来越多的跨国企业成为全球前 100 大非金融跨国企业。在全球前 100 大跨国企业中,尽管多数仍将总部设在发达国家,但发展中国家的跨国企业正开始奋起直追。1994 年之前,全球前 100 大跨国企业全部来自发达国家,但到 2014 年,其中有 8 家来自发展中国家的跨国企业跻身为其中的一员。按销售额—员工人数计算,发展中国家的跨国企业也大幅度提高了自身的劳动生产率,从而缩小了与发达国家跨国企业在生产率方面的差距,这一点在计算机、电子、电气设备、纺织服装、建筑和贸易等行业中尤其明显(UNCTAD,2016)。

专栏 3.5

企业社会责任倡议的核心是什么?

跨国企业曾自发采取行动来增强对其供应链是否遵从国际劳动标准的监控。这些行动通常被称作"私营合规倡议"或企业社会责任倡议,并配以多种形式的"自我监管",例如行为准则、认证和其他自我报告机制(ILO,2017)。多个国际规范性文件成为私营合规倡议的基准点,其中包括《关于多国企业和社会政策的三方原则宣言》和《联合国工商业和人权指导原则》。有趣的是,虽然这些倡议涉及各种就业和劳动问题,但是在所采用的倡议中,各项倡议的重要性却大不相同。

欧洲企业社会责任评级机构 VigeoEiris 编制的数据库包含从多个复杂的维度描述的企业社会责任。该评级机构调查了 3000 多家跨国企业,衡量了部分主要维度上的自愿承诺水平和实施手段,包括非歧视、健康和安全、结社自由以及供应链上的社会标准。供应链上的社会标准是指外包企业在多大程度上控制供应商履行社会责任,其中社会责任的履行与基本的劳动权利和工作条件有关。

图 3.16 显示了在 0—100 分数段上的企业在企业社会责任方面的表现,其中 100 代表最理想的情况。[1] 总体来说,在每个地区,劳动和就业企业社会责任问题的得分都未达到 50/100。更重要的是,就承诺和执行而言,每个维度的处理方式都有很大不同。相对于工作场所无歧视原则的重要性(44.6/100)、提高健康和安全(38.8/100)以及将社会因素纳入供应链的监控中(33.6/100),有关结社自由的私人承诺(及执行)的得分在全球范围内偏低(18.1/100)。这表明,世界范围内很少有企业将此问题视为自我监管的优先项目。需要注意的是,虽然 VigeoEiris 有关结社自由的指标难免会有一定的主观色彩,但是该指标是基于一整套国际标准建立的,包括《1948 年自由结社和保护组织权利保护公约》(第 87 号公约)和《组织权利和集体谈判权利原则的实施公约》(第 98 号公约)。

图 3.16

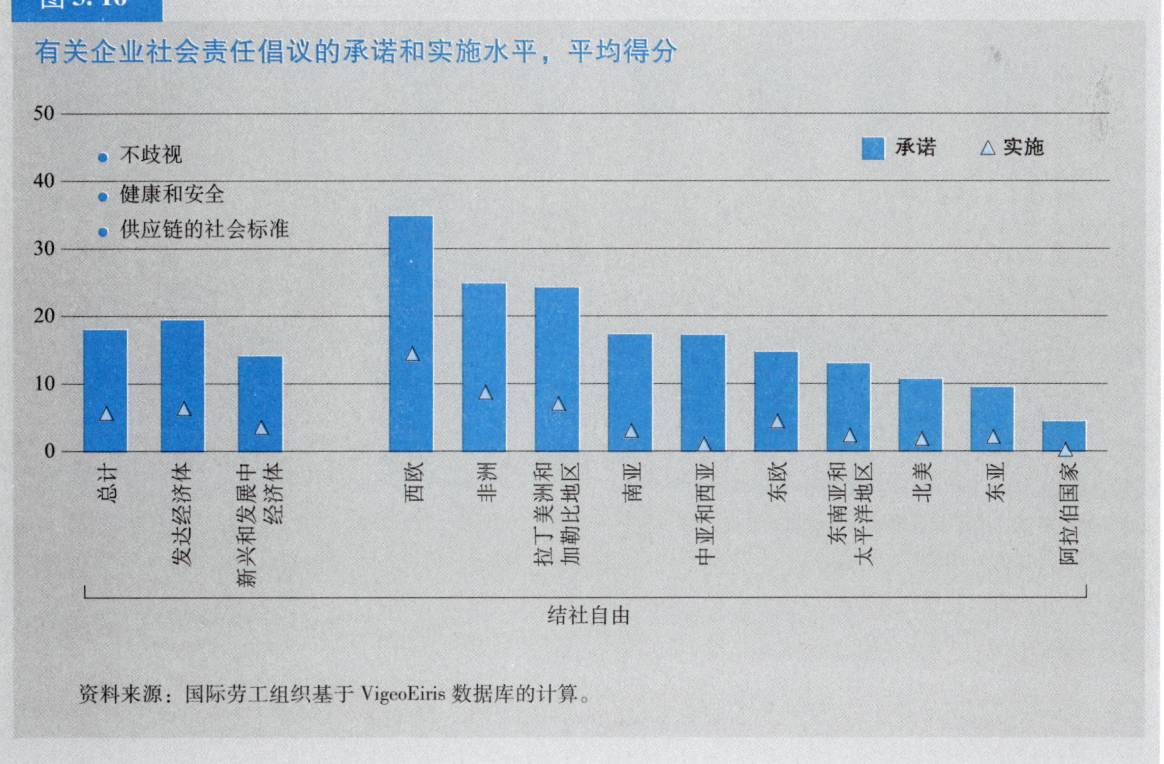

有关企业社会责任倡议的承诺和实施水平,平均得分

资料来源:国际劳工组织基于 VigeoEiris 数据库的计算。

专栏 3.5（续）

尽管地区或行业均未达到 50/100，但是地区和行业间的差异也很大。与东亚和阿拉伯国家相比，西欧的承诺水平较高。就行业而言，值得注意的是，金融和 IT 服务企业不愿意在结社自由上做出承诺，而奢侈品和化妆品、电气元件与设备、饮料等行业的企业更愿意做出承诺，这可能是因为品牌声誉对这些产品类别至关重要。我们的分析也表明，有关结社自由的承诺水平与国际化程度（按外国销售额的占比和外国资产的占比来衡量）、企业规模（按员工的数量和收入衡量）和企业经营年限呈正相关（Delautre，即将出版）。

作为一种"赋能"的权利，促进结社自由也会对企业社会责任的其他各个方面产生正面的影响。可通过社会对话建构起一个框架，让企业更好地考虑其应该承担的经济、社会和环境责任。在结社自由方面得分最高的企业也比其他层面的普通企业有更高的承诺得分（图 3.17），这不仅反映在其他与劳动相关的层面（与内部员工和第三方有关），也反映在企业社会责任的其他层面，如人权、环境和企业治理。当高度承诺与具体措施的执行结合起来时，这种情况尤其明显，具体措施包括员工和管理人员的培训、内部交流、汇报和监控措施（可能包括外部审核或风险映射）或者对供应商的审计。当企业真正愿意确保在企业内开展社会对话时，有关企业社会责任的承诺往往是最有力的。

图 3.17

结社自由方面表现最佳的企业在不同维度上的平均得分

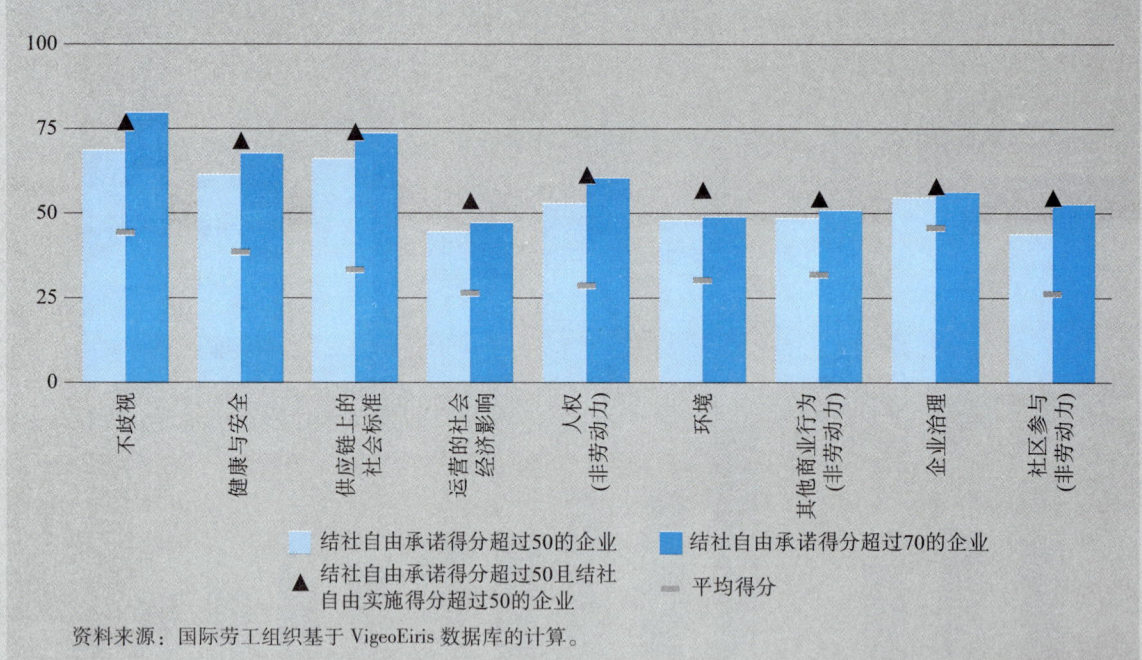

资料来源：国际劳工组织基于 VigeoEiris 数据库的计算。

[1] 例如，结社自由得分为 100 的企业将会是已经与全球工会签订国际框架协议（可能还有全球契约）并制定行为准则的企业；可能已经签署了国际框架协议的企业，其中包含当地具体的协议；已经明确承诺要保护结社自由、组织权、集体谈判权，并让员工代表免受歧视的企业；以及已把这项工作明确分配给高级管理人员，并定期与工会协商该问题的企业。

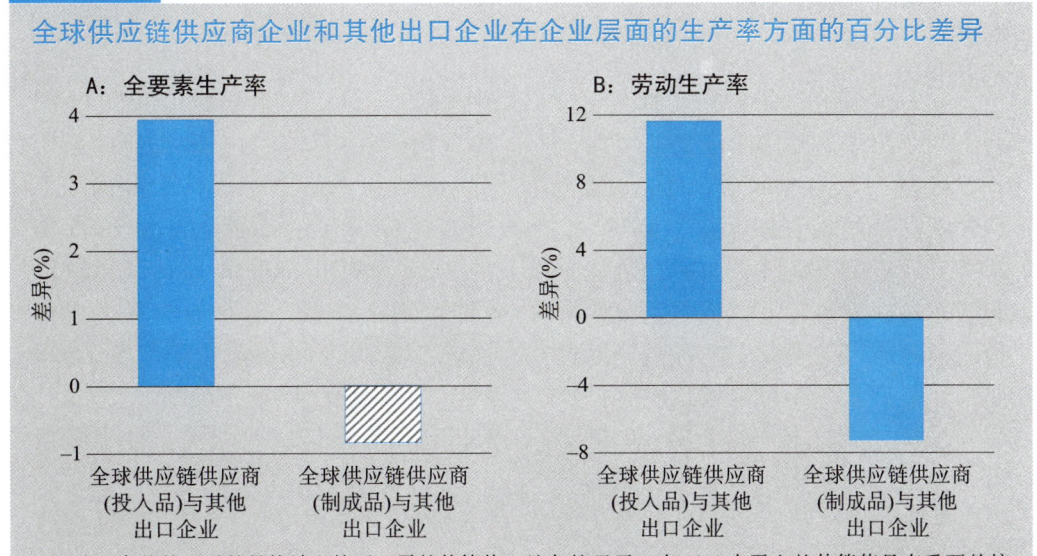

图 3.18

全球供应链供应商企业和其他出口企业在企业层面的生产率方面的百分比差异

注：条纹柱显示的是统计上接近于零的估算值。纯色柱显示，在10%水平上的估算值具有重要的统计意义。这些估算均基于出口商样本采用了最小二乘法进行回归分析，并仅以生产率（全要素生产率）和劳动生产率的对数作为因变量，以全球供应链状况虚拟变量、进口状况虚拟变量、外资所有权虚拟变量、企业经营年限、相对于销售的电力成本、相对于销售的股本回购值、行业和调查虚拟变量为解释变量。具体方法论，请参见附录3.2，以及Viegelahn和Wang的研究（即将出版）。

资料来源：国际劳工组织基于《世界银行企业调查》的估算。

相较于其他出口企业，全球供应链投入品供应商的生产率更高

出口企业的情况千差万别。仅根据出口企业是否属于全球供应链投入品供应商企业来比较存在差异的出口企业时，我们发现全球供应链投入品供应商的生产率一般远远高于其他出口企业（图3.18）。全要素生产率的差异接近4%，而劳动生产率的差异则超过11%。从全球供应链制成品供应商角度来看，我们发现它们并不存在统计上十分明显的全要素生产率溢价，而它们的劳动生产率要比其他出口企业低8%左右。

对于全球供应链投入品供应商企业的生产率较高这个现象，一种可能的解释是规模的重要性。那些外包或离岸的业务通常相对简单，因此可大规模开展，由于规模经济的原因，生产率也得以提高。全球供应链制成品供应商是指将投入品组装成产品的企业。这个过程通常离不开体力劳动（Fasth, Stahre and Dencker, 2010），而体力劳动可能与较低的生产率有关，由此可以解释全球供应链制成品供应商与其他出口企业之间存在负差的原因。

本章所衡量的全球供应链投入品和制成品供应商的生产率也取决于销售额，进而取决于这些供应商获得的价格，后者取决于多个因素，包括供应商与主导企业谈判的能力、一般的买方—供应商关系、市场结构，以及主导企业承受的、迫使其必须对短期利润进行优先排序的金融市场压力（有关全球供应链和金融化的探讨，请参见专栏3.6）。所有这些因素都会造成销售价格走低，进而导致全球供应链供应商的生产率下滑。

专栏 3.6

全球供应链和金融化：利润流向哪里？

越来越多的实证文献表明，非金融企业，尤其是发达国家的非金融企业，将越来越多的资金投向金融资产，以资产的投资回报来获得收入。这类文献指出，这些企业的经营战略的核心内容是通过支付股息、股票回购或者并购来提高股东的收益，以此促进金融行业的大规模增长。这种所谓的经济"金融化"兴起于20世纪80年代。当时，由于对股东权利的主张，企业治理权从管理人员转向了股东。由于竞争加剧和产能过剩，制造业的实际投资收益有所下滑，但得益于紧缩的货币政策和金融市场管制的解除，金融投资收益呈上升趋势。因此，非金融企业降低了在实体经济中的投资，转而增加金融投资（Milberg, 2008; Lin and Tomaskovic-Devey, 2013）。

自从20世纪70年代和80年代以来，许多发达经济体的非金融企业都经历了日益明显的金融化趋势。与此同时，这些企业越来越多地通过全球供应链来组织自己的生产活动。我们不能说其中一种趋势引发了另一种趋势，但相关文献发现，它们之间肯定是相互关联的。一方面，全球范围内分散的生产活动使企业获得了额外利润，这可能让用于支付给股东的资本投向其他方面，从而使金融化成为一个持续的过程（Milberg, 2008; Milberg and Winkler, 2011）。另一方面，金融化可能使企业承受压力（至少在某些行业是这样），让其不得不建立全球供应链，并通过在短期内最大化利润的方式组织全球供应链（Gibbon, 2002）。

目前有多个指标能说明经济金融化的程度。在可获得数据的欧盟15国内，几乎所有国家的金融行业的平均利润占比一直在增加，其中各国的平均值从1970年的21%增长至2005年的36%（Watt and Galgóczi, 2009）。同样，在美国，金融行业与非金融行业的企业利润之比从1973年的26%增至2005年的43%（Palley, 2007）。在非金融行业，金融的重要性也日益凸显。美国联邦储备委员会的数据表明，对于非金融企业而言，金融资产占总资产的占重呈强劲上升之势，从1970年的24%增至2014年的46%。

成功的企业可通过提高眼前的短期利润来获得静态收入，而且把这些利润进行再投资也可在投资产生回报时获得动态收入。然而，企业在把短期股东利益作为重点的同时，却造成了投资流的"渗漏"，这是因为资源被用于购买金融资产，而非投资于企业的实际产能。在很多情况下，对实际产能的投资会使企业长期受益（Milberg, 2008）。

相关文献展示了金融化与不平等之间的实证联系。美国的相关数据表明（Lin and Tomaskovic-Devey, 2013），金融化趋势以金融收入占非金融利润的比重来衡量，该趋势的不断增强可能与收入中劳动因素占比下降、最高层管理人员的薪酬占比增加、行业内工作者的收入差距扩大相关。此外，不断增加的利息和分红对收入中劳动因素的占比产生了负面影响，这一点从13个经合组织成员国的情况可以看到（Dünhaupt, 2013）。随着金融业的不断开放，不同样本行业内劳动因素在收入中的占比不断走低（Stockhammer, 2009, 2013）。

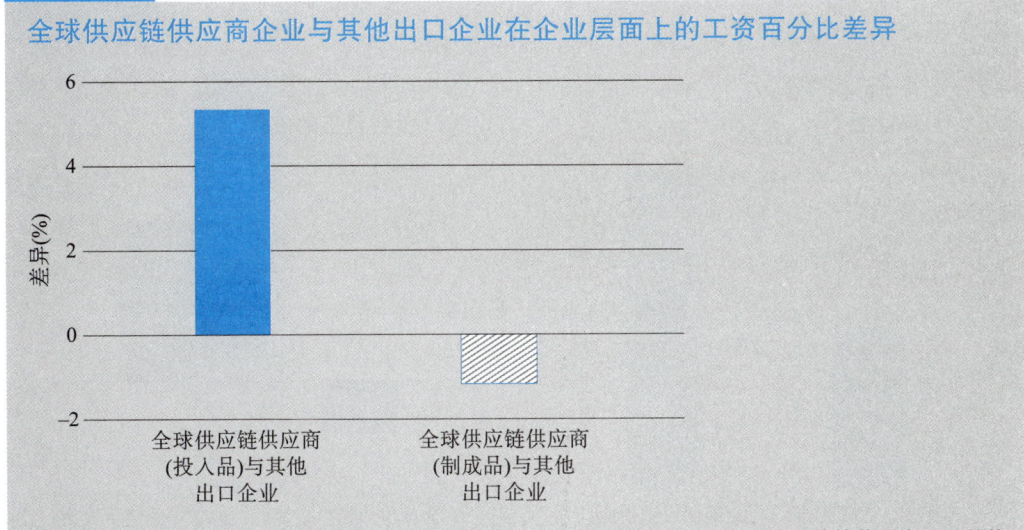

图 3.19

全球供应链供应商企业与其他出口企业在企业层面上的工资百分比差异

注：条纹柱显示的是统计上接近于零的估算值。纯色柱显示，在 10% 水平上的估算值具有重要的统计意义。这些估算均基于出口商样本采用了最小二乘法进行回归分析，并仅以企业层面的平均工资的对数作为因变量，同时以全球供应链状况虚拟变量、进口状况虚拟变量、外资所有权虚拟变量、企业经营年限、相对于销售的电力成本、相对于销售的股本回购值、行业和调查虚拟变量为解释变量。具体方法论，请参见附录 3.2，以及 Viegelahn 和 Wang 的研究（即将出版）。

资料来源：国际劳工组织基于《世界银行企业调查》的估算。

全球供应链供应商企业与其他出口企业的生产率差异未全部转化为工资差异

全球供应链投入品供应商平均支付的工资比其他出口企业高 5%（图 3.19）。对全球供应链投入品供应商而言，这个工资溢价低于劳动生产率溢价，后者估计超过 11%。该结果符合某些行业（或者国家）作为供应商参与全球供应链对整个行业（或国家）的劳动收入占比的影响。目前，我们发现参与程度越高，劳动收入的占比越低（ILO，2015b；IMF，2017）。

我们发现，全球供应链制成品供应商支付的工资既没有远高于，也没有远低于其他出口企业，尽管其劳动生产率明显低于其他出口企业。

全球供应链供应商企业的员工数量超过其他出口企业，并为女性提供重要的工作机会

全球供应链供应商企业的员工数量超过其他出口企业（图 3.20，A）。全球供应链投入品供应商的就业溢价为 29%，但全球供应链制成品供应商的就业溢价高达 57%。对生产投入品或从事成品组装业务的供应商企业而言，这证实了规模的重要性。

全球供应链供应商企业也向女性提供了以长期全职雇员或临时全职雇员的身份参与正规经济活动的机会。但在某些行业内，性别失衡一直是长期存在的问题（专栏 3.7）。全球供应链制成品供应商的女性员工占比远高于其他出口企业，而全球供应链投入品供应商的女性员工占比则相对低于其他出口企业（图 3.20，B）。因此，产品的总装成为雇用女性员工的重要来源。的确，很多女性员工从事的是服装生产或者电子产品组装等工作。这类工作通常离不开体力劳动，其中认真和勤奋的态度尤其重要。由于雇主通常认为女性员工比男性员工更认真、更勤奋、

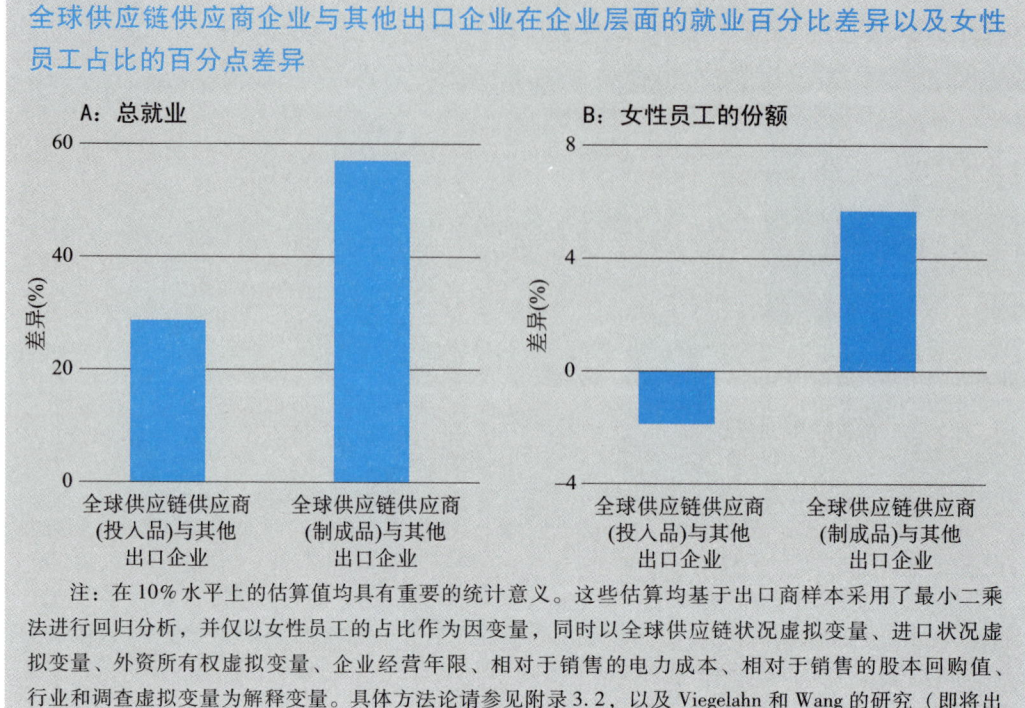

图 3.20

全球供应链供应商企业与其他出口企业在企业层面的就业百分比差异以及女性员工占比的百分点差异

注：在10%水平上的估算值均具有重要的统计意义。这些估算均基于出口商样本采用了最小二乘法进行回归分析，并仅以女性员工的占比作为因变量，同时以全球供应链状况虚拟变量、进口状况虚拟变量、外资所有权虚拟变量、企业经营年限、相对于销售的电力成本、相对于销售的股本回购值、行业和调查虚拟变量为解释变量。具体方法论请参见附录3.2，以及Viegelahn和Wang的研究（即将出版）。

资料来源：国际劳工组织基于《世界银行企业调查》的估算。

更听话（Cavalcanti et al.，2011；Oxfam，2004），因此很大一部分女性员工可能会从事这类工作。

女性在手工组装工作中的占比往往过高，这背后可能存在其他原因。在一些国家，女性接受教育的机会比男性少，导致女性不得不从事手工组装工作（这种工作一般不需要接受过正规教育）。还有证据表明，女性劳动供给对工资的敏感度低于男性（Hirsch，2016）。因此，随着国际市场竞争的增强，工资承受着下行压力，尤其是在手工组装工作方面，女性的工作需求可能比男性的下滑幅度小。这可能会造成手工组装工作中的女性员工占比较大。

相对于其他出口企业，全球供应链制成品供应商的临时工占比更高

全球供应链制成品供应商的临时工占比高于其他出口企业（图3.22）。两者的差额接近1.2个百分点。这符合在电子行业等某些全球供应链行业中发现的订单和产量极不稳定的特点。例如，在墨西哥和泰国，大量的临时工出现在电子行业的企业中（Holdcroft，2012）。全球供应链制成品供应商的临时工占比较大，这表明这些企业的员工流失率相对较高；相较于其他出口企业，这类企业的员工的工作安全性和稳定性普遍较低。相比之下，目前尚无证据表明全球供应链投入品供应商与其他出口企业在临时工的占比上存在差异。

专栏 3.7

全球供应链中的女性

全球供应链为女性提供了更多参与正规经济活动的机会。根据《世界银行企业调查》对 70 个发展中国家的正规企业进行调查后获得的数据，图 3.21 研究了女性员工参与出口型制造企业的情况，区分了全球供应链供应商企业和其他出口企业。其中 A 图显示了女性占长期雇员的比重，B 图则显示了女性占临时员工的比重。

就女性占长期雇员的比重而言，性别失衡一直存在于覆盖几乎所有行业的全球供应链供应商企业和其他出口企业中，女性员工在其中的占比超过了 30%。在服装和皮革行业及纺织行业，企业雇用的长期女性员工人数最多，在全球供应链供应商和其他出口企业中的占比都超过了 50%。金属行业中的女性员工占比最低，仅为 18% 左右。如果把样本中的全球供应链供应商企业和其他出口企业之间的差异进行对比，可以发现前者的长期女性员工的占比大约比后者高 5.2 个百分点。但是，这种差异在不同行业间存在很大的差异。例如，在化工和制药行业，全球供应链供应商的长期女性员工的占比要比其他出口企业低 15.3 个百分点。

临时女性员工的占比普遍要高于长期女性员工的占比。这一点适用于所有行业，其中临时女性员工的占比从约为 20%—70% 不等。在服装和皮革行业，食品、饮料和烟草行业以及机械行业，全球供应链供应商企业中的临时女性员工所占比例最高，超过了 60%。在九个行业中，有六个行业的全球供应链供应商企业的临时女性员工的占比高于其他出口企业。

图 3.21

长期雇员和临时雇员中的女性占比，按行业和全球供应链供应商状况划分（%）

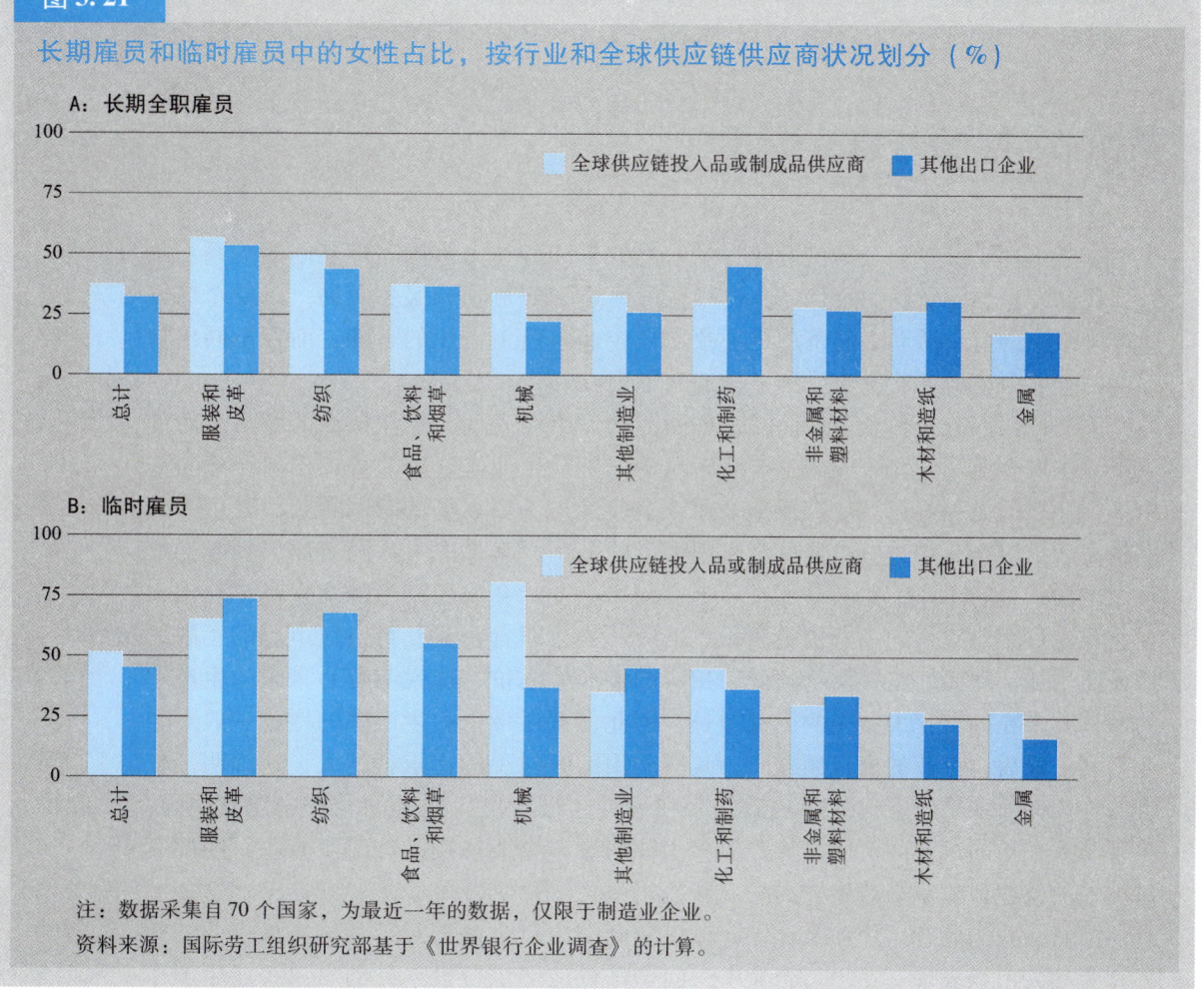

注：数据采集自 70 个国家，为最近一年的数据，仅限于制造业企业。
资料来源：国际劳工组织研究部基于《世界银行企业调查》的计算。

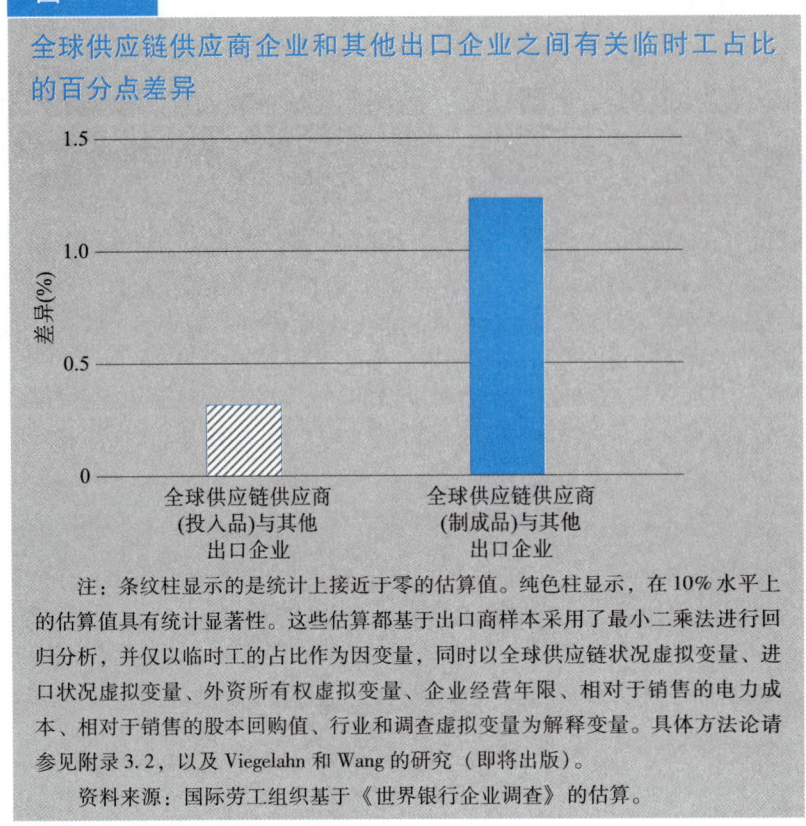

图 3.22

全球供应链供应商企业和其他出口企业之间有关临时工占比的百分点差异

注：条纹柱显示的是统计上接近于零的估算值。纯色柱显示，在10%水平上的估算值具有统计显著性。这些估算都基于出口商样本采用了最小二乘法进行回归分析，并仅以临时工的占比作为因变量，同时以全球供应链状况虚拟变量、进口状况虚拟变量、外资所有权虚拟变量、企业经营年限、相对于销售的电力成本、相对于销售的股本回购值、行业和调查虚拟变量为解释变量。具体方法论请参见附录3.2，以及Viegelahn和Wang的研究（即将出版）。

资料来源：国际劳工组织基于《世界银行企业调查》的估算。

第四节　小结与启示

本章审视了贸易和全球供应链与企业的效率和劳动力市场表现之间的关系。第一，我们发现国际贸易出现停滞，这种状况已影响到货物和服务贸易，以及全球供应链网络中的贸易活动。经济危机导致出口企业内员工占比的下降，而在不同出口强度的企业中，就业状况也受到了类似的影响。

第二，我们分析了企业层面的效率和劳动力市场表现与企业层面的贸易之间的关系。出口企业和进口企业的生产效率高于非贸易企业，这个差异在出口企业与非出口企业之间尤为明显。也有证据表明，企业参与出口市场的时间越长，其生产效率越高。出口企业和进口企业也会雇用大量的员工，其员工人数随着出口经验的增长而增加。贸易企业，尤其是那些高强度出口企业，会雇用大量的女性员工。出口企业和进口企业支付的工资也更高，其工资一般会随着企业参与出口市场的年限的增长而增加。然而，工资溢价却低于相应的生产率溢价，这说明贸易带来的生产率的增长并未充分转化为员工的工资增长。因此，贸易带来的生产率的增长一般对企业有利。最后，企业的出口额越高，其所雇用的临时工的比重就越大，这说明工作者的就业保障水平较低。这个调查结果在最近才进行出口业务的企业中尤其明显。尽管结果在不同行业间有所差异，但事实证明进口企业雇用的临时工较少，因此其对员工的就业保障水平普遍较高。

第三，我们调查了作为全球供应链供应商的出口企业相对于其他出口企业的效率和劳动力市场表现。在出口企业中，向全球供应链供应投入品的出口企业生产率特别高。因此，出口业务的生产率溢价主要由全球供应链投入品供应商企业所推动。这类企业支付的工资也高于其他出口企业，但工资差异小于生产率差异。通过组装制成品参与全球供应链的企业的生产率低于其他出口企业，但并未发现其支付的工资远远低于其他出口企业。全球供应链供应商企业的员工人数普遍超过其他出口企业。全球供应链制成品供应商雇用的女性员工多于其他出口企业。全球供应链投入品供应商的临时工占比高于其他出口企业。

  总体而言，我们的分析表明，企业开展贸易活动与企业的生产率呈正相关，而其与劳动力市场表现的关系则取决于所考虑的具体维度。此外，目前发现的这些关系随企业的不同而不同，因此也随员工的不同而不同。这一点说明，从工作的货币和非货币报酬角度来看，在政策辩论和政策制定中考率贸易活动和全球供应链的分布至关重要。这也恰好反映了人们对未能解决贸易活动和全球供应链的分布影响所造成的社会和政治后果的担忧，这种担忧正日趋加重。因此，各项针对恢复全球贸易的政策应配有强有力的措施，使企业和员工展开更为公平的贸易活动。

附录 3.1　低强度、中等强度和高强度出口企业和进口企业的员工数量及所占比重

本章估算了非出口企业、低强度出口企业、中等强度出口企业和高强度出口企业，以及非进口企业、低强度进口企业、中等强度进口企业和高强度进口企业的员工数量及所占比重。这些数据是基于国际劳工组织"按企业特点划分的就业估算模式"得出的。第一章附录 1.3 描述了如何利用该模式来估算按企业规模划分的就业情况。本附录则描述了如何利用该模式来估算按进出口状况划分的就业情况。有关方法论的具体信息，请参见 Viegelahn 等人（即将出版）的研究。

该模式使用在 132 个国家开展的 208 个调查所获得的《世界银行企业调查》数据（有关这些国家的列表，请参见第一章附录 1.2）。这些国家在全球劳动力中所占比重达到 82%，在全球有薪员工中占 73%。基于同一系列调查以及第一章附录 1.3 中描述的方法论，每项调查都生成了有关按进出口状况划分的员工占比的两个年度数据点。

非出口企业是指不开展出口业务的企业，非进口企业是指不开展进口业务的企业。低强度出口企业是指直接或间接（通过中间商）的出口额占销售额 0—20% 的出口企业；中等强度的出口企业是指出口额占销售额 20%—60% 的出口企业；高强度出口企业是指出口额占销售额 60% 以上的出口企业。可按相同的标准来界定低强度进口企业、中等强度进口企业和高强度进口企业。在这些企业中，进口是指在企业的原材料总支出中外国原材料所占的份额。因此，进口包括直接进口和间接进口（通过中间商），这一点类似于出口。

按进出口状况对员工所占比重进行估算

该模型的第一步严格执行第一章附录 1.3 描述的步骤，但以按出口或进口状况划分的就业比重作为因变量。按普通最小二乘法进行估计之后，同一系列的 12 项回归规范按国家收入水平在全部样本中使用，从而生成了 24 个模型。我们选择了最佳业绩模型，以便生成估算值。根据估算程序，先按出口状况划分 413 个初始就业数据点和按进口状况划分 411 个初始就业数据点，并辅以估算值，从而将其扩展到 2003 年至 2016 年间 132 个国家的 1848 个数据点。[①]

估算仅限制造业及制造业和市场服务业中的小型、中型和大型正规企业的有薪员工

为了掌握不同类型企业的员工人数，按出口状况划分的就业占比需乘以就业基数。所使用的就业基数对应制造业和市场服务业中正规企业的有薪员工人数。该就业数据根据第一章附录 1.3 所描述的程序进行估算。但是，在《世界银行企业调查》中，有关进口的数据仅限于制造业企业。因此，按企业的进口状况划分的就业占比需乘以一个不同的就业基数。该就业基数仅对应制造业正规企业的有薪员工人数。据估计，该就业数据与第一章附录 1.3 所描述的相仿，但仅使用了有关制造业的数据，而不是制造业和市场服务业的数据。

[①] 对于保加利亚，由于存在重叠部分，目前开展的三项调查仅产生了 6 个数据点中的 5 个。由于存在数据问题，有关俄罗斯就业状况的两个数据点（按进出口划分）以及有关塞拉利昂就业状况的两个数据点（按进口状况划分）忽略不计。

根据在制造业和市场服务业以及仅在制造业中至少拥有 5 名员工的正规企业的有薪员工的相关数据,以及按进出口状况划分的就业占比情况的相关数据,有可能按进出口状况计算出员工的人数。接着,可将所有 132 个国家内或按国家收入水平划分的这些数据进行整合。

附录 3.2 全球供应链的贸易状况、贸易强度和供应商:与效率和劳动力市场表现的关系

为了分析贸易或全球供应链与企业效率或劳动力市场表现之间的关系,本章使用了《世界银行企业调查》中超过 6.8 万个至少拥有 5 名员工的正规制造业企业的数据。企业层面的横截面数据来自 2006 年至 2016 年间在 132 个国家开展的 207 次调查。

该分析使用了普通最小二乘法的估算值,其中包含稳健标准误差。如果缺乏面板数据(可对个别企业进行为期一年多的观察),需谨慎解读估算的系数,因为它们未必能说明一种因果关系。然而,估算的系数表明,具有类似特点的企业是否拥有更好或更差的效率和劳动力市场表现,这取决于这些企业在贸易活动或全球供应链中的参与程度。

下列方程式按全部样本企业进行估算,以研究进出口状况与效率和劳动力市场表现之间的关系:

$$LMI = \alpha + \beta EX + \gamma IM + \delta XI + \varepsilon_s + \varepsilon_{ct} + \varepsilon_{it}$$

下列非线性方程式描述了进出口强度与效率和劳动力市场表现之间的关系,同样按全部样本企业进行估算:

$$LMI = \alpha + \beta_1 EXI + \beta_2 EXI^2 + \beta_3 EXI^3 + \gamma_1 IMI + \gamma_2 IMI^2 + \gamma_3 IMI^3 + \delta_X + \varepsilon_s + \varepsilon_{ct} + \varepsilon_{it}$$

下列非线性方程式描述了企业的全球供应链供应商状况与效率和劳动力市场表现之间的关系,同样按出口企业样本进行估算:

$$LMI = \alpha + \beta_1 GSCI + \beta_2 GSCF + \gamma IM + \delta X + \varepsilon_s + \varepsilon_{ct} + \varepsilon_{it}$$

变量中的下标 i 代表一个特定的企业,下标 s 代表企业所处的行业,下标 c 代表开展调查的国家,下标 t 代表调查的年份。回归分析包含行业固定效应 ε_s,调查固定效应 ε_{ct},ε_{it} 是误差项。因变量 LMI 对应的是以下其中一个变量:全要素生产率的对数、劳动生产率的对数、平均工资的对数、长期全职雇员人数的对数、临时员工所占比重或女性员工所占比重。

就主要变量而言,EX 代表企业的出口状况;如果企业为直接或间接出口企业,该数值为 1,否则数值为 0。IM 代表企业的进口状况;如果企业为直接或间接进口企业,该数值为 1,否则数值为 0。EXI 衡量的是出口强度,对应出口占销售总额的比重。IMI 用来评估进口强度,代表原材料进口额占原材料进口总费用的比重。$GSCI$ 和 $GSCF$ 代表全球供应链供应商状况(见专栏 3.3)。如果企业为全球供应链投入品供应商和制成品供应商,那么数值为 1;否则,数值为 0。

控制变量 X 的矢量包含多个企业层面的特点,这些特点有可能用来解释效率和劳动力市场表现。为了识别企业开展的经济活动的类型,此处的资本强度是资本存

量和销售额的重置价值之间的比率，用电强度是指电费和销售额之间的比率。回归分析包含资本强度和用电强度。尽管行业固定效应已考虑了不同行业间的差异，但这两个额外的控制变量还考虑了不同行业间活动的差异性（例如，相对于自动化工作，人工工作所需的电力投入更少）。而且，其中包含的虚拟变量说明了某个企业是否为外资企业。最后，对于企业经营年份的回归控制对应的是开展调查的年份与企业成立年份之间的差异。其他变量，如企业规模或员工的技能结构，未作为控制变量包含在内，这是因为进口和出口可能会受这些变量的影响。

对于将相关进出口强度与效率和劳动力市场表现联系起来的回归分析，我们开展了两次稳健性检查。首先，使用样条回归分析，这在很大程度上确认了本章提出的结果。这些结果基于多次回归分析，而这些回归分析考虑了进出口强度的线性项、平方项和立方项。其次，开展了沃尔德检验，以便检验多项式的准确的函数形式。检验结果表明，在一些情况下，仅需将进出口强度的线性项和平方项包括在内。然而，在这些情况中，结果仍与本章提出的结果十分相似，后者也分析了立方项。

更多的方法论信息以及更全面的回归表格，可参见 Soete 和 Viegelahn 的研究（即将出版）。就将全球供应链供应商企业与效率和劳动力市场表现联系起来的回归分析而言，更多的方法论信息以及更全面的回归表格可参考 Viegelahn 和 Wang 的研究（即将出版）。

附录 3.3　出口年限：与效率和劳动力市场表现的关系

为分析企业开展出口业务的时间与效率和劳动力市场表现之间的关系，我们使用了《世界银行企业调查》的数据。这些数据涉及制造业内至少拥有 5 名员工的 9000 多家正规的出口企业。对于这些企业，可获得有关这些企业开展出口业务的时间的数据。企业层面的横截面数据来自 2006 年至 2016 年间在 92 个国家开展的 133 次调查。

首先，我们使用全部出口企业样本，接着在各收入水平内开展分析，以便审视不同收入水平中可能存在差异的模式。这项分析使用了普通最小二乘法回归分析，其中包含稳健标准差。下列估算方程式可用来确定企业的出口年限与效率和劳动力市场表现之间的关系。

$$LMI_i = \alpha + \beta EXYR_i + \delta X_i + \varepsilon_s + \varepsilon_{ct} + \varepsilon_{it}$$

在附录 3.2 中，i 代表某家企业。因变量 LMI 对应下列其中一个变量：全要素生产率的对数、劳动生产率的对数、平均工资的对数、长期全职雇员人数的对数、临时工所占比重或女性员工所占比重。$EXYR$ 是出口年限的对数。X 是控制变量的矢量，包括出口强度、进口强度、企业经营年限、外资所有权、相对于销售的电力成本，以及相对于销售的股本回购值。附录 3.2 说明了使用这些控制变量的原因。最后，ε_s 代表行业固定效应，ε_{ct} 代表调查固定效应，ε_{it} 代表误差项。

参考文献

Ahn, J.; Amiti, M.; Weinstein, D.E. 2011. "Trade finance and the great trade collapse", in *American Economic* Review, Vol. 101, No. 3, pp. 298–302.

Aleksynska, M.; Berg, J. 2016. *Firms' demand for temporary labour in developing countries: Necessity or strategy?*, Conditions of Work and Employment Series No. 77 (Geneva, ILO).

Amiti, M.; Davis, D.R. 2012. "Trade, firms, and wages: Theory and evidence", in *The Review of Economic Studies*, Vol. 79, No. 1, pp. 1–36.

Amiti, M.; Konings, J. 2007. "Trade liberalization, intermediate inputs, and productivity: Evidence from Indonesia", in *American Economic Review*, Vol. 97, No. 5, pp. 1611–1638.

Baker, S.R.; Bloom, N.; Davis, S.J. 2016. "Measuring economic policy uncertainty", in *The Quarterly Journal of Economics*, Vol. 131, No. 4, pp. 1593–1636.

Başlevent, C.; Onaran, Ö. 2004. "The effect of export-oriented growth on female labor market outcomes in Turkey", in *World Development*, Vol. 32, No. 8, pp. 1375–1393.

Bems, R.; Johnson, R.C.; Yi, K.-M. 2010. "Demand spillovers and the collapse of trade in the Global Recession", in *IMF Economic Review*, Vol. 58, No. 2, pp. 295–326.

Benavides, F.G.; Benach, J.; Diez-Roux, A.V.; Roman, C. 2000. "How do types of employment relate to health indicators? Findings from the Second European Survey on Working Conditions", in *Journal of Epidemiology & Community Health*, Vol. 54, No. 7, pp. 494–501.

Bernard, A.B.; Jensen, J.B. 2004. "Why some firms export", in *Review of Economics and Statistics*, Vol. 86, No. 2, pp. 561–569.

—; —; Redding, S.J.; Schott, P.K. 2007. "Firms in international trade", in *Journal of Economic Perspectives*, Vol. 21, No. 3, pp. 105–130.

—; —; —; —. 2012. "The empirics of firm heterogeneity and international trade", in *Annual Review of Economics*, Vol. 4, pp. 283–313.

Bustos, P. 2011. "Trade liberalization, exports, and technology upgrading: Evidence on the impact of MERCOSUR on Argentinian firms", in *The American Economic Review*, Vol. 101, No. 1, pp. 304–340.

Carluccio, J.; Fougère, D.; Gautier, E. 2015. "Trade, wages and collective bargaining: Evidence from France", in *The Economic Journal*, Vol. 125, No. 584, pp. 803–837.

Carr, M.; Chen, M.A. 2002. *Globalization and the informal economy: How global trade and investment impact on the working poor*, Working Paper on the Informal Economy 2002/1 (Geneva, ILO).

—; —; Tate, J. 2000. "Globalization and home-based workers", in *Feminist Economics*, Vol. 6, No. 3, pp. 123–142.

Castellani, D. 2002. "Export behavior and productivity growth: Evidence from Italian manufacturing firms", in *Review of World Economics*, Vol. 138, No. 4, pp. 605–628.

Cavalcanti, J.S.B.; Bendini, M.I.; da Mota, D.M.; Steimbreger, N.G. 2011. "Capital mobility and new workspaces in fruit-producing regions of Brazil and Argentina", in A. Bonanno and J.S.B. Cavalcanti (eds): *Globalization and the time–space reorganization: Capital mobility in agriculture and food in the Americas*, Research in Rural Sociology and Development Series, Vol. 17 (Bingley, UK, Emerald Group), pp. 65–82.

Constantinescu, C.; Mattoo, A.; Ruta, M. 2015. *The global trade slowdown: Cyclical or structural?*, World Bank Development Research Group Working Paper No. 7158 (Washington, DC, World Bank).

Crowley, M.A.; Song, H.; Meng, N. 2016. "Tariff scares: Trade policy uncertainty and foreign market entry by Chinese firms", CEPR Discussion Papers No. 11722 (London, Centre for Economic and Policy Research).

Das, S.; Roberts, M.J.; Tybout, J.R. 2007. "Market entry costs, producer heterogeneity, and export dynamics", in *Econometrica*, Vol. 75, No. 3, pp. 837–873.

Delautre, G. Forthcoming. *Disclosure of labour commitments by major listed companies. An exploration of the VigeoEiris database*, ILO Research Department Working Paper (Geneva, ILO).

De Loecker, J. 2007. "Do exports generate higher productivity? Evidence from Slovenia", in *Journal of International Economics*, Vol. 73, No. 1, pp. 69–98.

—. 2013. "Detecting learning by exporting", in *American Economic Journal: Microeconomics*, Vol. 5, No. 3, pp. 1–21.

DiCaprio, A.; Beck, S.; Daquis, J.C. 2015. *2015 trade finance gaps, growth, and jobs survey*, ADB Brief No. 45 (Manila, Asian Development Bank).

Duda-Nyczak, M.; Viegelahn, C. 2017. *Exporters, importers and employment: Firm-level evidence from Africa*, ILO Research Department Working Paper No. 18 (Geneva, ILO).

—; —. Forthcoming. *Exporting, importing and wages in Africa: Evidence from matched employer–employee data*, ILO Research Department Working Paper (Geneva, ILO).

Dünhaupt, P. 2013. *The effect of financialization on labor's share of income*, Working Paper No. 17 (Berlin, Institute for International Political Economy).

Egger, H.; Egger, P.; Kreickemeier, U. 2013. "Trade, wages, and profits", in *European Economic Review*, Vol. 64, pp. 332–350.

Ethier, W.J. 1982. "National and international returns to scale in the modern theory of international trade", in *American Economic Review*, Vol. 72, No. 3, pp. 389–405.

Evers, B.; Amoding, F.; Kirishnan, A. 2014. *Social and economic upgrading in floriculture global value chains: Flowers and cuttings GVCs in Uganda*, Capturing the Gains Working Paper 2014/42 (Manchester, University of Manchester).

Fasth, A.; Stahre, J.; Dencker, K. 2010. "Level of automation analysis in manufacturing systems", in W. Karwowski and G. Salvendy (eds): *Advances in human factors, ergonomics, and safety in manufacturing and service industries* (London/New York, CRC Press), pp. 233–242.

Fatou, C.; Choi, J.E. 2015. *Do firms learn by exporting or learn to export? Evidence from Senegalese manufacturing plant*, WIDER Working Paper 2015/057 (Helsinki, United Nations University, World Institute for Development Economic Research).

Fernandes, A.M.; Freund, C.; Pierola, M.D. 2016. "Exporter behavior, country size and stage of development: Evidence from the exporter dynamics database", in *Journal of Development Economics*, Vol. 119, No. C, pp. 121–137.

Ferrantino, M.J.; Taglioni, D. 2014. "Global value chains in the current trade slowdown", in *World Bank Economic Premise*, Vol. 137, p. 30.

Fryges, H.; Wagner, J. 2008. "Exports and productivity growth: First evidence from a continuous treatment approach", in *Review of World Economics*, Vol. 144, No. 4, pp. 695–722.

Funke, A.; Mascarenhas, G.; Wilkinson, J.; Pereira, P. 2014. *Social and economic up and downgrading in Brazil's hortifruiticulture*, Capturing the Gains Working Paper 2014/41 (Manchester, University of Manchester).

Gereffi, G.; Humphrey, J.; Sturgeon, T. 2005. "The governance of global value chains", in *Review of International Political Economy*, Vol. 12, No. 1, pp. 78–104.

Ghosh, J. 2004. "Globalization, export-oriented employment for women and social policy: A case study of India", in S. Razavi, R. Pearson and C. Danloy (eds): *Globalization, export-oriented employment and social policy* (London, Palgrave Macmillan), pp. 91–125.

Gibbon, P. 2002. "At the cutting edge? Financialisation and UK clothing retailers' global sourcing patterns and practices", in *Competition and Change*, Vol. 6, No. 3, pp. 289–308.

Grossman, G.M.; Helpman, E. 1991. "Trade, knowledge spillovers, and growth", in *European Economic Review*, Vol. 35, No. 2–3, pp. 517–526.

Halpern, L.; Koren, M.; Szeidl, A. 2015. "Imported inputs and productivity", in *The American Economic Review*, Vol. 105, No. 12, pp. 3660–3703.

Handley, K. 2014. "Exporting under trade policy uncertainty: Theory and evidence", in *Journal of International Economics*, Vol. 94, No. 1, pp. 50–66.

—; Limão, N. 2015. "Trade and investment under policy uncertainty: Theory and firm evidence", in *American Economic Journal: Economic Policy*, Vol. 7, No. 4, pp. 189–222.

Hirsch, B. 2016. "Gender wage discrimination: Does the extent of competition in labour markets explain why female workers are paid less than men?", in *IZA World of Labor*, Vol. 310.

Hoekman, B. 2015. "Trade and growth – end of an era?", in B. Hoekman (ed.): *The global trade slowdown: A new normal?* (London, Centre for Economic Policy Research), pp. 3–19.

Holdcroft, J. 2012. *The triangular trap: Unions take action against agency labour* (Geneva, IndustriALL Global Union).

Hummels, D. 2007. "Transportation costs and international trade in the second era of globalization", in *The Journal of Economic Perspectives*, Vol. 21, No. 3, pp. 131–154.

International Labour Office (ILO). 2013. *Decent work indicators: Guidelines for producers and users of statistical and legal framework indicators* (Geneva).

—. 2015a. *The future of work centenary initiative*, Report of the Director-General, Report I, International Labour Conference, 104th Session, Geneva, 2015 (Geneva).

—. 2015b. *World Employment and Social Outlook: The changing nature of jobs* (Geneva).

—. 2016a. *Resolution concerning decent work in global supply chains*, International Labour Conference, 105th Session, Geneva, 2016 (Geneva).

—. 2016b. "How trade policy affects firms and workers in global supply chains", in *Handbook on assessment of labour provisions in trade and investment arrangements* (Geneva).

—. 2016c. *Decent work in global supply chains*, Report IV, International Labour Conference, 105th Session, Geneva, 2016 (Geneva).

—. 2017. *Workplace compliance in global supply chains* (Geneva).

International Monetary Fund (IMF). 2017. *World Economic Outlook (Apr.): Gaining momentum?* (Washington, DC).

Kabeer, N.; Mahmud, S. 2004. "Rags, riches and women workers: Export-oriented garment manufacturing in Bangladesh", in M. Carr (ed.): *Chains of fortune: Linking women producers and workers with global markets* (London, Commonwealth Secretariat), pp. 133–164.

Kaplinsky, R.; Morris, M. 2001. *A handbook for value chain research* (Ottawa, International Development Research Center).

Kasahara, H.; Lapham, B. 2013. "Productivity and the decision to import and export: Theory and evidence", in *Journal of International Economics*, Vol. 89, No. 2, pp. 297–316.

Keller, W.; Yeaple, S.R. 2009. "Multinational enterprises, international trade, and productivity growth: Firm-level evidence from the United States", in *The Review of Economics and Statistics*, Vol. 91, No. 4, pp. 821–831.

Kubíčková, L.; Votoupalová, M.; Toulová, M. 2014. "Key motives for internationalization process of small and medium–sized enterprises", in *Procedia Economics and Finance*, Vol. 12, pp. 319–328.

Le Goff, M.; Singh, R.J. 2014. "Does trade reduce poverty? A view from Africa", in *Journal of African Trade*, Vol. 1, pp. 5–14.

Lin, K.H.; Tomaskovic-Devey, D. 2013. "Financialization and US income inequality, 1970–2008", in *American Journal of Sociology*, Vol. 118, No. 5, pp. 1284–1329.

Liu, J.-T.; Tsou, M.-W.; Hammitt, J.K. 1999. "Export activity and productivity: Evidence from the Taiwan electronics industry", in *Review of World Economics*, Vol. 135, No. 4, pp. 675–691.

Lusby, F.; Derks, E. 2006. "Shea kernels from Mali: A value chain case study", in *Small Enterprise Development*, Vol. 17, No. 2, pp. 36–46.

Machikita, T.; Sato, H. 2016. *Temporary jobs and globalization*, IDE Discussion Paper No. 585 (Tokyo, Institute of Developing Economies/Japan External Trade Organization (JETRO)).

Mayer, F.; Gereffi, G. 2010. "Regulation and economic globalization: Prospects and limits of private governance", in *Business and Politics*, Vol. 12, No. 3, pp. 1–25.

Mayer, T.; Ottaviano, G.I. 2008. "The happy few: The internationalisation of european firms", in *Intereconomics*, Vol. 43, No. 3, pp. 135–148.

Melitz, M.J. 2003. "The impact of trade on intra-industry reallocations and aggregate industry productivity", in *Econometrica*, Vol. 71, No. 6, pp. 1695–1725.

Milberg, W. 2008. "Shifting sources and uses of profits: Sustaining US financialization with global value chains", in *Economy and Society*, Vol. 37, No. 3, pp. 420–451.

—; Winkler, D. 2011. "Economic and cocial upgrading in global production networks: Problems of theory and measurement", in *International Labour Review*, Vol. 150, No. 3–4, pp. 341–365.

Moen, Ø. 1999. "The relationship between firm size, competitive advantages and export performance revisited", in *International Small Business Journal*, Vol. 18, No. 1, pp. 53–72.

Munch, J.R.; Skaksen, J.R. 2008. "Human capital and wages in exporting firms", in *Journal of International Economics*, Vol. 75, No. 2, pp. 363–372.

Nguyen, D.X.; Schaur, G. 2012. *Import and export linkages transmit volatility across markets*, mimeo, University of Copenhagen.

Oxfam. 2004. *Trading away our rights: Women working in global supply chains* (London).

Ozler, S. 2000. "Export orientation and female share of employment: Evidence from Turkey", in *World Development*, Vol. 28, No. 7, pp. 1239–1248.

Palley, T. 2007. *Financialization: What it is and why it matters,* Working Paper No. 525 (Washington, DC, The Levy Economics Institute).

Payvision. 2014. *Key business drivers and opportunities in cross-border ecommerce* (Amsterdam).

Rossi, A. 2013. "Does economic upgrading lead to social upgrading in global production networks? Evidence from Morocco", in *World Development*, Vol. 46, pp. 223–233.

Saliola, F.; Seker, M. 2011. *Total factor productivity across the developing world*, Enterprise Note No. 23 (Washington, DC, World Bank).

Schank, T.; Schnabel, C.; Wagner, J. 2007. "Do exporters really pay higher wages? First evidence from German linked employer–employee data", in *Journal of International Economics*, Vol. 72, No. 1, pp. 52–74.

Soete, S.; Viegelahn, C. Forthcoming. *Trade, productivity and jobs: does trade intensity matter?*, ILO Research Department Working Paper (Geneva, ILO).

Stockdale, R.; Standing, C. 2006. "An interpretative approach to evaluating information systems: A content, context, process framework", in *European Journal of Operational Research*, Vol. 173, pp. 1090–1102.

Stockhammer, E. 2009. *Determinants of functional income distribution in OECD countries*, IMK Study No. 5 (Dusseldorf, IMK Macroeconomic Policy Institute).

—. 2013. "Why have wage shares fallen? An analysis of the determinants of functional income distribution", in M. Lavoie and E. Stockhammer (eds): *Wage-led growth* (London, Palgrave Macmillan), pp. 40–70.

Stone, S.; Shepherd, B. 2011. *Dynamic gains from trade: The role of intermediate inputs and equipment imports*, OECD Trade Policy Papers, No. 110 (Paris, OECD).

Sturgeon, T.J.; Memedović, O. 2011. *Mapping global value chains: Intermediate goods trade and structural change in the world economy* (Vienna, United Nations Industrial Development Organization).

Tamborini, C.R. 2007. "Work, wages and gender in export-oriented cities: Global assembly versus international tourism in Mexico", in *Bulletin of Latin American Research*, Vol. 26, No. 1, pp. 24–49.

Terzi, N. 2011. "The impact of e-commerce on international trade and employment", in *Procedia – Social and Behavioral Sciences*, Vol. 24, pp. 745–753.

Thulani, D.; Tofara, C.; Langton, R. 2010. "Electronic commerce benefits and adoption barriers in small and medium enterprises in Gweru, Zimbabwe", in *Journal of Internet Banking and Commerce,* Vol. 15, No. 1, pp. 1–17.

United Nations Conference on Trade and Development (UNCTAD). 2013. *World Investment Report: Global value-chains: Investment for trade and development* (Geneva).

—. 2015. *Information Economy Report: Unlocking the potential of e-commerce for developing countries* (Geneva).

—. 2016. *World Investment Report: Investor nationality: Policy challenges* (Geneva).

Van Biesebroeck, J. 2005. "Exporting raises productivity in sub-Saharan African manufacturing firms", in *Journal of International Economics*, Vol. 67, No. 2, pp. 373–391.

Vandenbussche, H.; Viegelahn, C. 2016. *Input reallocation within firms*, CEPR Discussion Paper No. 11395 (London, Centre for Economic Policy Research).

Verhoogen, E.A. 2008. "Trade, quality upgrading, and wage inequality in the Mexican manufacturing sector", in *The Quarterly Journal of Economics*, Vol. 123, No. 2, pp. 489–530.

Viegelahn, C.; Kühn, S.; Kizu, T.; Wang, Z. Forthcoming. *Employment by firm characteristics in the developing world*, ILO Research Department Working Paper (Geneva, ILO).

—; Wang, Z. Forthcoming. *Firms in global supply chains and decent work: Evidence from developing countries*, ILO Research Department Working Paper (Geneva, ILO).

Virtanen, M.; Kivimäki, M.; Joensuu, M.; Virtanen, P.; Elovainio, M.; Vahtera, J. 2005. "Temporary employment and health: A review", in *International Journal of Epidemiology*, Vol. 34, No. 3, pp. 610–622.

Waenerlund, A.-K.; Virtanen, P.; Hammarström, A. 2011. "Is temporary employment related to health status? Analysis of the northern Swedish cohort", in *Scandinavian Journal of Social Medicine*, Vol. 39, No. 5, pp. 533–539.

Wagner, J. 2007. "Exports and productivity: A survey of the evidence from firm-level data", in *The World Economy*, Vol. 30, No. 1, pp. 60–82.

Watt, A.; Galgóczi, B., 2009. "Financial capitalism and private equity – a new regime?", in *Transfer: European Review of Labour and Research*, Vol. 15, No. 2, pp. 189–208.

Were, M. 2012. "Female employment in the wake of trade liberalization: An anecdote evidence from Kenya's manufacturing sector", in *International Journal of Economics and Business Studies*, Vol. 2, No. 2, pp. 20–34.

Winters, L.A. 2000. "Trade and poverty: Is there a connection?", in D. Ben David, H. Nordstrom and L.A. Winters (eds): *Trade, income disparity and poverty*, Special Study 5 (Geneva, World Trade Organization), pp. 43–69.

—; McCulloch, N.; McKay, A. 2004. "Trade liberalization and poverty: The evidence so far", in *Journal of Economic Literature*, Vol. 42, pp. 72–115.

World Bank. 2015. "Three topical issues: Oil price developments, global trade slowdown, and stability of remittances", in *Global Economic Prospects: Having fiscal space and using it* (Washington, DC, World Bank Group), pp. 155–179.

World Trade Organization (WTO). 2016a. *Trade finance and SMEs: bridging the gaps in provision* (Geneva).

—. 2016b. *World Trade Report 2016: Levelling the trading field for SMEs* (Geneva).

Yeaple, S.R. 2005. "A simple model of firm heterogeneity, international trade, and wages", in *Journal of International Economics*, Vol. 65, No. 1, pp. 1–20.

第四章 企业创新与劳动力市场表现

引 言

第三章探讨了企业参与国际贸易对组织工作生产所产生的影响,以及对企业竞争力、工作岗位创造和工作质量的重大影响。本章重点围绕企业转型的另外一个重要抓手——创新,及其对工作领域的影响展开。创新是企业提高竞争力的重要来源,也是实现持续增长与发展的重要推动因素(Cornell University,INSEAD and WIPO,2016;Oberdabernig,2016;OECD,2009,2015a)。正因如此,创新和新技术成为企业战略、国家经济政策和各种国际日程(如可持续发展目标4、5、9和17,以及国际劳工组织的"未来工作百年倡议")的组成部分。

值得一提的是,针对未来的工作,国际劳工组织强调了就业相关领域中的创新。事实上,从数量和质量而言,创新对就业的影响一直都是引发争论的原因。理论和实证研究都在尝试找到相关问题的答案,比如:创新会创造还是会破坏就业机会?从工作质量而言,创新对工作者会产生什么影响?创新对一些工作者的影响是否大于对其他工作者的影响?要想回答这些问题并非易事,而且各种文献对此各执一词(Brynjolfsson and McAfee,2014;Frey and Osborne,2013)。然而,我们能确定的是,从长期来看,技术创新创造的工作岗位数量将多于其所取代的工作岗位数量,而且人们的生活水平将会得到提高(ILO,2015)。但是,创新对劳动力市场和社会效益的影响并不均衡:低技能工作者往往会受到更多的负面影响,而且不太稳定的工作关系正日趋普遍,从而可能对收入不平等产生影响。此外,近期的技术变革浪潮——有时被称为工业4.0①(Schwab,2016)——加深了各界对未来可能造成失业的担忧。因此,如果要设计更好的政策解决方案,那么就要更好地理解创新对工作、工作者和企业的影响。

在这个背景下,本章的目的是通过分析近期所获得的有关创新、竞争力和劳动力市场表现之间的关系的数据和趋势,为有关未来工作情况的探讨提供分析。第一节首先对创新进行了定义,并从总量(即国家)层面——包含尽可能多的经济体——探讨了迄今获得的有关创新与一系列劳动力市场表现之间的关系的证据。随后,第二、三节基于可获得数据的经济体的企业层面的创新情况进行了分析,这些数据来源于"商业环境和企业绩效调查"和"中东和北非企业调查",这两者是分别对处于转型期的经济体以及中东和北非经济体的调查。相较于其他常见的创新调

---

① 主要指的是人工智能方面所取得的进步,以及互联网和智能手机的日益普及等。

查，上述这两个调查涵盖了更多的就业数据，因此可支持展开针对性分析，以弥合企业内与就业相关结果有关的知识缺口。值得一提的是，第二节按照类别（比如产品、流程、组织和营销）对企业创新的决定性因素进行了分析，而第三节则探讨了这些决定性因素与经济/企业绩效和就业结果之间的关系。[①]

本章的研究发现，从劳动力市场表现来看，创新型企业和非创新型企业大不相同。创新型企业往往具有更高的生产率，能创造更多的就业机会，雇用更多的技能工作者（即雇用更多受过教育的工作者，并提供更多的在职培训），并且向更多的女性工作者抛出橄榄枝。在一些情况中，创新还会带来更集中地雇用临时工作者的情况，而不同类别的创新（产品、流程、组织和营销）能够产生不同的效应。此外，行业之间的差异也发挥了重要作用——我们发现，低技术水平的非创新型企业大幅精简了员工规模，这对低技术工作者产生了负面影响。本章还发现，尽管开展研发活动是决定创新是否成功的一个重要因素，但其他推动因素也发挥了作用，比如公共资金、外部技术获取以及在职培训。这些研究结果表明，制定能够支持企业创新，同时又能够大力消除工作者所面临的负面效应的政策至关重要。

第一节 创新与劳动力市场表现：总量层面的证据

创新是一个宽泛的概念，可以从各种角度（制度、社会或技术）（UNRISD，2016）和不同层面（如企业或国家层面）来看待创新。因此，创新没有单一的定义，而且它的实际内涵比较模糊。[②] 重要的是，即便对创新进行了单一的定义，还是可以使用不同的衡量标准（从创新支出到专利申请数量，有时对结果会带来重大影响）。本节从总量（即国家）层面对创新进行了定义，并探索了创新、就业与生产率之间的关系（第二、三节将探究企业层面的创新）。

总量层面的创新：衡量标准与考量

从总量层面而言，很难找到一个合适的词语来指代创新（Vivarelli, 2014）。不同研究基于创新投入或创新产出使用了一系列指标，尤其是国内研发支出总额、商业企业研发和专利申请数量（Feldmann, 2013；Pece, Simona and Salisteanu, 2015）。国内研发支出总额是创新投入指标，涵盖政府、高等教育部门、私营非营利部门和商业企业投资（即包括商业企业研发）。尽管在发达经济体内，商业企业研发是总研发投资的主要组成部分，占国内研发支出总额的70%（OECD, 2017），但是出于一些原因，公共部门投资也是很重要的组成部分。首先，如果没有公共研究与支持，人类不太可能实现互联网和全球定位系统等突破性的创新（Mazzucato, 2015；OECD, 2015b）。其次，在发展中国家，私营企业对研发的贡献极少，而且多数依赖公共投资。一国每年申请的专利数目[③]也是衡量指标之一，因为该指标能很好地显示一家企业的技术动态，但其范围可能会受限，因为很多创新都没有申请专利（OECD and Eurostat, 2005）。

[①] 应该注意的是，尽管创新是一个流行词，但其内在非常复杂且涵盖多个方面，因此定义创新并非易事。事实上，不同的研究和政策均对该词进行了定义。鉴于此，我们的目标不是定义创新，而是识别不同的创新指标，并探讨这些指标与经济/企业绩效和就业结果之间的关系。

[②] 参见，如 Skillicorn (2016)。Skillicorn 向15位创新专家咨询了创新的定义，并获得了不同的答案。

[③] 定义为"由国家专利局颁发的有关一项发明的合法财产权"（OECD and Eurostat, 2005, p. 22）。

为了反映创新的多维度特征,综合指标也越来越多地被加以利用。其中的一个指标是全球创新指数,该指数采用了创新的广义含义,包括创新投入和产出,涵盖从基础设施到机构。[①] 然而,综合指标通常对所选维度及加权十分敏感,因此要谨慎解读,特别是在分析排名的时候。尽管综合指标有其缺陷,但是能够为跟踪一国的创新表现提供有用的信息。

创新指标与劳动生产率之间存在正相关关系

图4.1显示,上文所提及的两个创新指标(国内研发支出总额和全球创新指数)与劳动生产率(根据每位员工的GDP计算得出)之间存在正相关关系。这与其他探索创新与生产率之间的关系的研究结果一致(Freeman and Soete,1997;Hall,2011;Roth and Thum,2013)。[②] 此外,该图也显示出不同国家之间的差异非常大,这正好印证了无论是就创新工作还是就创新如何转化为生产率的提高而言,不同国家的具体情况有着不同作用的观点。事实上,图4.1也清楚地显示出经济体的人均GDP越高(以图中的圆圈大小表示),其劳动生产率越高,创新指标的得分也越高。其他研究也认为,不同国家在社会经济状况方面(比如财产、技能或劳动力市场条件)的差距对研发投入如何转化为创新,以及创新如何转化为经济增长和生产率的提高,发挥了决定性的作用(Bilbao–Osorio and Rodríguez–Pose,2004)。

总量创新和就业水平之间似乎不存在任何关系

相关文献显示,创新对就业会产生相互矛盾的效应,既可带来工作机会(补偿效应),也会破坏工作机会(替代效应)。这两者的相互作用被普遍称为"创造性破坏",该词由熊彼特提出(1942)。理论性研究还提出了其他一些机制来解释这种关系(更多具体信息请参见Vivarelli,2014)。例如,一方面,创新所带来的生产率的提高(见上文)会缩减对工作者的需求(替代效应)。另一方面,生产率的提高会导致单位成本的减少,因此也会导致价格的降低,从而又转化为其他的需求和产量的提高,并最终带来更多的就业机会(补偿效应)。

然而,这些效应由几个因素决定,从需求动态到市场结构,不一而足。比如,如果因生产率的提高和新产品的推出所实现的利得没有通过提高工资传导给工作者,那么消费者需求未必会提高。相应地,创新也不一定转化为产量的提高或工作机会的增多。在最近几十年里,美国就出现了这个趋势,而且这种趋势被认为与创新有关(Council of Economic Advisers,2016)。Brynjolfsson和McAfee(2014)在研究中着重指出,尽管近数十年来美国的生产率得到了提高,但工作岗位的创造却非常缓慢。造成这个结果的一大原因是竞争的下降,主要是由于出现了所谓的"赢家通吃"的市场现象——随着创新的提高,这种现象愈加明显。[③] 创新的类别(如产品和流程)可能也通过开放市场或改进生产流程而发挥了重要作用,这一点我们将在第三节加以探讨。

[①] 全球创新指数包含几个指标:第一,旨在捕捉国家经济框架要素的指标:机构、人力资本和研究、基础设施、市场成熟度和商业成熟度;第二,捕捉创新产出的指标:知识和技术产出以及创造性产出(Cornell University,INSEAD and WIPO,2016)。

[②] 应该注意的是,其中一些研究采用了不同的生产率指标(例如,采用全要素生产率,而非劳动生产率)。

[③] 这意味着创新让一些企业得以支配市场,这种支配程度远远超出之前所能想象的范围。比如,软件开发程序员稍稍改善了应用程序的质量之后或博主在互联网上播放视频之后,就能成为超级明星(Brynjolfsson and McAfee,2014)。在数字世界中,让产能变得无关紧要的同时(这限制了传统超级明星取得成功的概率),这种现象也因网络效应而放大。

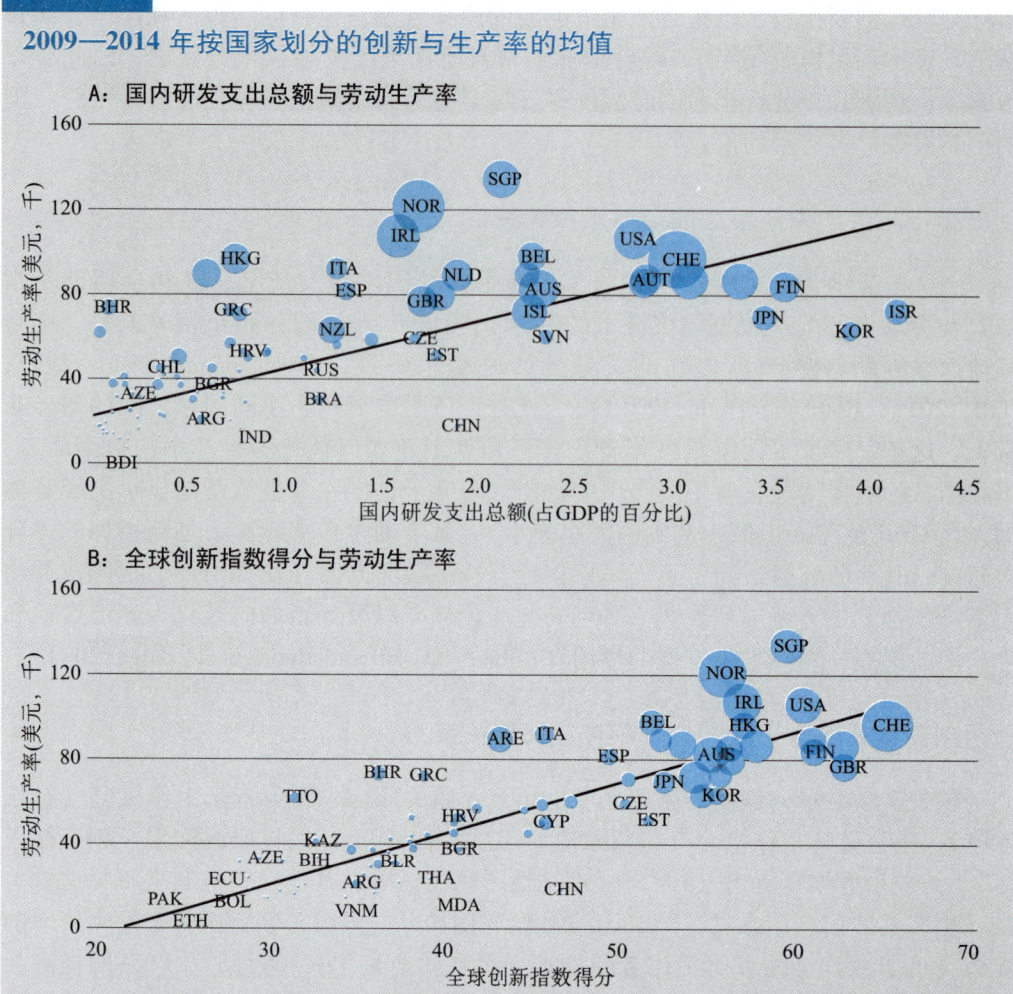

图 4.1

2009—2014 年按国家划分的创新与生产率的均值

A：国内研发支出总额与劳动生产率

B：全球创新指数得分与劳动生产率

注：数据是 2009—2014 年间 105 个发达、新兴和发展中经济体的国别平均数。劳动生产率主要根据每位员工的 GDP 来计算；国内研发支出总额按照其占 GDP 的比例得出；全球创新指数是 79 个个人指标的加权平均数。图中圆圈的大小是根据政府和社会资本合作（PPP，2011 年国际定值美元）计算的人均 GDP（2015）。国家代码对应的是国际标准化组织的三位数字母代码（更多信息请参见国际标准化组织在线浏览平台上的国家代码国际标准：https：//www.iso.org/obp/ui/#search）。劳动生产率和国内研发支出总额的相关系数为 0.70；劳动生产率和全球创新指数得分的相关系数为 0.87。

资料来源：国际劳工组织基于全球创新指数的计算（2014）；联合国教科文组织统计研究所；世界银行国际比较项目数据库；ILOSTAT 数据库。

与上述文献的复杂的研究结果相一致的是，在过去二十年，国家层面的国内研发支出总额占 GDP 的百分比与就业—人口比率也表明，创新与就业之间不存在明显的联系（图 4.2，A）。尽管两个指标显示的是正面关系，但这种关系非常微弱（约 1%）。把专利申请的数量作为生产率的指标也显示出相似的结果，该指标与就业情况之间不存在直接相关的关系（图 4.2，B）。各国的创新行为也大不相同。尽管在可获得数据的多数国家内（70%），国内研发支出总额投资占 GDP 的比例不到 1%，其他国家（30%，多数为发达经济体）的这个比例介于 1%—4.5%。此外，尽管多数国家每年申请的专利数不到 2000 件，但是少数一些国家（比如中国、日本和美国）的专利申请数目却非常庞大（中国的专利申请数接近 50 万）。这些差异似乎与不同的就业水平无关。

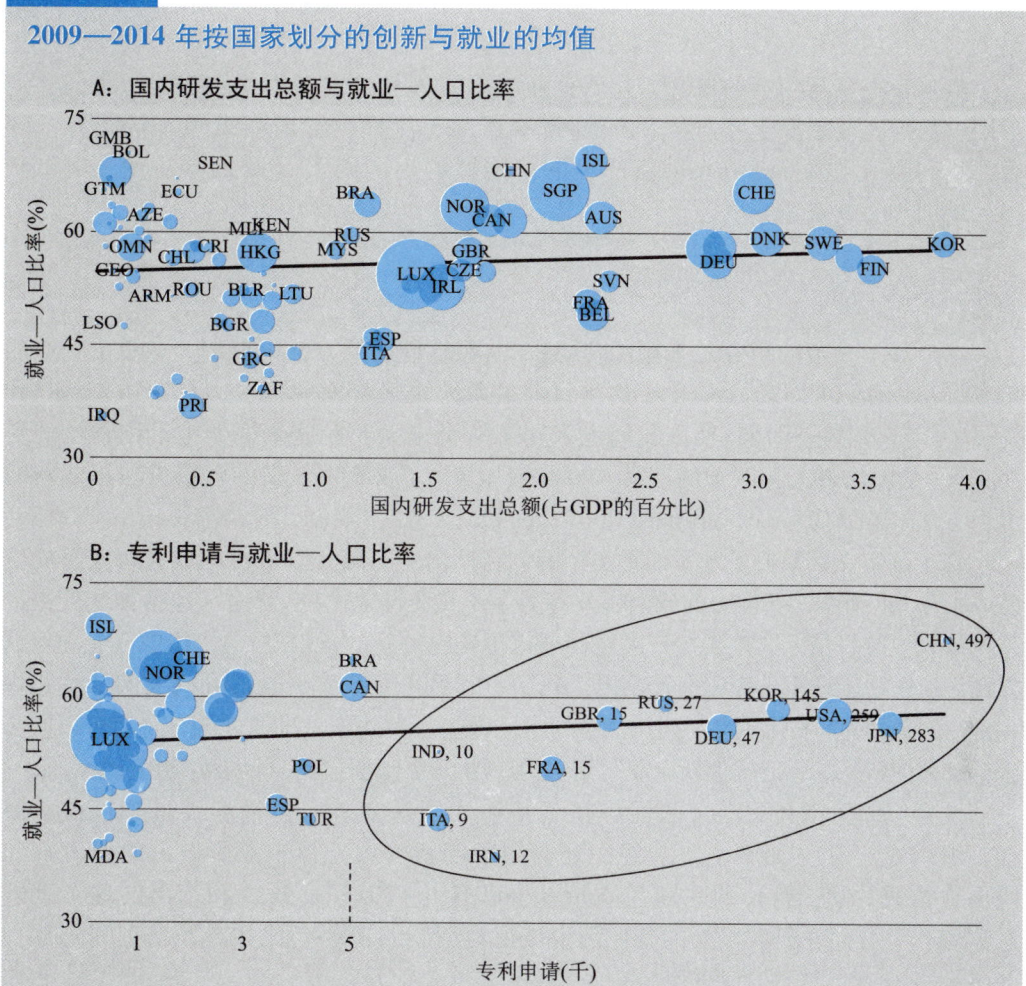

图4.2

2009—2014 年按国家划分的创新与就业的均值

注:数据是,图 A 中的数据是 2009—2014 年间 97 个国家的均值,图 B 中的数据是 2009—2014 年间 73 个国家的均值。在图 B 中,专利申请数目最多的 11 个国家(中国、日本、美国、韩国、德国、俄罗斯、英国、法国、伊朗、印度和意大利)是准确数值,但根据本图进行了调整。其他国家的数值未进行调整。国内研发支出总额按照其占 GDP 的比例得出;专利申请数目是国家专利局或按照专利合作条约流程申请的专利数,包括私营和公共部门的申请数。圆圈的大小显示了根据政府和社会资本合作(PPP,2011 年国际定值美元)计算的人均 GDP(2015)。国家代码对应的是国际标准化组织的三位数字母代码。就业—人口比率和国内研发支出总额的相关系数,以及就业—人口比率和专利申请的相关系数分别为 0.09 和 0.14。

资料来源:国际劳工组织基于联合国教科文组织的计算(2014);世界银行以及 ILOSTAT 数据库。

总体而言,各种证据表明,其他一些因素影响着就业机会的创造和创新之间的关系,比如各国的国情。重要的是,总量层面的情况未能捕捉到可能会在企业层面发挥作用的机制,比如各种创新的效应。不同类别的创新可能会以各种方式影响生产率和就业水平,一些创新会带来生产率和就业水平的提高或下降,一些甚至不会产生任何效应。正如一项研究所显示的,"进行创新的企业和不进行创新的企业的相对结果决定了就业情况"(Harrison et al., 2014, p.30)。因此,为了加深对这个动态机制的了解,我们需要通过企业层面的数据来发现不同种类的创新活动与企业雇用员工的趋势和绩效之间的直接关系。在本章的余下部分,我们将采用企业层面的数据来探索这些联系。

第二节　进行创新的企业类别与创新的决定性因素

本节旨在澄清创新的概念，并从企业层面明确其决定性因素。首先，我们界定了用以捕捉企业层面上不同类别的创新（产品、流程、营销和组织）的指标。随后，我们侧重于能提高引入创新产出的可能性的不同因素（研发参与度、出口状态、培训和公共资金）。

企业层面的创新：定义与方法论

本节和下一节的重点是采用经合组织/欧盟统计局的方法论框架，从单个企业的角度看待创新（图4.3）。① 由于这是目前最系统也最全面的方法，在发达、新兴和发展中经济体普遍采用，所以我们也采用了这个定义。在这个框架中，创新指的是"实施一个新的或大幅改善的产品（商品或服务），或流程、新的营销方法，或新的组织方法"（OECD and Eurostat，2005，p.46）。

基于该定义，我们发现了四种类型的创新产出：产品（新推出的或大幅改善的商品或服务）；流程（新推出的或大幅改善的生产或交付方式）；营销（包括彻底变更产品设计或包装、植入式广告、产品宣传或定价在内的新的营销方式）；组织（企业经营方式、工作场地或外部关系的全新组织方式）。产品和流程创新被视为技术创新，而组织和营销创新则为非技术创新。应该注意的是，这些分类并不是排他性的，企业可以同步进行各种创新。本章把"创新企业"定义为成功开展上述任何一种创新产出的企业。

经合组织对创新的定义的优势在于其承认创新会采取多种形式（如产品、流程、组织或营销）。此外，经合组织还介绍了创新投入（指企业所做出的努力）和产出（指成功的创新）的区别（Mohnen and Hall，2013）。投入和产出的这个区别意味着，一方面，研发以外的其他因素被视为创新的来源（比如在职培训和外部知

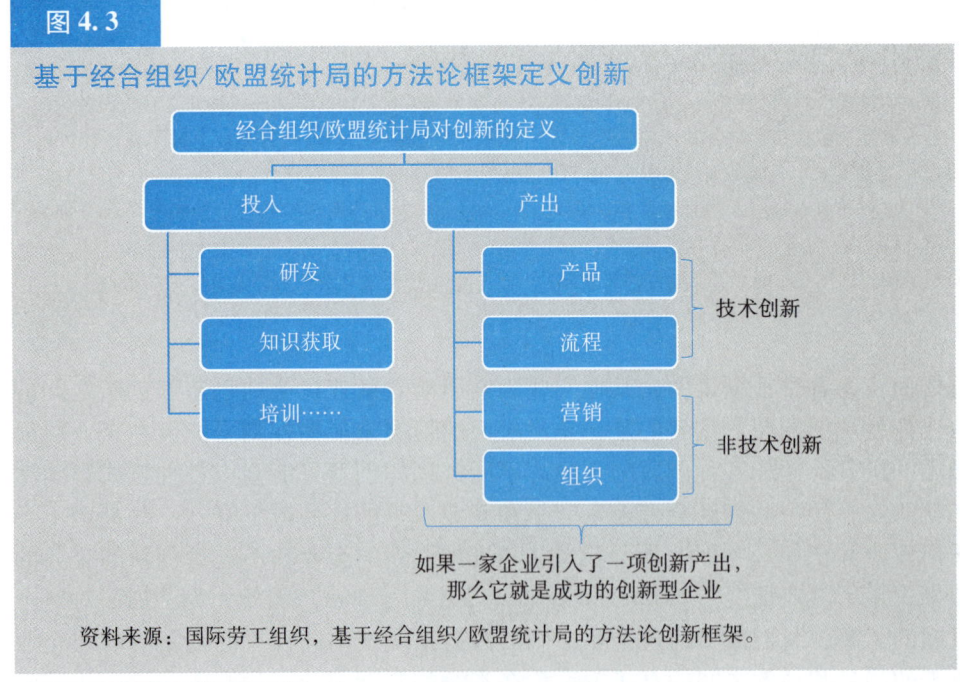

图 4.3

基于经合组织/欧盟统计局的方法论框架定义创新

资料来源：国际劳工组织，基于经合组织/欧盟统计局的方法论创新框架。

---

① 为了在企业层面采取系统性的方法，经合组织和欧盟统计局展开协作，于1997年推出了《奥斯陆手册》（2005年第三次更新）。该手册的目的是"为以全球可比的方式收集和解读创新数据提供指导"（OECD and Eurostat，2005，p.4）。

> **专栏 4.1**
>
> **数据和方法论**
>
> 　　第二、三节主要采用来自于"商业环境和企业绩效调查"与"中东和北非企业调查"的数据，提供描述性的统计与经济计量分析。该分析得到了"经合组织创新指标"数据的补充，后者基于各种调查提供了国别层面的信息，以及针对拉丁美洲和加勒比地区国家的伊比利亚美洲及泛美科学技术指标网络数据。最后，还参考了采用针对非洲国家的创新调查的二手资料（见 Egbetokun et al., 2016；NEPAD and Coordinating Agency, 2014）。需要注意的是，尽管所有调查都遵循《奥斯陆手册》的方针，但是这些调查采用了稍有差别的指标来解释不同的创新产出和创新企业；因此，需要对不同地区之间的比较进行谨慎的解读。
>
> 　　"商业环境和企业绩效调查"和"中东和北非企业调查"数据集来自欧洲复兴开发银行的企业调查和世界银行，并基于超过 2.2 万次的企业访谈，这些企业分别来自东欧、中亚、中东和北非经济体。数据库内包括一个根据《奥斯陆手册》第三版构建的针对创新的模块（OECD and Eurostat, 2005）。《奥斯陆手册》涵盖了详细的产品、流程、组织和营销创新，以及研发支出、创新保障和阻碍等。此外，该数据库还涵盖了大量有关就业相关事宜的信息，并提供了能恰好代表行业状况的信息。
>
> 　　这些调查的一个限制是只有注册公司才有资格参与这些调查，因此没有非正规企业的信息。而且，"商业环境和企业绩效调查"和"中东和北非企业调查"数据库仅包括样本中存续的企业，因此无法捕捉已退出市场的企业。此外，调查中的创新活动采取自主汇报的形式。因此，这可能会引发对使用自主汇报的企业创新调查的担忧，因为企业可能没有正确汇报信息，或可能没有能力来鉴别是否属于创新企业，或可能无力分辨创新的类别。在个体层面采用自主汇报模式的调查也同样面临这样的问题。然而，鉴于大量的数据点和不同调查，本章的分析可公正地提供创新企业的特征。此外，统计和实证研究结果与文献的研究结果互为补充，以检验两者能否相一致。
>
> 　　本报告的经济分析基于 Crépon、Duguet 和 Mairesse（1998）开发的 CDM 模型。该模型探讨了创新投入、创新产出和生产率之间的关系。首先，基于并不是所有的投入都能转化成创新产出这个观点，并通过把其他因素的影响纳入考量，来审视创新投入与产出之间的关系。接着，探究不同的创新产出类别对企业生产率的影响（若想了解该模型的具体情况，请参见附录 4.1）。CDM 模型是分析创新对生产率的影响时最常用的经济计量框架之一，因为它可以在一定程度上对选择性问题和内生性问题进行纠正。这种方法也可以探究企业特征对创新决策的影响，从而使对创新与就业之间的循环关系进行解释成为可能。

识获取）（OECD, 2009, p. 11）；另一方面，这个区别认可研发投资不一定总能转化为成功的创新。

　　然而，该方法论框架也存在缺陷。首先，不同类别的创新之间的界限有时并不明确，哪怕是对企业而言，要想区别其中的差异也是一件困难之事。其次，创新产出变量是二分变量，因此在一个具体的创新项目中，不允许不同的创新水平或不同的成功程度。最后，尽管这个框架适用于各个国家和各个收入水平，但可能并不完全适用于一些新兴和发展中国家（NEPAD Planning and Coordinating Agency, 2014）；比如，这个框架对非正规企业的创新并未提供指导，而非正规企业在一些新兴和发展中经济体却非常普遍。

　　在考虑到这个框架的不足之后，我们基于该框架及一系列数据源，并按照创新类别，粗略描述了不同地区的企业创新的发生率。然后，我们采用受限更多的企业层面数据来评估创新的决定性因素。这些数据主要来自"商业环境和企业绩效调查"和"中东和北非企业调查"（若想了解数据和方法论，请参见专栏 4.1）。

图 4.4

最近一年间部分国家组别的创新发生率（%）

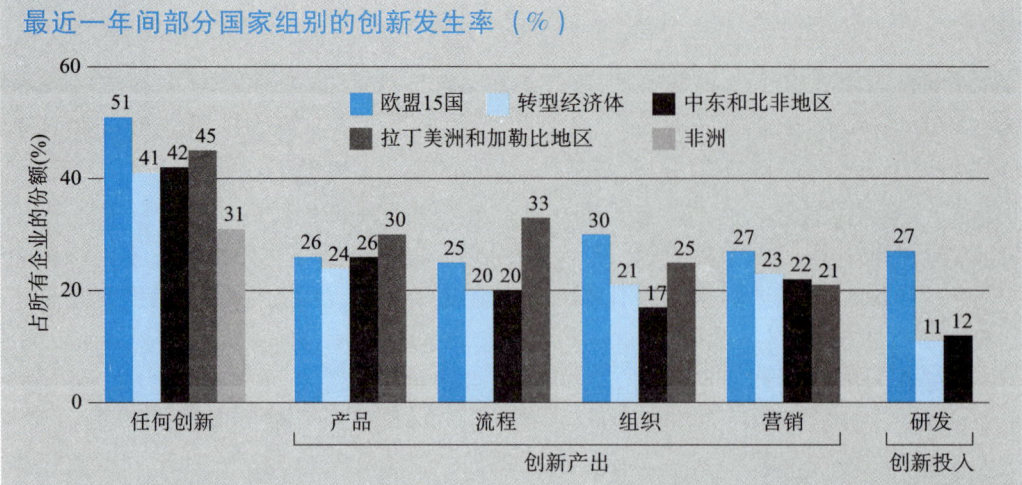

注：基于企业汇报的数据。本图中的数字是未加权的各国平均值，表明调查前的三年内进行创新的企业的占比。创新的定义基于《奥斯陆手册》中的定义（OECD and Eurostat, 2005），不包括当前正在进行和已经放弃的创新。数据集未经协调，涵盖了不同阶段。欧盟 15 国包括奥地利、比利时、丹麦、芬兰、法国、德国、希腊、爱尔兰、意大利、卢森堡、荷兰、葡萄牙、西班牙、瑞典和英国。拉丁美洲和加勒比地区包括阿根廷、巴西、智利、哥伦比亚、哥斯达黎加、厄瓜多尔、墨西哥、巴拿马、秘鲁和乌拉圭。中东和北非地区包括吉布提、埃及、以色列、约旦、黎巴嫩、摩洛哥、巴勒斯坦被占领土、突尼斯和也门。转型经济体包括阿尔巴尼亚、亚美尼亚、阿塞拜疆、波黑、白俄罗斯、保加利亚、克罗地亚、捷克、爱沙尼亚、格鲁吉亚、匈牙利、哈萨克斯坦、科索沃、吉尔吉斯斯坦、拉脱维亚、立陶宛、摩尔多瓦、前南马其顿、黑山、蒙古、波兰、罗马尼亚、俄罗斯、塞尔维亚、斯洛伐克、斯洛文尼亚、塔吉克斯坦、土耳其、乌克兰和乌兹别克斯坦。非洲的数据包括加纳、肯尼亚、莱索托、塞内加尔、南非、坦桑尼亚、乌干达和赞比亚的数据。

资料来源：国际劳工组织基于"商业环境和企业绩效调查第五版"（2014）和"中东和北非企业调查"（2013/2014），经合组织创新指标（2012/2013），针对拉丁美洲和加勒比地区创新指标的伊比利亚美洲及泛美科学技术指标网络（2012），以及非洲创新前景 II（2014）数据库（NEPAD Planning and Coordinating Agency, 2014）的计算。

各地超过 1/3 的企业进行了创新活动

在可获得信息的国家，创新企业的发生率随国家组别①和创新类别的不同而大不相同（即投入与产出）（图 4.4）。特别是，在欧盟 15 国内，最少开展一类创新活动的企业所占比例最高（51%），其次是拉丁美洲和加勒比地区、中东和北非及转型国家，其所占比例略高于 40%。在非洲，创新企业的占比较低，但仍高于 30%，这说明从微观层面来看，尽管国家的收入水平较低，但也有创新企业存在（Egbetokun et al., 2016）。这使我们可以从另一个视角看待总量层面的研究结果，这一结果显示出创新指标与人均 GDP 之间存在更为紧密的关系。在欧盟 15 国内，创新企业的高发生率主要受进行组织和营销创新活动（非技术性活动）的企业占比较高所推动。

特别值得关注的是，从事研发活动（即创新投入）的企业的占比在不同地区之间存在差异。②图 4.4 显示，在转型经济体及中东和北非经济体内，不到 15% 的企

---

① 这些国家组别是基于现有数据进行的分组。若想了解国家组别的具体情况，请见图 4.4 的备注。此外，正如专栏 4.1 所述，应对不同地区的比较进行谨慎的解读。

② 研发常常被视为创新投入的代名词，并且会大大提高引入创新产出的概率。

业汇报参与了研发活动，而在欧盟 15 国，这个比例为 27%。乍看之下，这恰好与在欧盟 15 国与转型经济体及中东和北非经济体（约 1/4）内推出新产品（创新产出）的企业占比相似这个事实形成鲜明对比。

此外，在研发投资较低的拉丁美洲和加勒比地区，[①] 推出新产品和创新流程的企业所占比例超过了 30%。然而，这些研究结果并不令人感到惊讶，因为较不发达地区的企业常常通过采用和模仿其他地区业已成熟的现有实践和技术来进行创新，而不是独自进行研发（Crespi and Zuniga，2012；EBRD，2014）。这种现象常常被称为逆向工程，即企业试图复制业已存在的产品和流程，或者以不同的方式组合现有知识（Arundel，Bordoy and Kanerva，2008）。

公共补贴和知识交换促进创新发展

诚然，研发活动是推动创新的一个重要因素，但很明显有很多因素都是创新的来源。对转型经济体以及中东和北非经济体的创新的决定性因素（数据所限）展开的调查实证分析显示，有一些重要方面有待考量。

第一，相较于不进行研发的企业，无论公共补贴的金额是多少，享受这类补贴的企业都更有可能开展研发活动（可能性高出 30 个百分点），并进行产品、流程和组织方面的创新（可能性分别高出 37 个百分点、29 个百分点和 40 个百分点）（表 4.1）。重要的是，这个结果与各种形式的公共补贴有关。相关文献的重点往往是政府支持的研发活动，据研究，通过削减成本和风险共担可增强企业展开创新活动的动力（有关这些研究的情况，请见 Bronzini and Piselli，2016）。然而，表 4.1 的结果表明，虽然公共补贴不仅仅被投入到研发活动中，其对创新投入和产出都会产生重要的积极影响。

表 4.1

企业创新的决定性因素及其效应（百分点变化）

投入	←创新→↓	产出			
研发参与度	决定性因素	产品	流程	营销	组织
—	研发强度（每位员工的研发支出）	↑21	↑20		
↑48	获取外部知识和技术	↑25	↑43	↑36	↑31
↑35	培训	↑34	↑32	↑33	↑39
↑30	公共资金	↑37	↑29		↑40
↑38	出口情况				
↑1.4	规模	↓2（非线性）		↓1（非线性）	

注：本表展示了基于 CDM 模型进行的针对该研究的经济计量分析的结果。带有百分比的区域在 95% 的置信水平上对统计具有重要意义，应该解读为"创新决定性因素每改变一个单元，参与研发活动的可能性或平均为 X 个百分点的创新产出的可能性就会增加/减少"。但是，蓝色区域显示的是对统计不具重要意义的结果。本表包括了国家和行业的固定效应，以及企业的运营年限、教育情况和国际贸易指标。然而，后面的变量未包括在本表中，因为其影响不是十分重要。有关方法论，请参见附录 4.1。

资料来源：国际劳工组织采用 CDM 模型所做的基于"商业环境和企业绩效调查"第五版和"中东和北非企业调查"数据库的估算。

[①] 比如，世界银行的一份报告发现，在拉丁美洲和加勒比地区的 31 个国家内，对研发进行投资的企业的占比为 8%（Islam，2014）。此外，其他研究（Crespi，Navarro and Zuniga，2010；Lasagabaster and Reddy，2010）发现，在拉丁美洲和加勒比地区，研发强度达到年销售额的 0.5%。

第二，获取外部知识被认为是预测针对各种产出展开创新的可能性的重要因素。比如，报告获取了外部知识的企业对流程进行创新的可能性会高出43%。无法独立创造知识的企业可能会决定获取外部知识，以便追赶或超越日新月异的技术（Loree，Bapuji and Crossan，2011）。就此而言，获取资本产品和购买专利（反映技术变革）是小型企业和发展中国家的企业展开创新的两种主要方式（Vivarelli，2014）。此外，和其他企业建立合作伙伴关系可以成为外部知识的重要来源。合作关系可以采取各种形式，比如互动性或非互动性的形式，并且会影响创新产出。比如，互动性合作伙伴关系（涉及知识的共享和相互学习）与新产品和新服务有关，而非互动性的合作伙伴关系（比如模仿或复制）与产品和服务的改善有关（Roper et al.，2014）。

培训对创新也至关重要，特别是创新产出

第三，在职培训也是企业创新的一个的重要决定性因素，可以提高参与研发活动的可能性（增幅为35个百分点）及引入创新产出的可能性（各类产出均可提高30个百分点以上）（表4.1）。有趣的是，相比其他因素，正规教育的影响要么不重要，要么局限于很小的范围。这个发现说明，通过企业内部培训获得的有针对性的技能比成为一个成功的创新者更为重要。培训让工作者可以获得、创造和转移知识，并为"创新打下基础"（Jones and Grimshaw，2012，p.6）。这恰好与一些实证研究的结果相吻合。虽然这类实证研究的数量有限，但是它们都发现培训对创新投入和产出会产生重要的正面影响（比如，González，Miles and Pazó，2015；Dostie，2014；Bauernschuster，Falck and Heblich，2008，2009）。

正规教育对创新的影响很小或没有影响的问题，可以通过其他因素来进行解释。本节分析了教育水平存在巨大差异的行业。因此，以行业区分的特征可能会捕捉到教育水平所产生的一些影响。分析结果可能也会指出技能的不匹配问题，以反映教育系统的缺点（即新工作者可能不具备让企业进行创新的技能）。① 然而，报告所指出的技能不匹配可能是因为企业寻找的是特别具体的技能和培训这个事实。当然，正规教育的目的不一定是为了提供具体的工作岗位技能（Cappelli，2012），但是上述探讨表明，目前存在提高教育有效性和制定改善创新（包括企业层面的创新）的培训政策的空间。

企业规模对创新的影响十分有限

第四，企业的规模对参与研发活动仅有微弱的正面影响（可能性提高1.4个百分点），并会使产品和营销创新的可能性小幅降低，降幅分别达到2个百分点和1个百分点（非线性关系）。同时，还应注意企业规模的影响可能会被其他变量捕捉。比如，有记载显示，大型企业可以从公共资金中获得更多的好处（Acemoglu et al.，2013），这被认为是重要的创新推动因素（表4.1）。相似地，获取外部知识也可以通过采购反映技术变革的机器的方法来捕捉对小型企业创新的影响，而小型企业常常采用这种方法（Vivarelli，2014）。因此，企业规模的差异似乎并不能解释很多有关成功进行创新的其他差异。

这个观点符合当前普遍认可的文献研究结果，后者提供了有关企业规模和创新

---

① 在转型经济体以及中东和北非经济体中，至少有40%的企业汇报称技能不匹配是阻碍创新的一大因素。此外，针对美国2300名大学生开展的一项研究发现，其中45%的大学生的技能并没有得到显著改善（Arum and Roska，2011）。

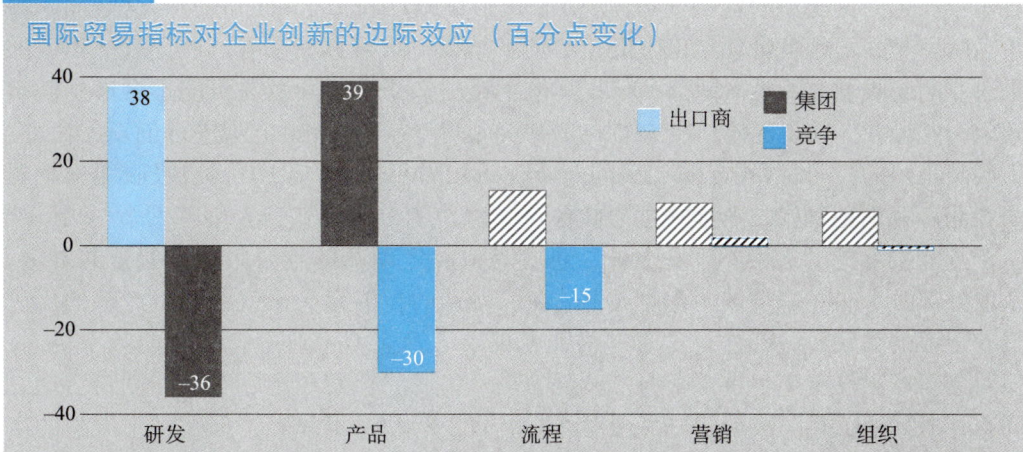

图 4.5 国际贸易指标对企业创新的边际效应（百分点变化）

注：本图展示了与参与国际贸易相关的一些决定性因素对参与创新投入（研发）和引入创新产出的可能性所产生的边际效应；国际贸易相关的决定性因素包括出口商情况、成为集团的一部分，以及面临过多竞争。以纯色显示并标记数字的柱形图在95%的置信水平上具有重要的统计意义。条纹柱形图显示，从统计意义来看，估算与零相差无几。

资料来源：国际劳工组织采用CDM模型所做的基于"商业环境和企业绩效调查"第五版和"中东和北非企业调查"数据库的估算。

的各种证据。一方面，有人认为大型企业进行创新的可能性更大，因为规模经济、内部资源（包括科学领域的人士）以及更易获得的外部融资渠道让它们受益匪浅，并让它们得以更轻松地负担相关的固定成本（Bobenič Hintošová, Bruothová and Hliboká, 2014; Fransen, 2013; Chandy and Tellis, 2000; Damanpour, 1992）。另一方面，小型企业不用承受来自官方的负担，而且避险情绪较弱，它们可能会更频繁地进行创新，并通过消化知识来利用本地创新制度和全球供应链的溢出效应（参见Bobenič Hintošová, Bruothová and Hliboká, 2014; Dean, Brown and Bamford, 1998）。

出口商的研发活动更为频繁，但是过于激烈的市场竞争或减少创新的成功概率

最后，本章通过分析认为，参与出口活动和开展研发活动之间存在正相关关系，而且出口企业开展研发活动的可能性比非出口企业高38个百分点（表4.1）。第三章也指出，引入新的技术是推动国际贸易和全球供应链上的生产组织进行变革的一个因素。其中的一个可能原因是出口企业面临的是全球的竞争，因此需要更频繁地改进技术，才能在一个竞争激烈的环境中生存下来（Almeida and Fernandes, 2008）。此外，境外市场能通过技术溢出效应为其提供学习机会。比如，加入全球供应链可以"通过水平、后向、前向和垂直联系"提供供应链上的知识转移机会（Gyeke-Dako et al., 2016, p.14）。然而，研究并没发现出口商对引入创新产出会对统计产生重要影响（表4.1）。

因此，实证分析探讨了与国际贸易和全球化相关的其他一些变量的效应（见图4.5）。成为大型集团的一分子——无论是国际化集团（如跨国集团）还是国内集团①——都会使产品创新的可能性提高39个百分点。造成这个研究结果的原因可能是，企业可以从集团内其他企业已有的知识中受益这个事实。此外，（国外或国内）

---

① 由于研究受限，应该指出的是该变量涵盖国内外企业集团，在此不对两者进行区分。

激烈的市场竞争也发挥着重要的作用，特别是对产品和流程创新而言，激烈的市场竞争会产生严重的负面影响（分别达到 30 个百分点和 15 个百分点）。这表明，参与国际贸易并不代表自动转化为更好的创新结果。从这方面来看，有记载显示，如果企业的吸收能力不足以识别和吸收其他企业的知识，国际贸易可能不会产生溢出效应。这说明，需要制定有针对性的政策来促进不同特征的企业进行创新，比如：不属于集团的公司（Criscuolo, Squicciarini and Lehtoranta, 2010），或吸收能力较弱的企业，特别是发展中国家的这类企业。[①]

上节着重指出，除了研发之外，还有其他决定创新的重要因素，如公共资金、获取外部技术和在职培训。企业提供的在职培训的重要意义与就业和生产率的探讨具有很强的关联性。此外，目前有研究发现，尽管大型企业进行创新的频率更高，但对创新产出没有产生重要影响。重要的是，我们已经发现国际贸易与创新活动之间存在微妙的关系。成为出口商会提高开展研发活动的可能性，但是过于激烈的市场竞争似乎会破坏产品创新，而成为集团的一部分则会对创新产出产生正面的溢出效应。这些研究结果表明，尽管所有企业都能促进创新，但在能否成为一个成功的创新企业方面，不同的企业特征和参与创新活动的不同方式却发挥着重要作用。在下一节中，我们将探讨创新与劳动力市场表现之间的关系。

第三节　创新如何与企业生产率与就业产生关系：实证分析

本节探讨了转型经济体、中东和北非经济体（特别注重创新的不同类型）中的创新型和非创新型企业的差异是否会对企业在生产率、就业机会的创造和诸如劳动合同的类型（全职临时工和长期雇员）[②]、技能（教育与培训）和女性就业等其他劳动力市场表现方面的表现产生影响。为此，本节一开始就分析了不同类别的企业创新如何影响劳动生产率，以及这种影响是否和就业增长有关。接着，本节探讨了其他劳动力市场指标的影响。

企业创新对劳动生产率具有正面影响

可以通过各种渠道运营创新，这些渠道能够进一步提高企业生产率。[③] 新流程的实施可能会减少同样的产出所需要的资源，并改善多余产能的使用（EBRD, 2014），而通过提高质量或多元化产品向新市场推出产品的方法可以为企业创造新的需求来源（Mohnen and Hall, 2013；Antonucci and Pianta, 2002）。此外，新的组织安排可以通过改善工作场所管理或外部关系来削减行政成本，而营销创新则有助于"更好地满足客户需求，并打开新的市场"（EBRD, 2014, p.15）。

[①] 另外一个与全球化相关的问题是，流动工人对其所入籍国家的创新做出的贡献。由于缺乏数据，无法在本章对这方面进行探讨。但是，新发布的文献显示，其中存在一些正面效应，特别是技术工人移民，他们给所入籍国家带来了新的知识和经验，并拓宽了移入国的网络（文献综述请参见 Jensen, 2014）。

[②] 合同类型取决于员工是长期雇员，还是临时工。*长期全职员工*指的是所有有偿员工，其劳动合同的年限为一个财年或更长，并/或得到企业续约保证，同时参加全班制工作。*临时全职员工*指的是所有有偿的短期员工（即不到一个财年），没有企业续约保证，在合同期内，每周工作 40 小时，甚至更长的时间。

[③] 实证文献明确显示，创新与企业生产率之间存在正相关关系。比如，参见 Baum et al.（2015），Mohnen and Hall（2013），Siedschlag and Zhang（2015）以及 Bartel, Ichniowski and Shaw（2005）。

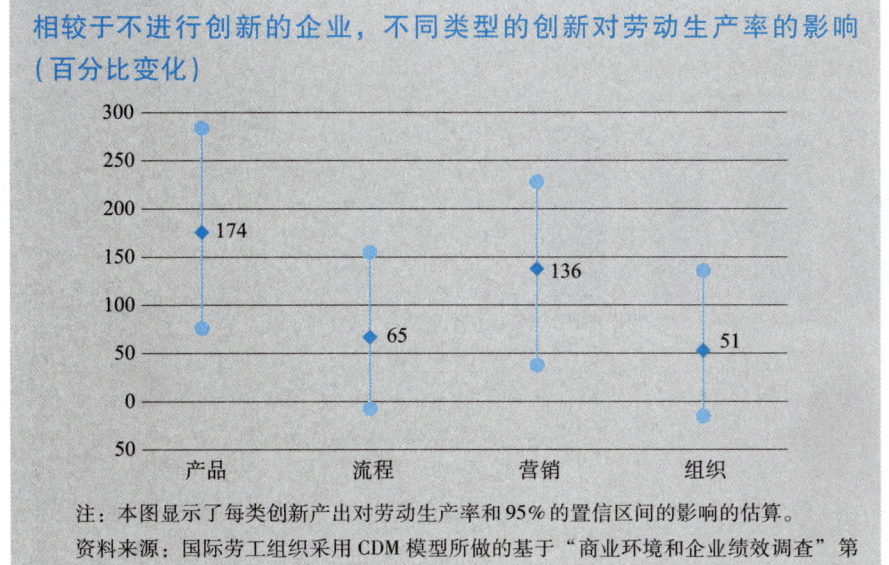

图 4.6

相较于不进行创新的企业，不同类型的创新对劳动生产率的影响（百分比变化）

注：本图显示了每类创新产出对劳动生产率和 95% 的置信区间的影响的估算。

资料来源：国际劳工组织采用 CDM 模型所做的基于"商业环境和企业绩效调查"第五版和"中东和北非企业调查"数据库的估算。

上述分析显示，创新企业的劳动生产率可能比不展开创新活动的企业更高。这些研究结果与相关文献的观点一致，适用于技术和非技术创新领域（图 4.6）（Griffith et al.，2006；有关文献综述，参见 Mohnen and Hall，2013）。特别是，进行产品创新的企业的劳动生产率平均比不进行产品创新的企业高 174%。如此大的差距或许可以从转型经济体以及中东和北非经济体之间劳动生产率的巨大差异中找到原因。进行创新之后，低生产率企业的生产率效应可能会高于那些原本生产率就高的企业。因此，当低生产率企业成功进行创新时，它们的生产率增幅会远远高于不进行创新的企业，从而拉动整体结果向上（EBRD，2014）。

上述分析还显示，进行营销创新的企业的生产率可能比不进行创新的企业高 136%。实证研究文献很少探讨营销创新与生产率之间的这种关系，尽管很多现有的研究都发现营销的变化对企业绩效会产生正面效应（EBRD，2014），特别是营销作为产品创新的一个补充工具时，尤其如此（如，参见 Junge, Severgnini and Sørensen, 2016）。

最后，有关流程创新对生产率的影响的研究结果并不重要。这可能会令人感到吃惊，因为从理论角度来看，流程创新很明显与生产率的提高相关，因为生产方法的改善可能会带来成本的降低。然而，实证研究文献对此的研究结果并不一致，有些研究发现不同的市场和需求动态或数据问题会带来并不重要的结果（比如，参见 Criscuolo, Squicciarini and Lehtoranta, 2010；有关研究的列表，请参见 Mohnen and Hall, 2013）。

研究发现，创新企业的就业率得到了提高，特别是产品创新企业

在分析企业创新与就业情况之间的关系的过程中，研究者发现，在三年时间里，开展不同类别的创新活动的创新型企业的就业率都得到了提高（图 4.7, A）。虽然非创新型企业的就业率急剧下跌，但是创新对就业情况的总体影响是正面的，这与文献的研究结果相吻合。[①] 然而，不同创新类型之间存在差异。尽管各界对产品创

[①] 在过去的十年中，越来越多企业层面的实证研究探讨了创新对就业的影响。比如，参见 Morikawa（2014），Harrison et al.（2014），以及 Peters, Riley and Siedschlag（2013）。

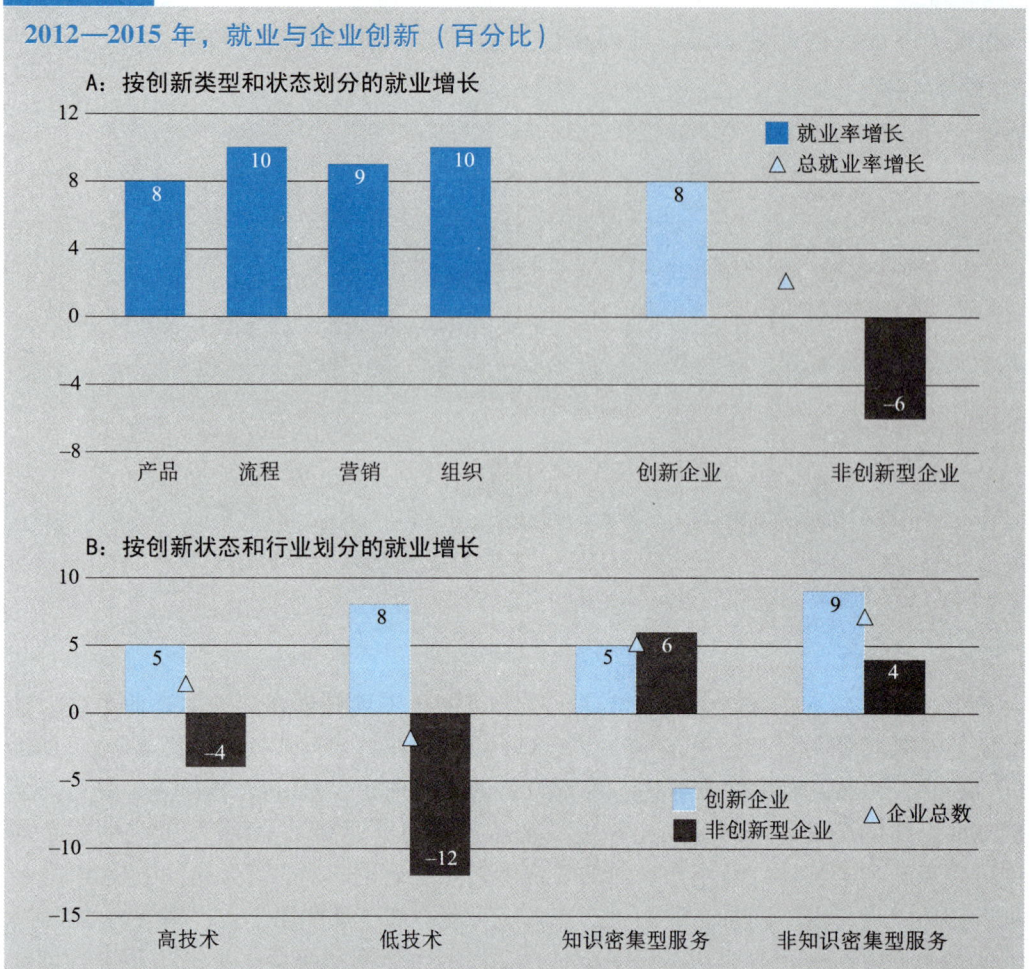

图 4.7

2012—2015 年，就业与企业创新（百分比）

注：基于国际标准产业分类第 3.1 版。本图中的数字代表过去三年内所有企业（包括现有和新成立的企业）就业率的未加权跨行业变化。高新技术制造行业包括化学品（24）、机械设备（29）、计算机、电气、电子和光学设备（30—33）以及运输设备（34、35）。低技术制造行业包括食品产品、饮料和烟草（15、16）、纺织（17、18）、皮具（19）、木材（20）、纸张、出版和印刷（21、22）以及其他（36、37）。知识密集型服务包括船运和空运（61、62）、电信（64）和计算机及相关业务（72）。低技术密集型服务包括零售和批发贸易（50—52）、酒店和餐饮（55）、运输（60、63）。现有数据包括俄罗斯 2012 的数据、"商业环境和企业绩效调查"涉及的其他转型经济体 2014 年的数据，以及"中东和北非企业调查"中涉及的经济体 2014 年的数据。

资料来源：国际劳工组织基于"商业环境和企业绩效调查"第五版和"中东和北非企业调查"数据库的计算。

新与工作岗位创造之间存在正相关关系达成了共识，但是有关流程创新的影响的证据却并不一致（近期对理论和实证证据的回顾由 Calvino 和 Virgillito（2017）提供；有关研究的列表，请参见 Oberdabernig, 2016）。有关营销和组织创新对就业率的影响，很少有研究对其进行分析。

本报告还探讨了不同行业内的就业动态，并生成了对创新与就业之间关系的洞察（图 4.7，B）。各行业的创新型企业的就业率增速快于非创新型企业，除了一个例外，即知识密集型服务，该类细分企业的增速与创新型企业的增速十分相似（且为正增长）。① 这一点印证了创新型企业整体创造的工作岗位数多于非创新型企业这个观点。更有意思的是，撇开创新状况，低知识密集型服务业的就业增速十分强劲，然而低技术制造业内非创新型企业的就业率却出现了大幅萎缩。这个结果符合工作从制造业向服务业转移的整体趋势。低技术制造业内非创新型企业的就业率大幅下滑表明，这些国家组别中的许多低技能工作者纷纷失业，可能不得不转换行业，才能找到工作。

创新型企业雇用更多技能工作者，并提供更多培训

关于创新青睐具备不同技能的工作者这种观点一直饱受争议。"技能偏向型技术变化"这个方法说明，创新一直都偏向接受过高等教育且具备对新技术形成补充的能力的工作者，增加对这些人才的需求，并提高他们的工资。数十年来，这个模式一直都有实证证据的支持，被认为是导致低技能工作者大量失业和不平等现象加剧的原因之一（Acemoglu and Autor, 2011; Autor, Levy and Murnane, 2003）。然而，这个方法在解释近期趋势方面却束手无策。因此，学界提出了基于"常规任务偏向型技术变化"这个方法所构建的新框架。该方法区分了常规工作和非常规工作、体力劳动和认知工作之间的细微差异，并发现技能与失业之间存在 U 形关系。

本章通过分析，赞成采用"常规任务偏向型技术变化"这个方法（图 4.7，B）。值得注意的是，目前似乎存在这样一个趋势，即从低技术的非创新型企业内常见的常规体力工作向创新型和非创新型企业内的非常规服务工作转移，创新型企业可能提供更多的认知性工作，而非创新型企业则提供更多的体力工作。换言之，在服务业，技能工作和低技能工作的数量似乎都在增加，但工作消失的现象似乎主要影响的是非创新型制造业企业的就业情况。这一点与其他研究结果吻合，后者发现技能与失业之间的关系呈 U 形趋势。在这种趋势下，常规工作会消失，不管其是否是体力工作（Autor and Dorn, 2013）。教育水平似乎在决定从事这些常规工作的工作者是否会向非常规的认知性或体力工作转移方面发挥了重要作用。事实上，有证据表明，接受过高等教育的常规工作者往往会向高收入的非常规认知性工作转移（如管理工作岗位），而从事常规体力工作的低技能工作者则会向低收入的非常规体力工作转移（如家护理工作岗位）（Cortes et al., 2014）。这些转移将导致工作的两极分化，这意味着在就业分布的中心将存在一个空洞，而相关的益处则主要集中在尾部（Goos, Manning and Salomons, 2014; ILO, 2013; Acemoglu and Autor, 2011）。

为了进一步调查不同的创新类型是如何影响就业的各个方面，并将其他影响就业的因素纳入考量，我们估算了一个简单的回归模型（更多信息，请见附录 4.2）。根据 Berg（2016）的研究，该模型分析了创新对部分劳动力市场表现的影响：技能（教育、培训）、合约类型（全职临时工/全职长期雇员）和女性就业的情况。这个因果关系与第二节中的分析恰好相反，因为此处探讨的是创新对部分就业相关的指标的影响。

将一系列因素纳入考量之后，我们通过分析发现，在创新型企业内部，拥有大学学位的工作者（图 4.8，A）的平均占比高于非创新型企业。然而，这种差距非

---

① 知识密集型服务类别的定义主要建立在接受过高等教育的人才占比之上的（占总就业的 33% 以上）。高技术和低技术制造类别的定义建立在经济活动中的研发强度，即研发相对于附加值的支出。若想了解更多信息，请参考欧共体的经济活动在统计学上的分类（欧盟产业分类体系）：http://ec.europa.eu/eurostat/statistics-explained/index.php/Glossary:Statistical_classification_of_economic_activities_in_the_European_Community_(NACE)。

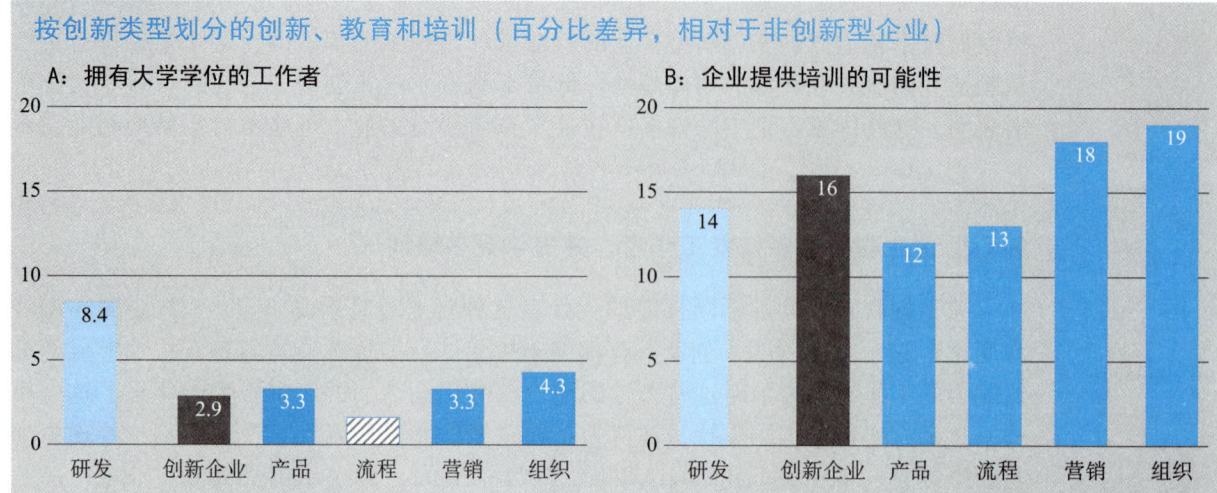

图 4.8

按创新类型划分的创新、教育和培训（百分比差异，相对于非创新型企业）

注：A 图通过普通最小二乘法估算了研发活动的参与程度与有关拥有大学学位的工作者占比的创新产出之间的关系。B 图通过概率估计显示了创新型企业提供培训的可能性。这些模型涵盖了企业规模、运营年限、出口状况、主要分销市场、所有权、生产率和劳动力成本，包括了行业与国家的固定效应。条纹柱形图显示估算结果与零相差不大。这些效应与单独的回归分析相对应，并把不进行研发和不开展创新的企业分别作为比较的基础。有关具体的方法论，请参见附录 4.2。

资料来源：国际劳工组织基于"商业环境和企业绩效调查"第五版和"中东和北非企业调查"数据库的估算。

常不明显：产品和组织创新是相互关联的，平均而言，受过良好教育的工作者的占比分别为约 3.3% 和 4.3%，但未发现这对流程创新有重大影响。然而，相较于不开展研发活动的企业，从事研发工作的企业往往会大量雇用受过良好教育的工作者（8.4%）。有意思的是，尽管创新型企业中受过良好教育的工作者的占比稍高于非创新型企业，可是创新型企业——特别是实施营销和组织创新的企业——提供培训的可能性却远高于后者（图 4.8，B）。这强化了之前的分析结果，即在职培训，而非教育对成功创新发挥了至关重要的作用。

创新型企业往往会更多地雇用临时工和女性工作者

近期的发展，尤其是互联网的日益普及，已经深刻地改变了工作场所以及企业与工作者之间的联系方式。越来越多的文献研究新的雇佣类型与按需经济之间的关系（如，Berg, 2016；Drahokoupil and Fabo, 2016）。此外，也提出了有关创新对长期和临时合约等更为传统的合约类型的影响。然而，至今几乎没有研究使用创新调查来探究这种关系。①

我们在此所做的分析证实，相较于非创新型企业，创新型企业往往会招募更多的临时工（图 4.9）。这种百分比差异非常大，对开展产品创新（74%）和流程创新（75%）的企业（即开展技术创新的企业）尤其如此，这与实施非技术创新（营销与组织创新）的企业恰好形成对比，而对于后者，我们未发现重大的差异。现有证据也表明，创新型企业之间也存在巨大的差异。在非创新型企业内，多数临时工似乎都服务于大型企业。其中，一个重要的发现是，与不从事研发的企业相比，从事研发的企业会雇用更多的临时工（高出 137%）。尽管有人认为，这显示了目前有必要增强可能开展创新的企业的灵活度（如，见 Bartelsman, Gautier and De Wind,

---

① 比如，Avenyo（2016）研究了创新型企业内长期和临时就业的增长情况。

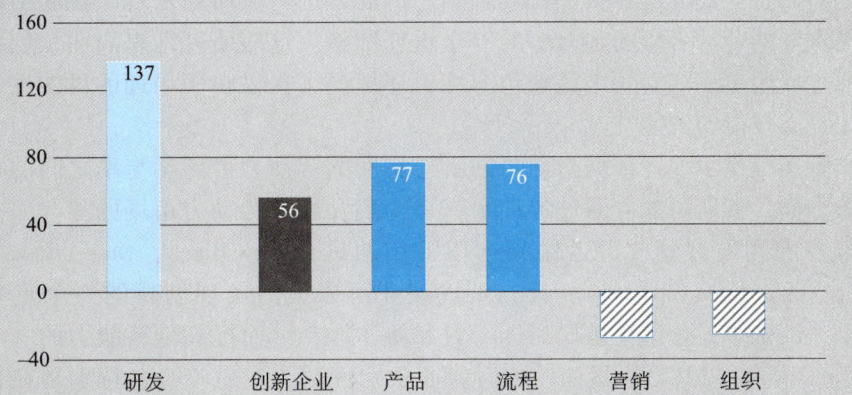

图 4.9 按创新划分的企业创新和临时就业（百分比差异，相对于非创新型企业）

注：本图通过普通最小二乘回归分析，显示了从事研发活动和针对临时工作者人数的对数所引入的不同类型的创新产出之间的关系估算。这些模型涵盖了企业规模、运营年限、出口状况、主要分销市场、所有权、生产率和劳动力成本，包括了行业与国家的固定效应。条纹柱形图显示估算结果与零相差不大。这些效应与单独的回归分析相对应，并把不进行研发和不开展创新的企业分别作为比较的基础。

资料来源：国际劳工组织基于"商业环境和企业绩效调查"第五版和"中东和北非企业调查"数据库的估算。

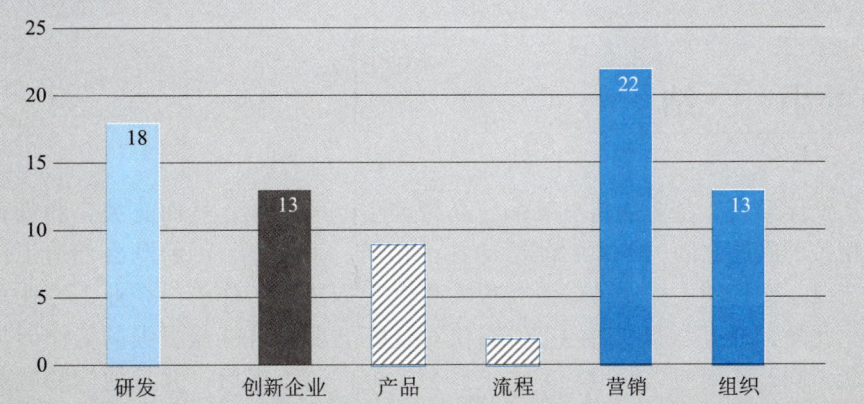

图 4.10 按创新类型划分的创新与女性就业（百分比差异，相对于非创新企业）

注：本图通过普通最小二乘回归分析，显示了从事研发活动和针对女性工作者的对数所引入的不同类型的创新产出之间的关系的估算。该模型涵盖了企业规模、运营年限、出口状况、主要分销市场、所有权、生产率和劳动力成本，包括了行业与国家的固定效应。条纹柱形图显示估算结果与零相差不大。这些效应与单独的回归分析相对应，并把不进行研发和不开展创新的企业分别作为比较的基础。有关方法论，请参见附录4.2。

资料来源：国际劳工组织基于"商业环境和企业绩效调查"第五版和"中东和北非企业调查"数据库的估算。

2016；Murphy，Siedschlag and McQuinn，2016），但也有人对这类工作的质量表示担忧（就社会保障覆盖面、职业健康和安全、培训等而言）。

另外一个有趣的问题是性别平等。实证分析表明，创新型企业——特别是开展营销和组织创新的企业——雇用的女性员工的人数高于非创新型企业（图 4.10）。

这个实证分析模式还有待全面了解。其中的部分原因是非技术创新也与常由女性担任的工作的类别相关，比如人力资源或广告和销售人员。此外，正如前文所述，进行非技术创新的企业更有可能提供在职培训。因此，进一步研究发现，在职培训也是决定提高女性的劳动力市场参与率的一个重要因素。这些研究结果表明，创新型企业不仅通过雇用更多的女性来提高包容性，还提高了提供在职培训的可能性，以及促进员工提高技能的可能性。

各种文献还提供了一些证据来证明创新与女性的劳动力市场参与率之间的正相关关系。一方面，创新可能会通过各种渠道来提高女性在劳动力市场的参与率，这些渠道从普及家用电器到改善运输和远程工作的机会等（Black，Kolesnikova and Taylor，2014；Dettling，2017）。相反，女性就业可以成为实现创新的一个重要资产。事实上，性别多元化似乎是提高创造力和协作性，继而提高创新能力的一个前提（Dezsö and Ross，2012）。然而，临时就业中女性的人数也不少，特别是在创新企业。因此，想要更好地理解创新与女性就业之间的关系，还需要展开进一步的研究。

整体而言，上述分析显示，创新型企业和非创新型企业之间的劳动力市场表现具有显著差异。首先，创新型企业的生产率高于非创新型企业，这一点在产品和营销创新中尤其明显。其次，这些企业往往会提供更多的就业机会，并雇用更多的女性，而且这些企业中临时工的占比也更高。日益频繁的临时就业更多的是作为技术创新（产品和流程创新）企业的特征出现，而不是作为进行组织和营销创新的企业的特征出现。最后，创新企业对受过良好教育的工作者的偏好稍高。然而，这对从事研发活动的企业的效应强于不从事研发活动的企业。更为重要的是，创新型企业提供培训的可能性高于非创新型企业，这突出了在职培训作为创新源头的重要性。

第四节 小　　结

尽管从整体而言，企业创新一般都与高劳动生产率相关，然而有关企业创新与其他就业相关的问题之间的关系的证据却各不相同。事实上，创新既会创造工作机会，也会造成工作的消失，这种效应在很大程度上取决于工作者、企业、行业和国家的特征。此外，通过创新创造的工作岗位对技能的要求可能与丢失的工作岗位所要求的技能不同，从而使人们担心丢失工作会让他们落于人后，并且他们的就业前景和收益也可能因此受到负面影响。由于机制复杂、改革节奏不同，因而难以预测创新对未来就业机会的影响。但是，本章还是提供了企业层面的几项研究发现，这会有助于政策决策。

首先，创新企业往往能为各行各业创造更多的就业机会。然而，低技术、非创新型企业的就业机会却大幅萎缩，这说明低技能工作者可能是第一批面临失业的人员。其次，企业提供的在职培训是创新的重要决定性因素之一。尽管如此，临时工很少获得培训。这是值得关切的问题，因为创新型企业一般会雇用更多的临时工（ILO，2016年）。而这不仅会阻碍工作者提高技能并降低其在劳动力市场取得成功的概率，同时还会对企业创新造成负面的影响。创新型企业也可能雇用更多的女性工作者，这有助于弥合劳动力市场中的性别差距。

就此而言，充分的教育、培训和社会保障政策在有效促进创新、培育工作者方面能发挥重要作用，以适应不断变化的就业环境。随着技术的日新月异，必要的工作技能也在快速转变。因此，无论工作者签订的是何种劳动合同，机构都应向其提供持续获得最新能力的机会。此外，还应考虑为工作者提供灵活和全面的社会福利，这些工作者的工作安排有别于长期全职雇员的工作安排。

另外，本章发现企业的一些特征是决定创新是否成功的重要因素（如隶属于一个企业集团、接受公共资金）。这说明，需要出台一些具体的政策来推动特定特征的企业进行创新；比如，不属于国际企业的单个企业（Criscuolo, Squicciarini and Lehtoranta, 2010）。公共资金以及由其资助的研究项目对企业成功实施创新具有重要意义，这突出了公共机构在促进创新方面发挥的重要作用。

更为关键的是，事关未来的工作岗位类型、技能和社会保障等问题，应通过社会合作伙伴和其他利益相关者的参与来解决，并落实有针对性的政策。这些群体应该参与为未来劳动力市场"构建场景"，同时还要参与"相关的政策计划"（UNCSTD，2016），其中包括政策的设计和实施。从这方面来看，国际劳工组织的"未来工作百年倡议"旨在成为一个让社会合作伙伴、学术界和其他利益相关者探讨和交流的平台。

附录4.1 创新与生产率：CDM 模型

由 Crépon、Duguet 和 Mairesse（1998）开发的模型（CDM 模型）让创新和企业绩效相互建立起联系。这个模型基于"所有的创新产出都取决于创新投入，继而影响生产率"这个假设之上（Criscuolo, Squicciarini and Lehtoranta, 2010, p.7）。CDM 框架被正规化为一个包含三个阶段、四个序列方程组的系统。

第一个阶段是采用广义 Tobit 模型来最大化可能性做出的估算（Heckman, 1979），由两个方程组成：（1）企业是否决定开展研发活动；（2）多少企业对研发进行了投资。这个阶段的目的是解释选择偏向，这种偏向建立在这样一个事实上，即如果一个企业决定进行创新，那么只有当该企业报告正面的研发支出时，才能视为创新。

因此，第一个方程是选择方程，显示企业是否从事研发工作：

$$RD_i = \begin{cases} 1 & if\ RD_i^* = \alpha X_i + \varepsilon_i > \bar{c} \\ 0 & if\ RD_i^* = \alpha X_i + \varepsilon_i \leq \bar{c} \end{cases} \quad (1)$$

并且可以根据经验来这样说明：

$$RD_i = \alpha_0 + \alpha_1 Age_i + \alpha_2 Size_i + \alpha_3 Group_i + \alpha_4 Exporter_i + \alpha_5 Patent_i + \alpha_6 Fund_i + \alpha_7 Univ_i \\ + \alpha_8 Training_i + \alpha_9 ICT_i + \alpha_{10} AcquisitionR\&D_i + \alpha_{11} Country_i + \alpha_{12} Sector_i + \varepsilon_i$$

RD_i 是二进制内生变量，用以确定在潜藏的 RD_i^* 变量超过一定门槛（$\bar{c}$）时，企业 i 是否从事研发活动。解释变量（X_i）捕捉可能决定创新投资决策的因素，比如通过企业规模、企业运营年限和行业类型衡量的企业特征。此外，方程中还包括了出口和成为一个大型企业集团的一部分等国际业务活动，以及教育和培训等人力资本。公共资金、专利、外部知识的获取、信息和通信技术的使用等其他变量也包括在内，用以解释投资研发活动的回报、创新的普及以及技术的使用（有关变量的更多信息，请参见下文）。鉴于多数解释变量都是虚拟变量，本文汇报了变量的边际效应。

第二个方程描述了创新的强度（每位员工的研发支出对数），可以表示成：

$$RDI_i = \begin{cases} RDI_i^* = \beta Z_i + e_i & if\ RD_i = 1 \\ 0 & if\ RD_i = 0 \end{cases} \quad (2)$$

并且可以根据经验来这样说明：

$$\log(RDI_i) = \beta_0 + \beta_1 AcquisitionR\&D_i + \beta_2 ICT_i + \beta_3 Group_i + \beta_4 Exporter_i + \beta_5 Patent_i + \\ \beta_6 Fund_i + \beta_7 Training_i + \beta_8 Univ_i + \beta_9 Country_i + \beta_{10} Sector_i + e_i$$

通过之前的控制变量来解释创新强度（RDI_i），不包括企业运营年限和规模（Z_i），这两个变量影响了具体的投资决策，但未必会对每位员工的创新强度产生影响，因为该强度已经受到了隐秘的控制。这种排他性限制可以从一定程度上避免多重共线性问题。

第二个阶段包括估算一个知识生产函数。每个创新类别（I_i）（如产品、流程、营销和组织）都通过虚拟变量来衡量，该变量反映了企业是否已经进行了具体类别的创新活动。创新产出方程利用概率方程进行估算，如下：

$$I_i = \gamma RDI_i^* + \gamma W_i + u_i \quad (3)$$

可以根据经验来这样说明：

$$I_i = \gamma_0 + \gamma_1 \log(RDI_i^*) + \gamma_2 AcquisitionR\&D_i + \gamma_3 Age_i + \gamma_4 Size_i + \gamma_5 Size2_i + \gamma_6 Group_i + \\ \gamma_7 Competition_i + \gamma_8 Fund_i + \gamma_9 Univ_i + \gamma\beta_{10} Training_i + \gamma_{11} Country_i + \gamma_{12} Sector_i + u_i$$

除了初始的控制变量之外，再次引入了企业的规模和运营年限，以及控制过多竞争压力的变量，以便控制市场运营（W_i）。此外，前一阶段预测的创新强度的价值（RDI_i^*）用来说明选择和内生变量问题。

最后一个阶段利用增强的柯布—道格拉斯附加值生产函数，基于劳动生产率（每位员工的产出对数）估算了创新对企业绩效（Y_i）的影响。在柯布—道格拉斯生产函数中，知识投入分别由产品、流程、营销和组织创新来代表；人力资本通过劳动力成本和大学学位来表示；资本累计由固定资产成本来表示。为了确保内生性，使用了下述第三个方程中创新投入（I_i^*）的预测值。这个方程可以表示为：

$$Y_i = \pi I_i^* + \pi K_i + \nu_i \tag{4}$$

并根据经验来这样说明：

$$\log(Y_i) = \pi_0 + \pi_1 I_i^* + \pi_2 LabourCost_i + \pi_3 Capital_i + \pi_4 Exporter_i + \pi_5 Competition_i + \pi_6 Univ_i + \pi_7 Country_i + \pi_8 Sector_i + \nu_i$$

本调查以及实证分析的一个重要约束是大量观察结果的缺失以及有限的持续变量。以每位员工或每笔销售的研发支出来衡量的研发强度因调查结果的缺失而备受影响，而前者则造成数据库规模的大幅度萎缩，从 22000 缩减至约 6000。此外，企业自主申报的研发支出的准确性和不回应问题可能也会影响最终结果。为了从一定程度上解决这个问题，通过把投资值与有关研发参与度等问题的答案进行比较，取代一些缺失的研发投资观察结果。此外，在调查过程中，还采用不同的研发强度措施进行了稳健性检验，比如每位员工/每笔销售的研发支出、内部研发和创新支出增量。然而，这些调整并未对结果产生重大影响。

由于相似的约束，有些论文采用了精简版的 CDM 模型，通过排除研发强度这个方程将方程组减少至 3 个；换言之，就是通过利用二进制研发参与度变量，而非持续研发强度变量。然而，由于沃尔德检验证实"商业环境和企业绩效调查"和"中东和北非企业调查"存在选择偏向，在本报告的分析中，这样的选项是不可能的。最后，虽然创新合作、障碍和来源等其他控制变量被纳入模型之中，但是随着因变量变化性的减少，这些控制变量并未被保存下来，模型也没有成功迭代。

变量

图 4A.1

CDM 框架和变量列表

创新投入	变量描述
研发参与度	如果企业汇报称其从事内外部的研发活动,虚拟变量值则为1
研发强度	每位员工的研发支出(对数)
外部知识的获取	如果企业汇报称其获得了外部知识和技术,虚拟变量值则为1
信息和通信技术	如果企业在业务活动中使用电子邮件、网站、高速互联网连接和手机,虚拟变量值则为1
培训	如果企业为长期全职员工提供内部培训,虚拟变量值则为1

创新产出	变量描述
产品创新	如果企业汇报称已经采用新的流程,或大幅完善了现有流程,并提供服务,虚拟变量值则为1
流程创新	如果企业汇报称已经采用专门提供给自己的新产品,或大幅改善了产品或服务,虚拟变量值则为1
营销创新	如果企业汇报称已经引入了新的营销方法,虚拟变量值则为1
组织创新	如果企业汇报称已经采用了新的组织结构或管理实践,虚拟变量值则为1
技术创新	如果企业称至少已经开展了一项产品或流程创新活动,虚拟变量值则为1
非技术创新	如果企业称已经进行了至少一次营销和组织创新活动,虚拟变量值则为1
创新企业	如果企业汇报称至少开展了一种创新活动,如产品、流程、营销和组织创新,虚拟变量值则为1

企业与劳动力特征	变量描述
劳动生产率	每位员工的销量(对数)
资本密度	每位员工采购固定资产的支出
规模	长期全职雇员的人数(对数)
规模平方	长期全职雇员的人数(对数)的平方
企业运营年限	自设立以来,企业获得的经验
行业	一系列企业所在行业的虚拟变量,即高技术制造、低技术制造、知识密集型服务和低知识密集型服务
集团	如果企业汇报其是大型企业的一部分,虚拟变量值则为1
公共资金	如果企业从地方、区域或中央政府,或欧盟获得补贴,虚拟变量值则为1
保障	如果企业通过专利来保护新发明,虚拟变量值则为1
出口商状况	直接出口占企业年度总销量的比例
竞争	如果企业汇报称在主要领域面临无数竞争对手,虚拟变量值则为1
高等教育	拥有大学学位的员工所占比例
临时工作者	全职临时或季度性员工的人数(对数)

附录 4.2　劳动力市场表现回归

创新与部分劳动力市场表现之间的关系：分析方法论

该模型分析了创新对劳动力市场表现的部分指标的影响：技能（教育与培训）、合约类型（临时/长期）和女性就业情况。该模型是根据 Berg（2016）的研究构建的，分析了企业层面雇用临时工的决定性因素，并将模型延伸至各个创新类别，以及其他劳动力市场表现。基线规格主要通过培训估算中的概率来进行实证验证，并采用普通最小二乘法验证了其他因变量。该模型可以表示为：

$$LM_i = \alpha + \beta Inn_i + \delta X_i + \varepsilon_s + \varepsilon_c + \varepsilon_i$$

LM_i 代表下述劳动力市场表现：长期雇员人数的对数（1），临时工人数的对数（2），女性员工人数的对数（3），接受过高等教育的员工的占比（4），以及就长期雇员是否获得在职培训的二分变量（5）。

变量 Inn_i 代表不同创新投入和产出的利息和账户的主要变量。代表该变量的因素包括：研发参与度；产品、流程、营销和组织创新；以及创新企业的状态（实施至少一种创新产出的企业）。

解释变量（X_i）捕捉企业的特征，比如规模、运营年限、所有权或与大型企业集团的隶属关系。此外，还包括运营市场和出口状态等变量，以控制竞争和市场弹性。此外，该模型将劳动生产率视为衡量效率的措施，并把每家企业的总劳动力成本视为劳动力成本。方程（1）和（3）考虑了教育和培训等人力资本变量，而方程（2）只考虑了教育背景，因为不存在临时工的培训数据。估算还考虑了行业（ε_s）和国家（ε_c）的固定效应。

该模型的一大不足是不能像 CDM 模型那样直接调整内生性。这个问题是因模型的自变量和因变量之间可能存在反向因果关系所导致的。一些研究使用创新产出的滞后值来应对这个问题（Bauernschuster, Falck and Heblich, 2009；Gyeke-Dako et al., 2016）。尽管本研究使用的数据库中没有滞后变量，创新产出指的是过去三年的结果，而其他变量则指的是最近一年，从而导致其中很多变量滞后。鉴于这个缺点，应该审慎解读结果，但是本章的分析纳入了可能的混淆变量，有助于更好地了解创新对劳动力市场表现的影响。

参考文献

Acemoglu, D.; Akcigit, U.; Bloom, N.; Kerr, W.R. 2013. *Innovation, reallocation and growth*, NBER Working Paper No. 18993 (Cambridge, MA, National Bureau of Economic Research). Available at: https://doi.org/10.3386/w18993 [11 Aug. 2017].

—; Autor, D.H. 2011. "Skills, tasks and technologies: Implications for employment and earnings", in O. Ashenfelter and D. Card (eds): *Handbook of labor economics* (Amsterdam, Elsevier), pp. 1043–1171.

Almeida, R.; Fernandes, A.M. 2008. "Openness and technological innovations in developing countries: Evidence from firm-level surveys", in *Journal of Development Studies*, Vol. 44, No. 5, pp. 701–727.

Antonucci, T.; Pianta, M. 2002. "Employment effects of product and process innovation in Europe", in *International Review of Applied Economics*, Vol. 16, No. 3, pp. 295–307.

Arum, R.; Roska, J. 2011. *Academically adrift: Limited learning on college campuses* (Chicago and London, University of Chicago Press). Available at: http://www.press.uchicago.edu/ucp/books/book/chicago/A/bo10327226.html [15 Feb. 2017].

Arundel, A.; Bordoy, C.; Kanerva, M. 2008. *Neglected innovators: How do innovative firms that do not perform R&D innovate? Results of an analysis of the Innobarometer 2007 survey No. 215*, INNO-Metrics Thematic Paper. Available at: http://digitalarchive.maastrichtuniversity.nl/fedora/get/guid:413b75a4-8774-4fa2-80ee-51e8d357d117/ASSET1 [31 Jan. 2017].

Autor, D.H.; Dorn, D. 2013. "The growth of low-skill service jobs and the polarization of the US labor market", in *American Economic Review*, Vol. 103, No. 5, pp. 1553–1597.

—; Levy, F.; Murnane, R.J. 2003. "The skill content of recent technological change: An empirical exploration", in *The Quarterly Journal of Economics*, Vol. 118, No. 4, pp. 1279–1333.

Avenyo, E.K. 2016. *Employment impacts of technological innovations in sub-Saharan Africa: Firm-level evidence*, paper presented at the Annual Conference on Global Economic Analysis, The World Bank, Washington, DC. Available at: https://www.gtap.agecon.purdue.edu/resources/download/7920.pdf [11 Aug. 2017].

Bartel, A.P.; Ichniowski, C.; Shaw, K.L. 2005. *How does information technology really affect productivity? Plant-level comparisons of product innovation, process improvement and worker skills*, NBER Working Paper No. 11773 (Cambridge, MA, National Bureau of Economic Research). Available at: http://www.nber.org/papers/w11773 [23 May 2016].

Bartelsman, E.J.; Gautier, P.A.; De Wind, J. 2016. "Employment protection, technology choice, and worker allocation", in *International Economic Review*, Vol. 57, No. 3, pp. 787–826.

Bauernschuster, S.; Falck, O.; Heblich, S. 2008. *The impact of continuous training on a firm's innovations*, SSRN Scholarly Paper No. ID 1113003 (Rochester, NY, Social Science Research Network). Available at: https://papers.ssrn.com/abstract=1113003 [10 April 2017].

—; —; —. 2009. "Training and innovation", in *Journal of Human Capital*, Vol. 3, No. 4, pp. 323–353.

Baum, C.F.; Lööf, H.; Nabavi, P.; Stephan, A. 2015. *A new approach to estimation of the R&D-innovation-productivity relationship*, Boston College Working Papers in Economics No. 876 (Chestnut Hill, MA, Boston College Department of Economics). Available at: https://ideas.repec.org/p/boc/bocoec/876.html [1 Aug. 2016].

Berg, J. 2016. *Income security in the on-demand economy: Findings and policy lessons from a survey of crowdworkers*, SSRN Scholarly Paper No. ID 2740940 (Rochester, NY, Social Science Research Network). Available at: http://papers.ssrn.com/abstract=2740940 [21 July 2016].

Bilbao-Osorio, B.; Rodríguez-Pose, A. 2004. "From R&D to innovation and economic growth in the EU", in *Growth and Change*, Vol. 35, No. 4, pp. 434–455.

Black, D.A.; Kolesnikova, N.; Taylor, L.J. 2014. "Why do so few women work in New York (and so many in Minneapolis)? Labor supply of married women across US cities", in *Journal of Urban Economics*, Vol. 79, No. C, pp. 59–71.

Bobenič Hintošová, A.; Bruothová, M.; Hliboká, L. 2014. "Innovation activity and enterprises´ size", in *Central European Journal of Management*, Vol. 1, No. 1, pp. 5–11.

Bronzini, R.; Piselli, P. 2016. "The impact of R&D subsidies on firm innovation", in *Research Policy*, Vol. 45, No. 2, pp. 442–457.

Brynjolfsson, E.; McAfee, A. 2014. *The second machine age: Work, progress, and prosperity in a time of brilliant technologies* (New York, NY, W.W. Norton & Company).

Calvino, F.; Virgillito, M.E. 2017. "The innovation-employment nexus: A critical survey of theory and empirics", in *Journal of Economic Surveys*. DOI: 10.1111/joes.12190.

Cappelli, P. 2012. *Why good people can't get jobs: The skills gap and what companies can do about it* (Philadelphia, PA, Wharton Digital Press).

Chandy, R.K.; Tellis, G.J. 2000. "The incumbent's curse? Incumbency, size, and radical product innovation", in *Journal of Marketing*, Vol. 64, No. 3, pp. 1–17.

Cornell University; INSEAD; WIPO. 2016. *The global innovation index, winning with global innovation* (Ithaca, Fontainebleau, Geneva, Cornell University Press). Available at: https://www.globalinnovationindex.org/gii-2016-report [6 Feb. 2017].

Cortes, G.M.; Jaimovich, N.; Nekarda, C.J.; Siu, H.E. 2014. *The micro and macro of disappearing routine jobs: A flows approach*, NBER Working Paper No. 20307 (Cambridge, MA, National Bureau of Economic Research). Available at: https://doi.org/10.3386/w20307 [11 Aug. 2017].

Council of Economic Advisers. 2016. *Benefits of competition and indicators of market power*, Issue Brief (Washington, DC). Available at: https://www.whitehouse.gov/sites/default/files/page/files/20160502_competition_issue_brief_updated_cea.pdf.

Crépon, B.; Duguet, E.; Mairesse, J. 1998. *Research, innovation, and productivity: An econometric analysis at the firm level*, NBER Working Paper No. 6696 (Cambridge, MA, National Bureau of Economic Research). Available at: http://www.nber.org/papers/w6696 [10 Aug. 2016].

Crespi, G.; Navarro, J.C.; Zuñiga, P. 2010. *Science, technology, and innovation in Latin America and the Caribbean: A statistical compendium of indicators* (Washington, DC, Inter-American Development Bank). Available at: http://publications.iadb.org/handle/11319/3393 [7 Aug. 2017].

—; Zuniga, P. 2012. "Innovation and productivity: Evidence from six Latin American countries", in *World Development*, Vol. 40, No. 2, pp. 273–290.

Criscuolo, C.; Squicciarini, M.; Lehtoranta, O. 2010. *R&D, innovation and productivity, and the CIS: Sampling, specification and comparability issues*, MPRA Paper No. 39261 (Munich). Available at: https://ideas.repec.org/p/pra/mprapa/39261.html [2 Sep. 2016].

Damanpour, F. 1992. "Organizational size and innovation", in *Organization Studies*, Vol. 13, No. 3, pp. 375–402.

Dean, T.J.; Brown, R.L.; Bamford, C.E. 1998. "Differences in large and small firm responses to environmental context: Strategic implications from a comparative analysis of business formations", in *Strategic Management Journal*, Vol. 19, No. 8, pp. 709–728.

Dettling, L.J. 2017. "Broadband in the labor market: The impact of residential high-speed internet on married women's labor force participation", in *ILR Review*, Vol. 70, No. 2, pp. 451–482.

Dezsö, C.L.; Ross, D.G. 2012. "Does female representation in top management improve firm performance? A panel data investigation", in *Strategic Management Journal*, Vol. 33, No. 9, pp. 1072–1089.

Dostie, B. 2014. *Innovation, productivity, and training*, IZA Discussion Paper No. 8506 (Bonn, Institute for the Study of Labor (IZA)). Available at: https://ideas.repec.org/p/iza/izadps/dp8506.html [31 Mar. 2017].

Drahokoupil, J.; Fabo, B. 2016. *The platform economy and the disruption of the employment relationship*, Policy Brief No. N° 5/2016 (Brussels, European Trade Union Institute (ETUI)). Available at: https://www.etui.org/Publications2/Policy-Briefs/European-Economic-Employment-and-Social-Policy/The-platform-economy-and-the-disruption-of-the-employment-relationship [14 Dec. 2016].

Egbetokun, A.; Atta-Ankomah, R.; Jegede, O.; Lorenz, E. 2016. "Firm-level innovation in Africa: Overcoming limits and constraints", in *Innovation and Development*, Vol. 6, No. 2, pp. 161–174.

European Bank for Reconstruction and Development (EBRD). 2014. *Transition report: Innovation in transition* (London). Available at: http://www.ebrd.com/downloads/research/transition/tr14.pdf [6 Sep. 2016].

Economic and Social Council of the United Nations (ECOSOC). 2016. *Foresight for digital development* (Geneva). Available at: http://unctad.org/meetings/en/SessionalDocuments/ecn162016d3_en.pdf [18 Aug. 2017].

Feldmann, H. 2013. "Technological unemployment in industrial countries", in *Journal of Evolutionary Economics*, Vol. 23, No. 5, pp. 1099–1126.

Fransen, J. 2013. *Innovation in SMEs: The case of home accessories in Yogyakarta, Indonesia*, IHS Working papers No. 27/2013 (Rotterdam, Institute for Housing and Urban Development Studies). Available at: https://www.ihs.nl/fileadmin/ASSETS/ihs/IHS_Publication/IHS_Working_Paper/IHS_WP_027_Fransen_Innovation_in_SMEs._The_case_of_home_accessories_in_Yogyakarta__Indonesia_2013.pdf [11 Aug. 2017].

Freeman, C.; Soete, L. 1997. *The economics of industrial innovation* (Cambridge, MA, MIT Press).

Frey, C.B.; Osborne, M.A. 2013. *The Future of Employment: How susceptible are jobs to computerisation?*, Working Paper (Oxford, UK, Oxford University). Available at: http://www.oxfordmartin.ox.ac.uk/publications/view/1314 [26 Jan. 2017].

González, X.; Miles, D.; Pazó, C. 2015. *R&D, worker training, and innovation: Firm-level evidence*, SSRN Scholarly Paper No. ID 2689520 (Rochester, NY, Social Science Research Network). Available at: https://papers.ssrn.com/abstract=2689520 [10 Apr. 2017].

Goos, M.; Manning, A.; Salomons, A. 2014. "Explaining job polarization: Routine-biased technological change and offshoring", in *American Economic Review*, Vol. 104, No. 8, pp. 2509–2526.

Griffith, R.; Huergo, E.; Mairesse, J.; Peters, B. 2006. *Innovation and productivity across four European countries*, Working Paper No. 12722 (Cambridge, MA, National Bureau of Economic Research). Available at: http://www.nber.org/papers/w12722 [21 June 2016].

Gyeke-Dako, A.; Oduro, A. D.; Turkson, F. E.; Twumasi Baffour, P.; Abbey, E. 2016. *The effect of technological innovation on the quantity and quality of employment in Ghana*, R4D Working Paper No. 2016/9 (Berne, Swiss Programme for Research on Global Issues for Development). Available at: http://www.r4d-employment.com/wp-content/uploads/2014/09/WP_2016_09.pdf [11 Aug. 2017].

Hall, B.H. 2011. *Innovation and productivity*, NBER Working Paper No. 17178 (Cambridge, MA, National Bureau of Economic Research). Available at: https://doi.org/10.3386/w17178 [11 Aug. 2017].

Harrison, R.; Jaumandreu, J.; Mairesse, J.; Peters, B. 2014. "Does innovation stimulate employment? A firm-level analysis using comparable micro-data from four European countries", in *International Journal of Industrial Organization*, Vol. 35, pp. 29–43.

Heckman, J. 1979. "Sample selection bias as a specification error", in *Econometrica*, Vol. 47, No. 1, pp. 153–161.

International Labour Office (ILO). 2013. *World of Work Report: Repairing the economic and social fabric* (Geneva). Available at: http://www.ilo.org/wcmsp5/groups/public/---dgreports/---dcomm/documents/publication/wcms_214476.pdf [11 Aug. 2017].

—. 2015. *The Future of Work Centenary Initiative*, Report of the Director-General, Report I, International Labour Conference, 104th Session, Geneva, 2015 (Geneva).

—. 2016. *Non-standard employment around the world: Understanding challenges, shaping prospects* (Geneva). Available at: http://www.ilo.org/global/publications/books/WCMS_534326/lang--en/index.htm [11 Aug. 2017].

Islam, A. 2014. "Do Latin American firms invest in R&D?", in *Let's Talk Development*, Available at: http://blogs.worldbank.org/developmenttalk/do-latin-american-firms-invest-rd [8 Aug. 2017].

Jensen, P.H. 2014. "Understanding the impact of migration on innovation", in *Australian Economic Review*, Vol. 47, No. 2, pp. 240–250.

Jones, B.; Grimshaw, D. 2012. *The effects of policies for training and skills on improving innovation capabilities in firms*, Nesta Working Paper No. 12/08 (London, National Endowment for Science, Technology and the Arts). Available at: http://www.nesta.org.uk/publications/effects-policies-training-and-skills-improving-innovation-capabilities-firms [11 Apr. 2017].

Junge, M.; Severgnini, B.; Sørensen, A. 2016. "Product-marketing innovation, skills, and firm productivity growth", in *Review of Income and Wealth*, Vol. 62, No. 4, pp. 724–757.

Lasagabaster, E.; Reddy, R. 2010. *Supporting innovation in Latin America and the Caribbean: Successful examples of technology transfer promotion*, en breve No. 164 (Washington, DC, World Bank Group). Available at: https://openknowledge.worldbank.org/handle/10986/10144 [8 Aug. 2017].

Loree, D.; Bapuji, H.; Crossan, M. 2011. "Relying on external knowledge for competitive advantage: Why it might not work", in *Ivey Business Journal*, No. May/June. Available at: http://iveybusinessjournal.com/publication/relying-on-external-knowledge-for-competitive-advantage-why-it-might-not-work/ [19 May 2017].

Mazzucato, M. 2015. *The entrepreneurial state: Debunking public vs. private sector myths* (New York, NY, Public Affairs).

Mohnen, P.; Hall, B. 2013. "Innovation and productivity: An update", in *Eurasian Business Review*, Vol. 3, No. 1, pp. 47–65.

Morikawa, M. 2014. "Innovation to enhance women's labor participation", in *Research Institute of Economy, Trade and Industry (RIETI)*. Available at: http://www.rieti.go.jp/en/columns/s15_0001.html [25 May 2016].

Murphy, G.; Siedschlag, I.; McQuinn, J. 2016. "Employment protection and industry innovation", in *Industrial and Corporate Change*, Vol. 26, No. 3, pp. 379–398. Available at: https://doi.org/10.1093/icc/dtw036 [11 Aug. 2017].

NEPAD Planning and Coordinating Agency. 2014. *African Innovation Outlook II* (Pretoria, South Africa, NPCA). Available at:http://www.nepad.org/sites/default/files/documents/files/2014_African_Innovation_Outlook.pdf [11 Aug. 2017].

Oberdabernig, D. 2016. *Employment effects of innovation in developing countries: A summary*, R4D Working Paper No. 2016/2 (Berne, Swiss Programme for Research on Global Issues for Development). Available at: http://www.r4d-employment.com/wp-content/uploads/2016/01/employment_effects_of_innovation.pdf [11 Aug. 2017].

Organisation for Economic Co-operation and Development (OECD). 2009. *Innovation in firms* (Paris). Available at: http://www.oecd-ilibrary.org/content/book/9789264056213-en [17 Nov. 2016].

—. 2015a. *Digital economy outlook* (Paris). Available at: https://doi.org/10.1787/9789264232440-en [11 Aug. 2017].

—. 2015b. *The future of productivity* (Paris). Available at: https://www.oecd.org/eco/growth/OECD-2015-The-future-of-productivity-book.pdf [11 Aug. 2017].

—. 2017. "Main science and technology indicators". Available at: http://www.oecd.org/science/msti.htm [11 Aug. 2017].

—; Eurostat. 2005. *Oslo Manual: Guidelines for collecting and interpreting innovation data* (Paris).

Pece, A.M.; Simona, O.E.O.; Salisteanu, F. 2015. "Innovation and economic growth: An empirical analysis for CEE countries", in *Procedia Economics and Finance*, Vol. 26, pp. 461–467.

Peters, B.; Riley, R.; Siedschlag, I. 2013. *The influence of technological and non-technological innovation on employment growth in European service firms*, Servicegap Discussion Paper No. 40. Available at: http://www.zew.de/en/publikationen/the-influence-of-technological-and-non-technological-innovation-on-employment-growth-in-european-service-firms/?cHash=1f720fe5c5757c9b8380e7ffe8a98523 [31 Jan. 2017].

Roper, S.; Love, J.H.; Bonner, K.; Zhou, Y. 2014. *Firms' innovation objectives and knowledge acquisition strategies*, ERC Research Paper No. 27 (Aston/Warwick, Enterprise Research Centre). Available at: https://www.enterpriseresearch.ac.uk/wp-content/uploads/2015/03/ERC-ResPapExSum27_LoveRoperBonnerZhou.pdf [11 Aug. 2017].

Roth, F.; Thum, A.-E. 2013. "Intangible capital and labor productivity growth: Panel evidence for the EU from 1998–2005", in *Review of Income and Wealth*, Vol. 59, No. 3, pp. 486–508.

Schumpeter, J.A. 1942. *Capitalism, socialism, and democracy*, 3rd ed. (New York, NY, Harper Perennial Modern Classics).

Schwab, K. 2016. *The fourth industrial revolution* (Geneva, World Economic Forum).

Siedschlag, I.; Zhang, X. 2015. "Internationalisation of firms and their innovation and productivity", in *Economics of Innovation and New Technology*, Vol. 24, No. 3, pp. 183–203.

Skillicorn, N. 2016. "What is innovation? 15 experts share their innovation definition", in *Idea to Value*, 18 March. Available at: https://www.ideatovalue.com/inno/nickskillicorn/2016/03/innovation-15-experts-share-innovation-definition/ [31 Jan. 2017].

United Nations Research Institute for Social Development (UNRISD). 2016. *Policy innovations for transformative change* (Geneva). Available at: http://www.unrisd.org/UNRISD/website/projects.nsf/(httpProjects)/AC3E80757E7BD4E9C1257F310050863D?OpenDocument [9 Feb. 2017].

Vivarelli, M. 2014. "Innovation, employment and skills in advanced and developing countries: A survey of economic literature", in *Journal of Economic Issues*, Vol. 48, No. 1, pp. 123–154.